部首の誕生

漢字がうつす古代中国

落合淳思

角川新書

はじめに——部首は古代世界の縮図

漢字の部首は、小学校の国語の授業で教育課程に定められているので、そこで学んだ方も多いだろう。

ただ現状では、部首は漢字の分類方法のひとつという程度の価値になっていて、漢字を読んだり書いたりするときに意識されることは少ない。実用としては、字典を引いたり、電話で漢字の形を伝えるときなどにしか使われないのではないだろうか。

しかし、歴史的に見れば部首にはもっと大きな役割があり、古代において文字が作られた際には、その文字の意味に関与していた。

例えば、「横」は「木（木）」が部首であり、本来は「門に横向きにかける木製の閂《かんぬき》」を表していた。後に、「よこ」という一般概念に対して用いられるようになったため、なぜ「横」の部首が「木」なのかが分かりにくくなったのである。

同様に、「測」は「水（氵）」が部首であり、本来は「河川の水深を測ること」を表していた。こちらも、後に「はかる」という一般的な動詞として使われるようになったため、なぜ

「測」の部首が「水」なのかが分かりにくい。

そのほかにも、本書では「なぜ縮の部首が糸なのか」や「なぜ軽の部首が車なのか」、あるいは「なぜ旗の部首が方なのか」や「なぜ雇の部首が戸ではなく隹なのか」などについても取り上げる。

現在、214種類の形（重複形を除く数字）が部首とされており、それが定められたのは比較的新しく、17〜18世紀のことである。しかし、漢字の歴史は非常に古く、3千年以上前の甲骨文字において、その214種類のうち既に80％以上の形が出現していた。

そのため、漢字の部首は、単に意味を示すだけではなく、古代世界の人々の生活や文化、あるいは社会や制度なども反映している。例えば、部首の「貝」は、財貨に関係する文字に使われるが、これは古代中国で貝（子安貝）が貴重品として流通していたことに由来する。また、「广（まだれ）」は片側の壁がない家屋の形であるが、古代の王の宮殿を表しており、王が建物の中から屋外の臣下に対面した「天子南面」の制度を反映している。

本書は、まず序章と第一章で漢字と部首の歴史を簡単に述べる。その後、第二章以降では、214部首のうち用例が多い部首を項目として立て、一つまたは関連する二つの部首を見開きで紹介する。部首として使われにくいものは各章末のコラムで簡単に述べるにとどめる。

なお、本書では部首・文字に正規表現や旧字体がある場合は［　］内にそれを掲載する。また本書のテーマである２１４の部首については、重複形や新字体を含めて、本書の末尾に索引を掲載した。

各項目では、部首の成り立ちや意味、歴史的な変化などを述べる。また、その部首を使用した文字を紹介し、本来の意味から変わった文字でも部首の役割が理解できるように構成した。そして、多くの部首・文字が古代世界に関係しているので、元になった当時の文化や社会についても併せて述べる。

漢字の部首は、それを知ることで、現代における漢字の意味だけではなく、漢字の成り立ちや古代世界の文化・社会などについても知ることができる。本書ではそうした部首の面白さをお伝えしたい。

目次

序　章　漢字の歴史——甲骨文字から楷書へ

甲骨文字——最古の漢字

現存最古の漢字資料は、殷《いん》王朝の後期（紀元前13～前11世紀）に作られた甲骨文字《こうこつもじ》である。殷王朝は、後の中華帝国と比べると未熟であり、法律や官僚制などは整備されていなかったが、殷王は〔当時としては〕莫大《ばくだい》な税収による経済力や大規模な軍隊による軍事力を保持しており、広大な地域を統治した。また、青銅《せいどう》（銅と錫《すず》などの合金）を武器だけではなく祭礼の器物にも使用しており、宗教的な権威も獲得していた。

甲骨文字の段階で、漢字はすでに文字体系として発達した状態になっており、後の時代に部首とされる形も多く出現していた。また、複数の象形文字《しょうけいもじ》を組み合わせた複雑な構造（詳しくは後述）も見られる。

漢字がどの時代に作られたのかは明らかになっていないが、文字体系の発達という点から言えば、殷代後期から何百年もさかのぼる可能性が高い。したがって、漢字の部首も、古いものは殷代後期、あるいはそれ以前の文化や社会を反映していることになる。

なお木や布に書かれた文字は、長い時代によって媒体そのものが腐食して失われてしまう。殷代後期には、甲骨《こうこつ》（亀の甲羅や動物の骨）を使った占いがおこなわれ、その内容を使用した甲骨自体に彫刻するという文化が流行した。甲骨は腐食しにくいため、3千年以上を経て近代に発見されたのである。

左頁の図1に甲骨文字の例を挙げた。楷書《かいしょ》（現在の漢字）と比べると形は大きく違っているが、本書の第二章以降に述べていくように楷書と連続的につながっている。

甲骨文字は、硬い甲骨に青銅製の刃物で彫刻するため、直線的な形状の字形が多いことが特徴である（図1を参照）。なお、ごく僅《わず》かであるが、殷代の遺跡から甲骨や土器などに筆で記された文字も発見されている。こちらは曲線的な字形が多く、これが殷代の本来の字形であった。図2にその一例を挙げた（「祀《し》」と書かれている）。

最古の漢字資料である甲骨文字は、対象を見た目で表現した文字が多い。これを「象形《しょうけい》性《せい》」と言う。例えば「虎」は虎縞《とらじま》の胴体や鋭い牙《きば》を表現した「」で表現され、「象」は長い鼻がある「」で表現された。なお、漢字は古代から縦書きだったため、横長の物体はそのまま描くと行の幅に収まらず、縦横の向きを変えて表示された。「」も「」も上が頭、下が尾であり、左に足がある。この本の左側を下にして見ると、虎や象の姿が分かりや

すいだろう。

　文字に象形性があることは、複数の象形文字を組み合わせる場合も同様であり、例えば、人（亻）が木にもたれて休んでいる様子の「休」は、殷代の甲骨文字でも「人（亻）」が「木（木）」に背を向けた様子の「休」として表示された。また女性が子供を慈《いつく》しむことが起源の「好」は、殷代後期の甲骨文字でも「女（女）」が「子（子）」を抱いている様子の「好」の形であった（楷書は左右の位置関係が変わっている）。

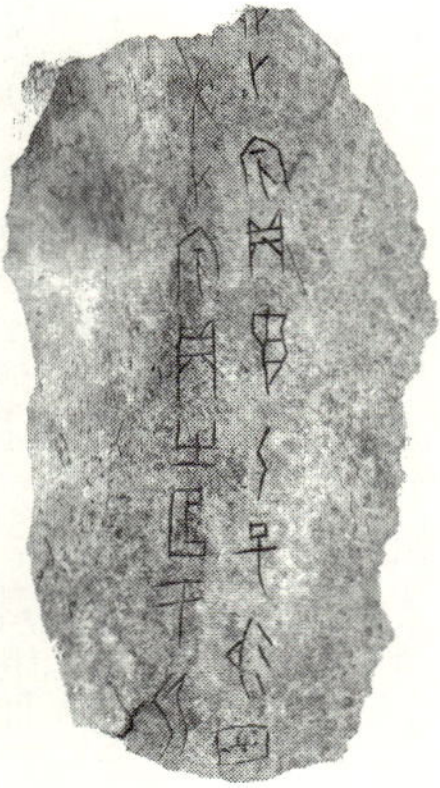
図１　甲骨文字の例

図２　殷代の筆書の例

このように、象形性が高いことが甲骨文字の特徴である。後に部首とされた形も、その多くが見た目の様子を表して作られている。

金文——造字の理論化

紀元前11世紀には殷王朝が滅亡し、新たに周《しゅう》が王朝を樹立した。これが西周王朝《せいしゅう》（紀元前11～前8世紀）である。西周王朝は殷王朝の領土の大部分を継承し、さらに封建《ほうけん》（子弟や功臣を地方領主にする制度）によって安定した支配体制を構築した。

周は、元は西方辺境にあった勢力であり、独自に文字を作ることをせず、殷王朝から文字（漢字）を学んだ。そのためか、王朝樹立後も全く新しい字形を作ることは少なく、文字を作る場合でもほとんどが既存の文字を組み合わせる方法が使われている。

また、象形性が弱まったことも特徴であり、既存の文字の意味や発音を利用して、概念的に言葉の意味を表示することが多くなった。特に、意味を表す意符《いふ》と発音を表す声符《せいふ》を組み合わせた形声文字《けいせいもじ》（第一章で詳しく述べる）が多いことが特徴である。形声文字の意符は、後の時代に部首とされるようになる。

このように、西周代には造字方法に変化が起こった。良く言えば造字が理論的になったのであるが、悪く言えば造字の自由さが減少したということになる。現在の214の部首から見ても、そのうち殷代に出現していたのが１７５であるのに対し、西周代に新たに作られたのは15しかない（分化した部首を含む。そのほか東周《とうしゅう》代9、秦《しん》代以降15）。
西周代の主な文字資料は金文《きんぶん》である。金文とは、青銅器の銘文であり、殷代から作られていたが、当初は族徽《ぞくき》（作器者の所属集団を表す記号）や祖先名などのみを表示していた。その後、殷代末期にやや長い銘文が出現し、西周代には、数十字程度から長いものでは数百字の金文が作られるようになった。

西周代の金文には、当時おこなわれた儀礼を記したものが多い。初期には下位者（中小領主層）の奉仕に対して上位者（王や有力者）が賜与《しよ》（褒美を与えること）をおこなう「賜与金文」が主流である。中後期には王が下位者を官職に任命する「冊命《さくめい》金文」が増加する。

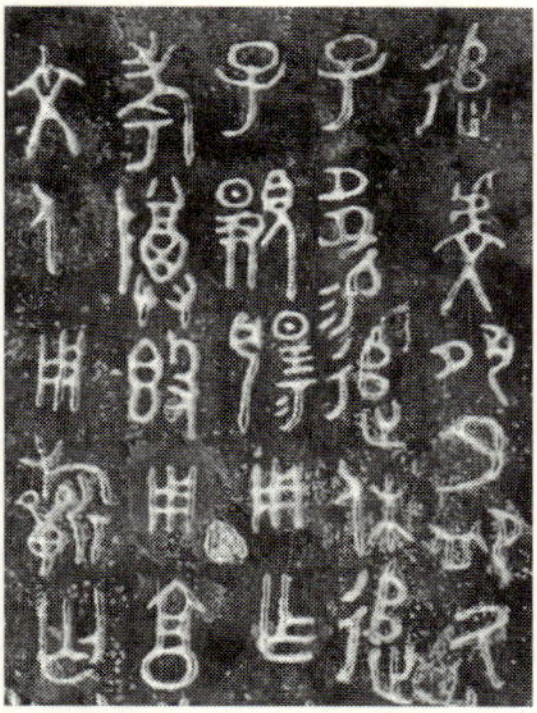
図３　金文の例

図3に、金文の一例を挙げた。青銅器は高価な物品であるため、金文の字形も丁寧に作られている。また手間を惜しまず作ったためか、字形も複雑化する傾向が見られる。

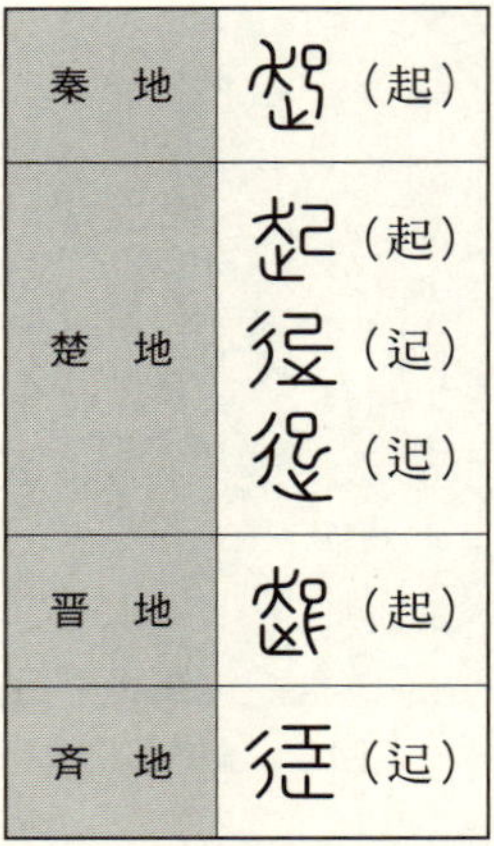

図4　戦国時代における各地の代表的な「起」の字形（カッコ内は楷書で擬似的に表示）

簡牘文字と篆書――社会の変化がもたらす字形の変化

紀元前8世紀には、内乱によって本家である西周王朝が滅亡し、代わって分家の東周王朝が東方で再興した。東周代は春秋《しゅんじゅう》戦国《せんごく》時代とも呼ばれる。

前半の春秋時代（紀元前8～前5世紀）には、王朝の権力が衰退し、各地の諸侯《しょこう》（地方領主）が独自に外交を展開するようになった。中小諸侯を支配する「覇《は》者《しゃ》」が出現したのもこの時代である。

後半の戦国時代（紀元前5～前3世紀）になると、覇者の権力も崩壊した。そして、大規模な諸侯は専制君主《せんせいくんしゅ》（独裁君主）へと変貌《へんぼう》し、中小諸侯を併呑《へいどん》していった。さらに、徴兵制を導入し、大諸侯同士で激しい戦争を繰り返したのである。

戦国時代は、法律が整備され、官僚制が発達したことが特徴である。そのため、以前の時代よりも識字率が上昇し、漢字の使用者数が増加した（それでも全人口の1％未満と推定されている）。また行政文書として漢字の使用頻度も増加したため、書きやすさが重視され、象形性がより減少した。

しかも、当時の分裂した社会状況を反映し、文字の形も諸侯ごとに異なるようになった。文字によっては構造そのものが違う場合も見られる。図4に戦国時代の各地で使われた「起」の例を挙げたが、「走（走）」ではなく「辵（⻌）」を使ったもの（〓・〓）や「己」ではなく「巳」を使ったもの（〓・〓）などがある。

また、戦国時代には、各種の思想も発達した。孔子《こうし》を開祖とする儒家《じゅか》、儒家から派生した厳罰主義の法家《ほうか》、無為自然《むいしぜん》を是《ぜ》とする道家《どうか》などである。

思想の発達に伴い、抽象的な概念も多く出現した。そして、それを表す文字も作られたのだが、抽象的な概念を象形性によって表すことは難しく、これも造字における象形性の弱まりを進めた。

図5　戦国時代の竹簡の例

戦国時代の文字の媒体としては、引き続き金文もあるが、近年（ここ半世紀ほど）には南方の長江《ちょうこう》流域で作られた簡牘文字《かんとくもじ》（竹の札や木の板に書かれた文字）が多く発見されている。長江流域には湿地帯が多く、酸素の少ない水が入り込んだ墓や井戸などで、竹簡《ちっかん》（竹の札）などが腐食せずに保存され、近年

図6　篆書の例

に発掘されたのである。

　前頁の図5に戦国時代の竹簡の例を挙げた。簡牘文字は媒体が安価であるため、字形も簡素化する傾向が強い。また細い筆で書いているため、後の八分隷書《はっぷんれいしょ》や楷書《かいしょ》のような筆法は未出現である。

　春秋戦国時代の分裂を統一したのが秦の始皇帝《しこうてい》であり、紀元前221年のことである。始皇帝は、領土的な統一を達成するだけではなく、制度的な統一も進めた。封建領主を廃止して官僚を派遣する郡県制《ぐんけんせい》を全国で施行し、また厳罰を特徴とする秦の法律制度も全国に適用した。

　そうした統一支配の一環として、字形の統一も進められた。それが篆書《てんしょ》（小篆《しょうてん》）である。篆書は、それまでの秦の金文を基礎としつつ、一部に新しい文字や字形が採用されている。ただし、全く新しい形が作られることはまれであり、ほとんどが既存の文字の組み合わせであった。図6に篆書の例を挙げたが、金文系の字形を反映して曲線が多いことが特徴である。

　もっとも、統一されたのは正式な文書や碑文などの字形のみであった。竹簡などに書かれる手書きの文字は戦国時代の簡牘文字を反映したものが多く、正式な書体と簡略化された書体が併用されたのである。図7に秦代の木牘《もくとく》（木の板）の例を挙げたが、同時代の篆書（図6）よりも、戦国時代の竹簡（図5）に近い書き方をしている。

隷書・楷書――筆法の変化と地位の逆転

秦王朝では、始皇帝による大規模な戦争や土木工事によって農村が疲弊した。そのため始皇帝の死後まもなく大規模な反乱が発生し、項羽《こうう》によって滅ぼされた。さらに、項羽政権も安定せず、配下の劉邦《りゅうほう》によって滅ぼされた。中国は劉邦によって再統一されたのであり、これが前漢《ぜんかん》王朝（紀元前202〜後8年）である。

図7　秦代の木牘の例

前漢王朝は秦の制度や法律を引き継ぎつつ、より現実的な政策を採用した。封建領主と郡県制の併用（郡国制《ぐんこくせい》）や、法家思想に偏らない思想体系などが特徴である。文字についても、秦代と同様に、篆書と簡牘文字が併用された。

前漢王朝は、西暦8年に王莽《おうもう》により簒奪《さんだつ》されたが、間もなく傍系が後漢《ごかん》王朝を再興した（25〜220年）。この

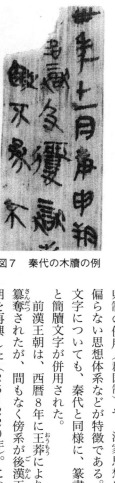

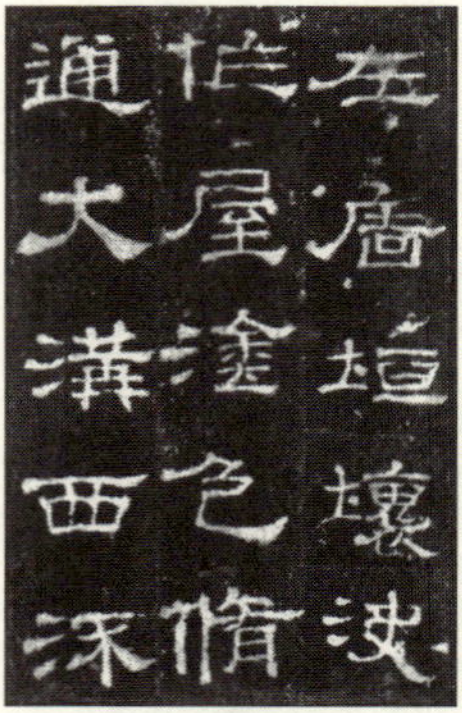

図8　八分隷書の例

時代には、手書き文字の隷書《れいしょ》が普及している。

　後漢代には、製紙技術の改良によって、太い筆で紙に書くことが多くなった。そのため、より美しい筆法が重視され、正式な書体として「八分隷書《はっぷんれいしょ》」が出現した。戦国時代以来の手書き文字は、篆書に比べて正式な字形ではないとして「隷」と呼ばれ、秦代の「秦隷《しんれい》」、漢代の「草隷《そうれい》」などがあったが、その地位が逆転したのである。

　図８に八分隷書の例を挙げた。長い横画の末端にある払い（波磔《はたく》と呼ばれる）が特徴である。字形も縦横の画が中心となって、曲線が減少しており、現在の字形（楷書《かいしょ》）に近いものも見られるようになっている。

　もっとも、後漢代の八分隷書には篆書を継承したものもあり、文字の体系は単線的にとらえられないことに注意が必要である（左頁の図９を参照）。例えば、「麦」は旧字体が「麥」だが、実は前者が簡牘文字系、後者が篆書系の字形であり、２千年以上にわたって並行して使用されたのである（「麦［麥］」については第六章で取り上げる）。

　後漢代には、漢字研究の画期となる『説文解字《せつもんかいじ》』という文献が作られ（西暦１００年成書）、そこで初めて部首分類がおこなわれた。詳しくは第一章で述べるが、形声文字の意符を重視したという特徴がある。

　そして、中世になると、筆法をより厳格化した楷書が出現した。楷書の筆法を完成させたのは4世紀の王羲之《おうぎし》とされるが、当時はまだ字形が定まっておらず、多様な異体字《いたいじ》（並行する字形）が使用されていた。

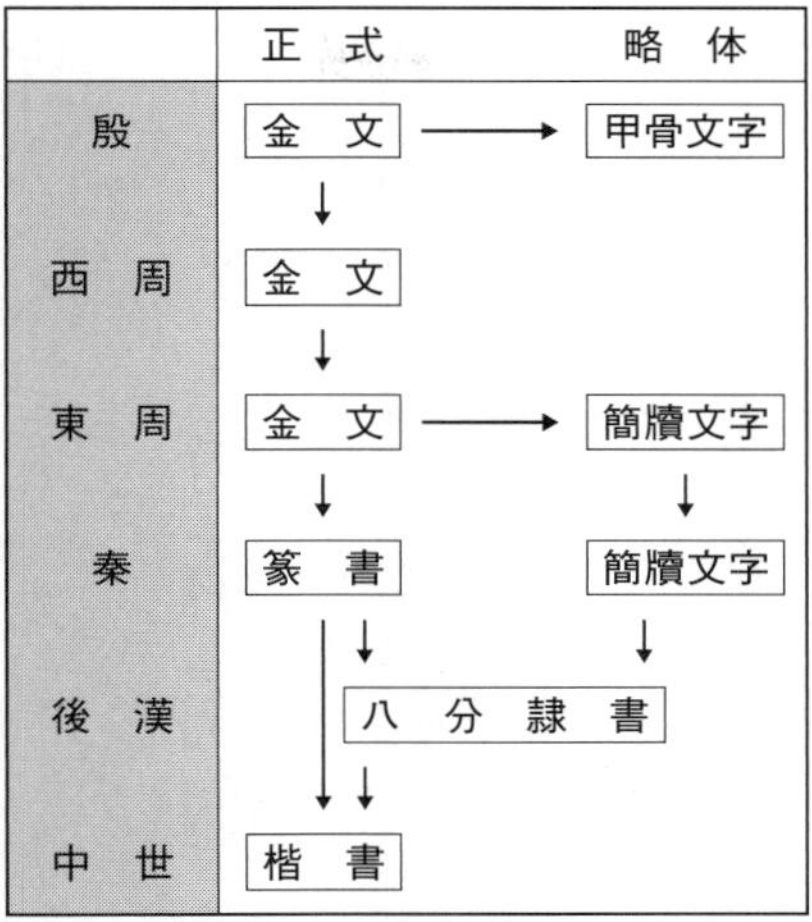

図9　書体の変遷

　その後、隋《ずい》王朝（581～618年）・唐《とう》王朝（618～907年）になると、官僚の登用試験として「科挙《かきょ》」が実施されるようになる。科挙では字形も採点対象になったため、異体字のうちどれが最も正式なのか、つまり「正字《せいじ》」を定める必要が生じ、正字と俗字が決められていった。

　次頁の図10に、唐代の字形の正俗を記した『干禄字書《かんろくじしょ》』という文献の一部を挙げた。「正」が正字、「通」が通用可能字、「俗」が俗字である。唐代にも「篆書が最も正式

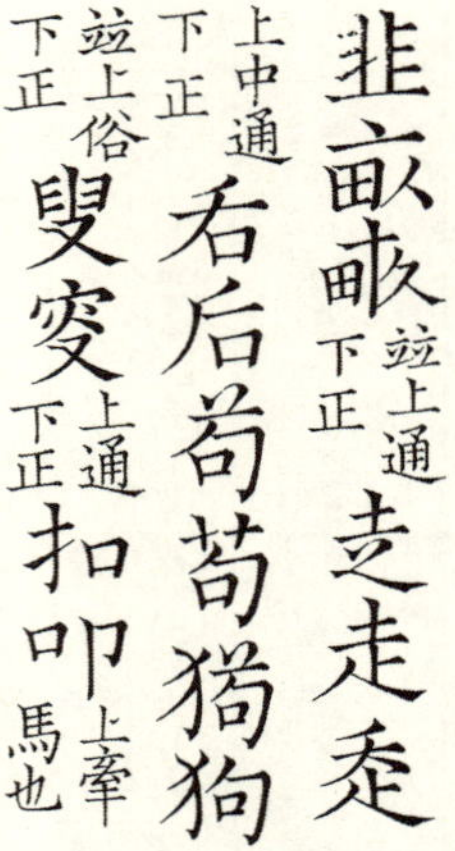

図10　『干禄字書』の一部

である」という認識があったようで、隷書で略体になっていた文字について、篆書に基づいて構造をあらためた例も見られる。また、俗字といっても全てが使われなくなったのではなく、一部は手書き文字や印刷文字として便利な略体として使用が続けられ、現在まで残った字形も少なくない。

現在の漢字――『康熙字典』と新字体

前述の『説文解字』以降にも、諸種の字典が作られた。ただし、『説文解字』は５４０もの部首を設けており、検索に不便だったため、近世に修正が加えられ、明《みん》王朝（１３６８～１６４４年）の末期に２１４に整理された。現在の日本で漢字の基準とされているのは、清《しん》王朝（１６１６～１９１２年）の時代に作られた『康熙字典《こうきじてん》』（１７１６年成書）であり、これも２１４部首を採用している（楷書の部首は本書末尾の索引に掲載した）。『康熙字典』は、４万字以上を収録しており、漢字全体の基準とされる。そして『康熙字典』に掲載された見出し字形が、現在では「正字」と見なされている。もっとも、膨大な漢字を収録しているため、編集が万全ではなく、字形の誤りや部首分類の乱れも見られる。

そして、現代の日本で採用されているのが「新字体」である。戦後に制定された「当用漢字」は、一部に書くことが容易な略字を「新字体」として採用しており、それを引き継いだ「常用漢字」や追加された「人名用漢字」にも採用されている。正字（旧字体）と新字体で字形が異なるものは500字ほどにのぼる（数え方によって字数は異なる）。

部首という点から言えば、新字体には本来の部首を崩してしまったものもあり、その場合には部首によって配列すると旧字体と新字体で別になる。本書は、文字の成り立ちや本来の意味を重視し、正字の部首に配列して解説する。

ただし、楷書に至るまでに、すでに部首が変形していた文字もある。つまり、楷書の正字ですら本来の成り立ちからすれば俗字という場合も存在するのである。

このように、漢字は部首としても字形としても歴史的に変化してきたのであり、本書はそうした変化についても述べていく。部首の変化は各項目で解説し、その字形の変化は各時代の字形を具体的に提示する。ただし、原資料は破損や汚れなどがあるため、そのままコピーしても分かりにくい。本書は各時代の字形についてフォント化して表示している。

第一章　部首の歴史――『説文解字』から『康熙字典』へ

視覚的な成り立ちの漢字

部首の定義や分類は、歴史的に変化しており、固定的ではない。第一章では、部首の歴史について述べるが、その前に、部首分類の前提となる漢字の成り立ち（構造）について確認しておきたい。

漢字の成り立ちとして、象形文字《しょうけいもじ》・指事文字《しじもじ》・会意文字《かいいもじ》・形声文字《けいせいもじ》の4種類が知られているが、象形性の有無によって大きく二つに分けられる。「象形」とは「形に象《かたど》る」という意味で、視覚的に文字を作ったものである。

象形性のある成り立ちの代表が、そのままの名前の「象形文字」である。象形文字は、対象の物体を見た目で表示したものであり、絵文字の延長にあたる。序章で挙げた虎（）や象（）のような動物、あるいは人間の様子を表した女（）や子（）などがあり、そのほか人工物の矢（）や皿（）などがある（カッコ内は甲骨文字の字形。特に記さない場合は

以下も同じ)。

指事文字も象形性のある成り立ちで、記号を用いた文字表現である。例えば、上（）は長い基準線の上に短い線があることから「うえ」の意味を表し、下（）はその逆の表現になっている。象形文字に記号を加えた場合も広義の指事文字であり、例えば血（）は、皿（）に血液を表す小点を加えることで、犠牲《ぎせい》（いけにえ）の血液を使った儀式を表している（こうしたものは象形文字に分類されることもある）。

会意文字も象形性があり、複数の象形文字を組み合わせることで、人の動作や物事の様子を表す。序章で挙げた休（）や好（）のほか、人（）が子（）を背負った保育の様子の保（）や、弓（）に矢（）をつがえた射撃の様子の射（）などがある。

なお、本書の主題は漢字の部首であり、こうした象形性のある個々の文字については成り立ちや字形構造の説明を最小限とする。詳しく知りたい方は、拙著『漢字の字形』（中公新書）や『漢字の構造』（中公選書）をご参照いただきたい。

形声文字と意符・声符

一方、形声文字は象形性がない成り立ちで、大まかな意味を表す部分と発音を表す部分を組み合わせた文字である。大まかな意味を表す部分は「意符《いふ》」（あるいは「義符《ぎふ》」とも）と呼ばれ、発音を表す部分は「声符《せいふ》」（あるいは「音符《おんぷ》」とも）と呼ばれる。そして、意符が部首となることが多い。

例えば「洗《せん》」は、水（氵）が意符（部首）、先《せん》が声符であり、「液体に関係するセンという行為」を表す。また「持《じ》」は、手（扌）が意符（部首）、寺《じ》が声符であり、「手に関係するジという行為」を表している。

なお、こうした漢字が作られたのは古代中国なので、厳密には当時の発音で考えなければならないのだが、便宜上、本書は音読みで表記している。現代日本の「音読み」は、古代の日本人が当時の中国語をまねた発音やその表記（歴史的仮名遣《づか》い）を継承したものであり、古い時代の中国語に比較的近い発音が維持されている。

ただし、形声文字とその声符の発音は変化することがあり、現在の音読みでは異なる場合もある。例えば、「詩」は言が意符、寺《じ》が声符であり、「言葉に関係してジというもの」を表しているが、「詩」の音読みの「シ」とは子音が異なっている。また、「妹」は女が意符、未《み》が声符であり、「女性に関係してミというもの」を表しているが、「妹」の音読みの「マイ」

とは母音が異なっている。

こうした違いの原因については、古代中国の段階でずれていたもの、日本に入ってくる際にずれが生じたもの、日本国内で変化した慣用音《かんようおん》など、様々である。この点についても本書の主題ではないので、漢字の声符に興味がある方は拙著『漢字の音』（東方選書）をご参照いただきたい。

また、意符についても字形や役割が歴史的に変化する場合がある。こちらは本書の主題なので、第二章以降の各項目で取り上げる。

このように、形声文字は理論的に造字するものであり、4種の成り立ちのうち、最も遅くに出現したと推定されている。実際に、甲骨文字の段階では、大部分が象形性のある文字で占められ、形声文字はごく少ない。

一方、形声文字は既存の文字を使用することで容易に造字が可能であるため、西周代以降には多く作られるようになった。その後の時代も、新しく作られた文字の大部分が形声文字であり、結果として現在では、漢字全体の9割程度を形声文字が占めるようになっている。このことは、意符と声符が理解できれば構造が理解できる文字が非常に多いことを意味する。

なお、形声文字には例外的な存在もあり、意符が二つあるもの、象形性のある部首に声符を加えたもの、声符の発音が転換したものなど多様である。こうした点についても、本書の主題ではないので、詳しく知りたい方は拙著『漢字字形史字典【教育漢字対応版】』（東方書店）をご参照いただきたい。

特殊な字形・用法

漢字の成り立ちは先に挙げた4種で説明できるが、歴史的な変化という点から見ると、そのほかいくつかの説明が必要である。

そのひとつが「異体字《いたいじ》」である。文字（漢字）は、作られたばかりの時には一つの字形であるが、その後、時代による派生や略体・俗字などの出現によって、複数の字形が並行して使われることがある。例えば「象」には、序章で挙げた「」のほか、尻尾《しっぽ》を簡略化した「」や全体を略体化した「」などがある。

現代日本の漢字でも新字体と旧字体があり、これも異体字の一種で、例えば「辞」と「辭」、「沢」と「澤」、「図」と「圖」など多くの例がある。本書では、［］内に旧字体を表示しており、「辞［辭］」のように表記する。

異体字には、構造まで変化する例もある。例えば「雲」は、古くは雲の象形の「云《うん》（）」で表示されていたが、後に「雨」を加えて「雲」の形が作られた。「云」は象形文字、「雲」は形声文字である。こうした場合、最初の構造を「初文《しょぶん》」、後起の構造を「繁文《はんぶん》」と呼んで

区別する。この例であれば「云」が初文、「雲」が繁文にあたる。

ちなみに、意味に変化があった場合には、最初の意味が「原義《げんぎ》」、後起の意味が「引伸義《いんしんぎ》」と呼ばれる。例えば序章で挙げた「好」は、原義が「いつくしむ」、引伸義が「このむ」や「よい」である。本書では引伸義について、「転じて〜」や「派生して〜」、あるいは「一般化して〜」のように説明している。

また、漢字は歴史的に「分化《ぶんか》」が起こることがあり、これは異体字の一部が別の文字として独立するものである。逆に、別の文字が結果的に同形になることもあり、本書はこれを「同化《どうか》」と呼ぶ。部首の分化と同化については、本書の第七章で主に取り上げる。

形声文字については、発音を表す声符が意味の表示も兼ねる場合がある。こうした現象は古くから知られており、「亦声《えきせい》」と呼ばれる。先に挙げた「雲」も、「云《うん》」の部分は「雲《うん》」の発音を表す声符であるとともに、本来の「くも」の意味も表しており、亦声にあたる。なお、会意文字の一部が発音を表す場合も「亦声」であり、こちらは意味を表す部分が発音の表示も兼ねたものである。ただし、本書は部首が主題であるため、亦声については説明を最小限とする。

形声文字については、声符が略体になることもあり、この現象を「省声《しょうせい》」と呼ぶ。例えば「雪《せつ》」は、元は雨を意符、彗《すい》を声符とする構造だったが、「彗」が旧字体（雪）で「ヨ」に略され、さらに新字体ではカタカナの「ヨ」のような形になっている。したがって、「雪〔雪〕」は雨が意符、彗の省声の形声文字ということになる。

漢字には、既存の文字を転用する方法があり、代表的なものが発音による転用（当て字）の「仮借《かしゃ》」である。例えば、数字の「六」は、殷代には屋根を強調した家屋の形の「介」であり、当時は数字の「ろく」と家屋の「やね」が同じか近い発音だったため、「介」によって数字の「ろく」の意味を表したのである。

後漢代に作られた『説文解字《せつもんかいじ》』では、仮借のほかに「転注《てんちゅう》」が記されている。しかし、仮借は分かりやすく示されているが、転注は具体的な記述がない。そのため、世界中で様々な議論がおこなわれているが、日本では「意味による転用（当て字）」とする説が有力視されている。

例えば、「幺《よう》（8）」は糸束の象形であるが、「染色された糸」から「黒色」の意味に転用された。そして、後に字形が分化しており、「黒色」の意味では「玄」の上部を強調表示した「玄《げん》」になった。ほかにも転注の用法は字形が分化することが多いが、「楽〔樂〕」の「ラク（たのしい）」と「ガク（音楽）」のように、同一字形で類似の意味を表示する用法が残った文字もある。

このように、発音による転用が「仮借」、意味による転用が「転注」だが、もうひとつ、字形による転用も見られる。例えば、「夲《とう》」という文字を形が近い「本」の意味に使用したり、人の腹部を強調表示した「身（）」を「身体」や「妊娠」の意味に使用するなどの例がある。

『説文解字』などの後漢代の文字学では、象形・指事・会意・形声・仮借・転注を「六書《りくしょ》」と呼ぶが、これらに当てはまらない用字法が実在したのであり、本書はこれを「借形」と呼称する。

転用の見分け方についてまとめると、発音が同じか近くて意味が変わっていれば仮借、意味が近くて発音が変わっていれば転注、発音も意味も変わって字形が近ければ借形となる。

象 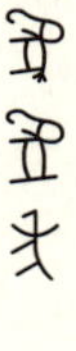 云  六  糸・玄  身 

『説文解字』の部首選定と配列

最初に部首分類をおこなったのは、前述のように後漢代の『説文解字』であり、合計して540の部首を設定した。その際に考慮されたのが文字の成り立ちである。

『説文解字』の著者である許慎《きょしん》は古典の研究者だが、当時、篆書などの古い字体で書かれた史料を重視する派閥（古《こ》文学派《ぶんがくは》）と新しい字体（隷書）で書かれた史料を重視する派閥（今文《きんぶん》学派《がくは》）が対立していた。許慎は、古い史料に基づくことが正しいと考え、篆書を中心に古い字体からの研究をおこなった。

そうした研究の成果のひとつとして生まれたのが『説文解字』であり、9千字以上の漢字の成り立ちを分析している。より古い史料を重視するという方法は、現在の歴史研究にも通じるもので、科学的な見方と言える。ただし、許慎は甲骨文字や金文などをほとんど利用できなかったため、現在から見ればその解釈には誤解も少なくない。

図11に『説文解字』の本文の一部を挙げた。行頭が見出しの篆書で、その後に許慎による成り立ちの解説や関連する情報が提示されている。末尾の小さい文字は近世に加えられた注釈である。

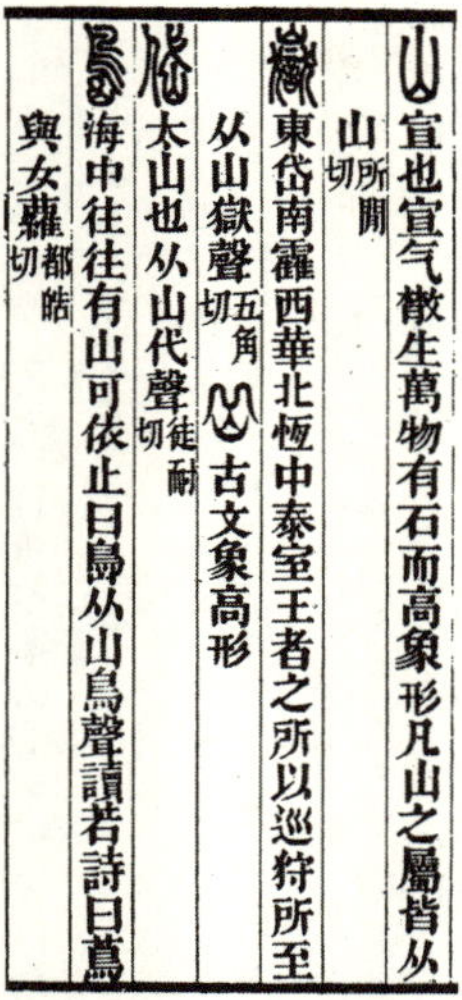
宣也宣气散生萬物有石而高象形凡山之屬皆从山 所閒切
東岱南靃西華北恆中泰室王者之所以巡狩所至从山獄聲 五角切 古文象高形
太山也从山代聲 徒耐切
海中往往有山可依止曰島从山鳥聲讀若詩曰蔦與女蘿 都皓切

図11 『説文解字』の本文の一部

許慎は、『説文解字』において多数の文字を配列する際に「部首」を定義したが、その基準としたのは、「字素《じそ》」と「意符」である。

字素とは、漢字の構造のうち、「意味を持つ最小単位」を指す。例えば、「休」は「人（亻）」と「木」

という二つの文字に分けられるので字素ではないが、「人（亻）」や「木」はそれ以上分けると意味を失ってしまうので字素である。許慎は540の部首を設けたが、そのうち半分ほどが字素にあたる。

なお、「字素」という語句は現代の文字学分野の用語であり、許慎はそれを「文」と呼称した。そして複数の文（字素）を組み合わせた文字は、現代の文字学では「複合字」などと呼ばれるが、許慎はそれを「字」と呼んだ。つまり、書名の『説文解字』とは、「文（字素）を説明し、字（複合字）を解釈する」を意味している。ただし歴史的には「文」も「字」もどちらも一般に文字の意味で使われているので、字素を「文」、複合字を「字」とするのは許慎の独自解釈である。

許慎の540部首のうち、残りの半分ほどは形声文字の意符として使われたものである。例えば「里」は、「田」と「土」を合わせた形であり、「ひとざと」を表す会意文字であるが、「野《や》」などで意符として使われたため、部首に選定されている。同様に「林」は、二つの「木」を並べることで「木が多いところ」を表した会意文字であるが、「麓《ろく》」などで意符として使われたため、やはり許慎は部首としている（それぞれ予《よ》・鹿《ろく》が声符の形声文字）。

このように、『説文解字』における許慎の部首選択の方針は「字素・意符主義」と呼び得る明確なものであったが、その全体としての配列については、一貫した方針が見られない。

図12に、『説文解字』の部首配列（目次）の一部を挙げたが、並びは雑然としている（なお目次は近世の版本で作られたものである）。

ただし、字素の部首の後にその字素を使った複合字の部首を並べるという工夫はされており、細部においては配列方針が明確である。図12について見ると、部首として字素の日（⊖）の後にそれを使った複合字の部首の旦（⊖̲）などを並べている。また、その後には月（☽）とそれを使った複合字の部首を並べており、一部に成り立ちが近い部首を近くに並べるという努力をしているが、全体としては明確な規則がない。

楷書の部首選定と配列

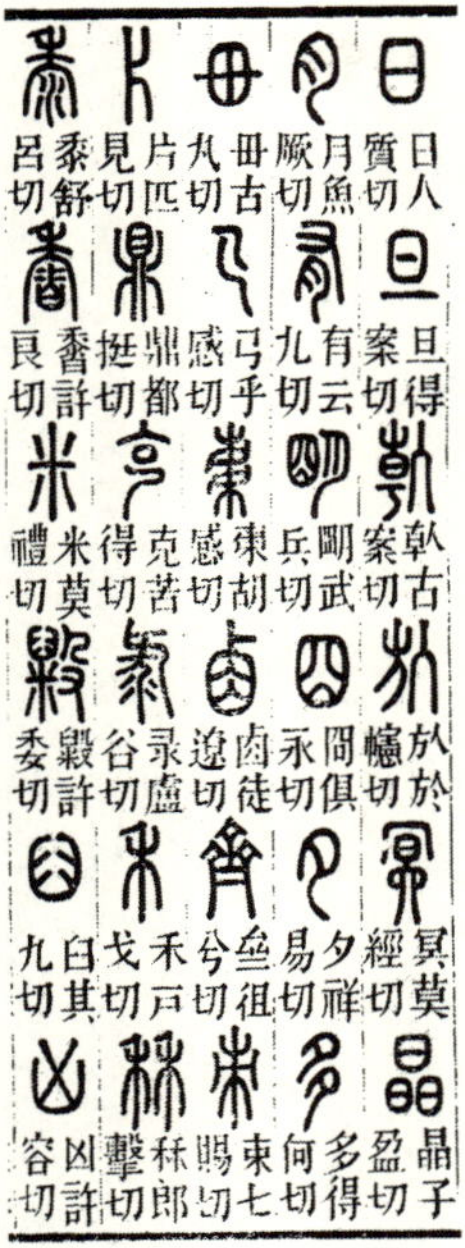

図12 『説文解字』の部首配列の一部

『説文解字』の後も、中国では様々な字典が作られ、当初は『説文解字』の部首が継承された。しかし、540という部首は多すぎて、検索の利便性を低下させていた。

そのため、近世には、属する文字が少ない部首を整理したり、あるいは便宜的に類似形を同一部首としたりすることで、検索の利便性を高める工夫がおこなわれた。そうして明代末期において、現在も使われている楷書の214部首が成立し、漢字（正字）の基準とされる清代の『康熙字典《こうきじてん》』もこれを採用した。

このように、『説文解字』が文字の成り立ちという基準から部首を選択したのに対して、近世には検索の利便性という点から部首が取捨選択されたのである。

結果として、一部の文字については、本来の成り立ちによって分類できないものも出現した。また、『説文解字』が基準とした篆書から、『康熙字典』が用いる楷書に至るまでに字形が大きく変化した文字もあり、そうした場合も部首分類に問題が生じている（詳しくは第二章以降に個別に取り上げる）。

ただし、楷書の部首は成り立ちを全く無視したということでもない。『康熙字典』は、例えば「人」とそれが偏《へん》になった「亻（にんべん）」をどちらも「人部」に編入している。同様に、「水」とその略体の「氵（さんずい）」もどちらも「水部」としている。

このように楷書の部首としては、『説文解字』の段階で同一部首だったものは、後の時代に隷書や楷書の筆法に影響されて分化した場合でも、同一部首とするという分類方針が採用されている。篆書の段階では「人」と「亻」、あるいは「水」と「氵」は分かれていなかったため、楷書の部首でも同一とされたのである。

一方、『説文解字』の段階ですでに分化していた部首については、楷書でも別の部首とされる。例えば、「廴（えんにょう）」は「彳（ぎょうにんべん）」から分かれた部首であるが、篆書の段階で別の形になっており、『説文解字』も別の部首とするため、楷書の部首でも別とされている。

このように、楷書の部首は、『説文解字』を継承しつつも、「検索利便性主義」と呼ぶべき方法で選定されている。

楷書の部首の配列については、画数順という明確な基準が定められている。『説文解字』が基準とした篆書の段階では、曲線や複雑につながった線が多く、「画数」という方法は物理的に不可能だったのだが、楷書で字形と筆法が厳密化した結果、それによる配列が可能になった。『康熙字典』の２１４部首は、１画の一・丨・丶などから17画の龠《やく》まで画数順に並べられている（本書末尾の索引を参照）。

ただし『康熙字典』は、同画数の内部の配列については明確な基準がない。次頁の図13にその目次の一部を挙げた。『説文解字』の部首配列が全体の配列に基準はないが細部の配列に基準があるのとは逆に、『康熙字典』の部首配列は全体の配列には画数という基準があるが細部の配列に基準がないことが特徴と言える。

申集下　六畫
血部　行部
衣部　襾部
酉集上　七畫
見部　角部
言部
酉集中　七畫
谷部　豆部
豕部　豸部
貝部　赤部

図13　『康熙字典』の目次の一部

なお、現在でも部首分類の工夫は続けられている。例えば、日本では新字体が採用されたこともあり、新字体に特徴的な「⺍」を部首として追加した字典も見られる。また、『康熙字典』は採用していないが楷書でよく使われる「𡗗」を部首としたり、あるいは「水」と「氵」を別の部首として配列したりした字典もある。

ただし、本書は漢字の基準とされる『康熙字典』の214部首を分析対象としており、こうした分類は採用していない。また個々の文字の部首分類も新字体ではなく旧字体（『康熙字典』の正字）でおこなう。新字体と旧字体で字形が異なるものについては、［］内に旧字体を表示する。

部首分類の原則

次に、楷書の個々の文字について部首を決定する方法を取り上げる。部首分類が最も明確なのは形声文字であり、基本的に意符が部首となる。ただし、僅少《きんしょう》例の意符の場合、楷書では部首とされていないので、便宜的に声符の方の部首に配列される。

また象形文字も分かりやすく、単一の対象を文字にしたものであるから、それ自体が字素で、自動的に部首である場合が多い。ただし、やはり部首として使用例が少ないものは楷書では省かれてしまったため、便宜的に類似形の部首に配列される。

複数の象形文字を組み合わせた会意文字、および、記号を使った指事文字は、どの部分を部首にするかを論理的に決定することが難しい場合が多い。一応、文字の意味に対して最も大きな役割を果たしている部分が部首とされるという意識は共有されているのだが、「どれが大きな役割か」は多分に主観的なのである。例えば、人（亻）が木にもたれて休んでいる様子を表した「休」の場合、『説文解字』は「木」を部首とするが、『康熙字典』は「人」を部首としている。

なお、楷書の基準とされる『康熙字典』には、論理的な配列ミスも見られる。例えば、「築《ちく》」は木が意符、筑《ちく》が声符の形声文字で、木製の杵《きね》を表す文字であるが、『康熙字典』は誤って「竹」の部首に配列している。

また、楷書の部首分類では、僅少例ではなくても結果として類似形になっている場合には同一部首に編入する場合もある。例えば、「旗《き》」は、軍旗の象形の㫃《えん》（方𠂉）を意符、其《き》を声符とする形声文字だが、楷書では偏《へん》（左側）の部分が「方」とほぼ同形になっているため、その部首に配列されている。「旗」以外にも、軍旗の形を用いた文字として「族」や「旅」

などがあるが、すべて「方」の部首とされた。ちなみに、篆書の段階では「㫃（㫃）」と「方（方）」はやや異なる形であり、『説文解字』でも別の部首とされていた。

社会の複雑化と意味の拡張

それぞれの部首については、歴史的に用法の変化が起こる場合がある。

例えば「水（氵）」は、本来は河川の流れを表した象形文字の「巛」であり、部首としても河川に関係する文字に使われていた。この意味で使われた文字は「河」や「江」などである。その後、意味がより広くなり、「液体」に関係する部首としても用いられた。そのため、「油」や「浴」など多くの文字に使われている。

同様に、「心」は本来は心臓の象形の「心」であり、意味も「心臓」であった。その後、引伸義で「こころ」の意味に用いられ、部首としても「悲」や「念」など感情や思考に関係する文字に使用された。ちなみに、英語でも“heart”は心臓の意味から「こころ」の意味に派生している。感情が心臓の鼓動に反映されるため、洋の東西で情報の交流がなかったにもかかわらず、同じような発想になったのであろう。なお、「心」の形も西洋の♥（ハートマーク）に形状が近い。

「水（氵）」や「心」に限らず、部首は意味が広くなっていく傾向がある。社会が発達すると、必然的に語彙《ごい》が増加し、表示すべき文字が増える。さらに、戦国時代（紀元前5～前3世紀）には各種の思想が発達したため、それまで無かったような概念や抽象的な言葉も文字で表現する必要が生じた。その際に既存の部首を転用したのであり、これも部首の意味が広くなった要因である。

そのほか、部首は類似する意味を持つものの間で交換されることもある。例えば「広《こう》〔廣〕」は、甲骨文字の段階では家屋の象形である「宀《べん》（）」を意符（部首）、「黄《こう》〔黄〕（）」を声符とする「」の形だったが、後に、部首が大きな家屋の象形である「广《げん》」に交換された。

本書は、第二章以降でこうした時代的な用法の変化についても取り上げる。

水 　心 　広〔廣〕 

部首の形の歴史的変化

また、部首は形も変化する。甲骨文字→金文→簡牘《かんとく》文字のような書体全体の変化に影響される場合もあれば、前述した「方」と「㫃（方𠂉）」のように結果として同化する場合もある。そのほか、本来の形から略体になったり、縦横の向きが変わったりする場合もある。

そして、隷書・楷書では、同じ部首でもつく位置によって形が変わることがあり、「人」と「亻（にんべん）」、「刀」と「刂（りっとう）」などの例がある（本書では位置による変化は同一項目で取り扱う）。

なお、部首の位置は一般に次のように呼ばれる。左側が「偏」、右側が「旁《つくり》」、上部が「冠《かんむり》」、下部が「脚《あし》」、周囲が「構《かま》え」、左から下にかけての位置が「繞《にょう》」、上から左にかけての位置が「垂《た》れ」である。

本書では、各時代の部首の字形を表にすることで、時代的な変化を一目で分かるようにする。左頁にその例を挙げた。

表は上下方向が時代、左右方向が異体字（同時代に並行して使われた字形）を表示している。最上段の「殷」は殷代後期の字形で主に甲骨文字、二段目の「西周」は西周代の字形で主に金文である。三段目の「東周」は春秋戦国時代の字形であり、簡牘文字のほか、金文・印鑑など多様な媒体から集めている。

四段目の「秦」は秦の字形であるが、統一王朝時代（紀元前２２１～前２０６年）だけではなく、戦国時代末期（紀元前３世紀）の諸侯時代も含む。必ずしも篆書（小篆）の形が楷書に継承されたわけではなく、同時代の簡牘文字が隷書に残っている場合も多いため、「秦」の字形として簡牘文字を挙げる場合もある。

五段目の「隷書」は後漢代の八分隷書の碑文の字形をフォント化したものであり（資料が不足する場合は三国時代・西晋《せいしん》代まで含めた）、最下段の「楷書」は楷書の字形を明朝体で表示している。

異体字については、文字によっては同時代に多数の字形が併用され、多い場合には20を超えることもある。しかし、全部を並べても分かりにくいだけであり、また紙面の都合もあるため、本書は異体字の表示をできるだけ少なくした。異体字について詳しく知りたい方は、拙著『漢字の字形』や『漢字字形史字典【教育漢字対応版】』などをご参照いただきたい。

表のうち、「↓」や「←・→」は推定される継承関係を表示し、複数の時代にわたってほぼ同一形が使われている場合には「＝」で同一形を表示した。当該時代の文字資料にその字形が見られない場合は矢印を通過させている。

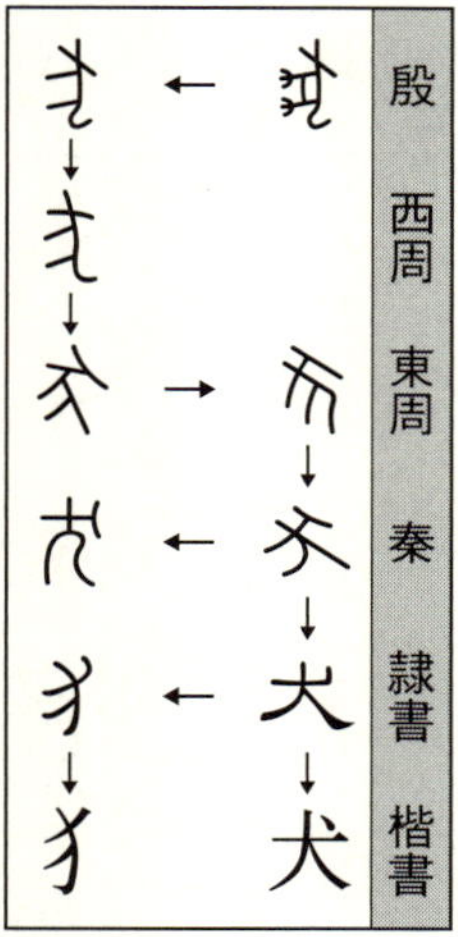

そのほか、本文中で提示する古代文字は、特に示さない場合は全て最古の漢字資料である甲骨文字の字形である。

□コラム　甲骨文字の部首と配列

部首の概念を初めて明示したのは、本章でも取り上げた後漢代の『説文解字』であるが、それよりも千年以上さかのぼる甲骨文字においても、部首に近い概念が見られる。

甲骨文字には字体として約5千文字（異体字を整理した字種としては約2千文字）が見えるが、絵のように自由に描いて無制限に字素の種類を増やすのではなく、使用する字素を限定し、それを組み合わせた会意文字によって文字数を増やした。

甲骨文字に使われている字素は、定義や分類方法によって数え方は異なるが200程度になる。

人間の記憶能力や認識能力には限界があるので、何千もの違う形を字素とすることは不可能である。一方で、漢字は各文字が意味を表す機能（表意機能）を持つので、表現可能な対象や組み合わせを多くする必要があり、アルファベットのように数十字まで少なくすることはできない。200程度の字素というのは、当時において効率的な数字だったのだろう。

そして、甲骨文字は形声文字が少ないため、意符による部首分類は有効ではない。結果

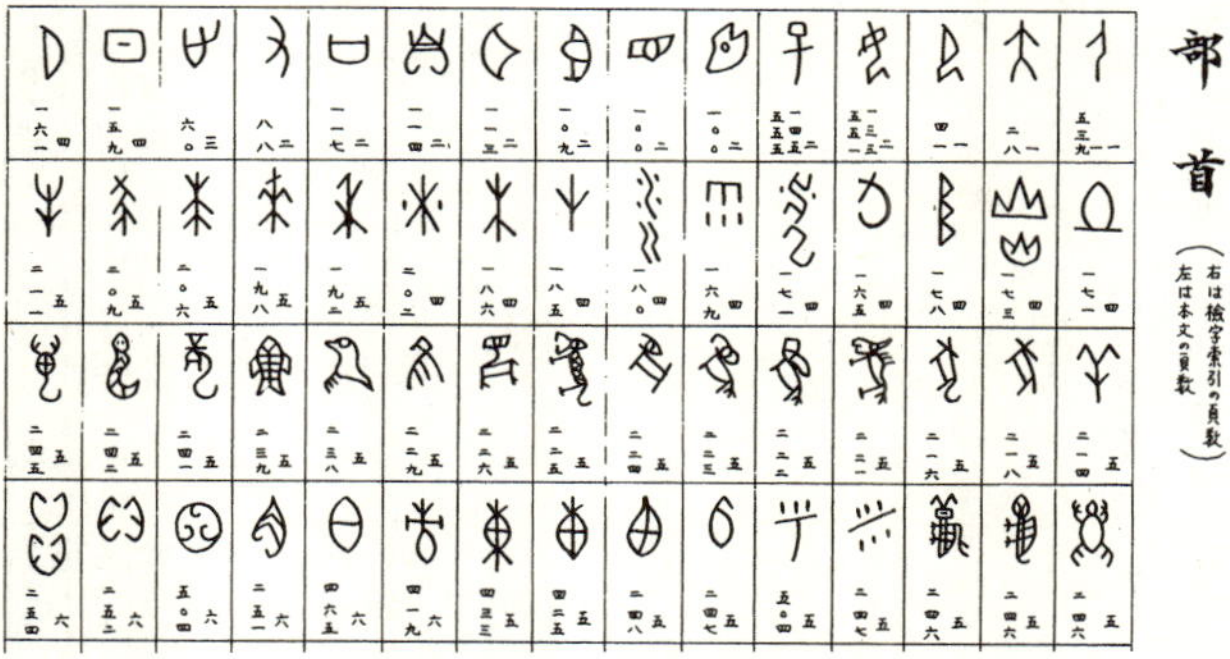

図14　『殷墟卜辞綜類』の目次

として、甲骨文字の索引や辞典は字素によって部首を設けることになる。

世界初の甲骨文字の索引として、日本で1967年に作られた『殷墟卜辞《いんきょぼくじ》綜類《そうるい》』がある。著者の島邦《しまくに》男《お》は、甲骨文字の字素のうち比較的多く使われる164種を選んで部首とした（図14に一部を掲載）。しかも、配列は字源（文字の元になったもの）によってまとめられており、人（亻）など人体を表した字素にはじまり、自然・動植物……と並んでいる。

この方法は、甲骨文字の研究者にとっては非常に便利であり、その後、中国でも同様の方法を採用する索引や字典が作られた。ただし、甲骨文字の研究者以外には不便なようで、『説文解字』の540部首を採用するものや楷書の画数順で配列するものも並行して作られている。

筆者も、2016年に日本初の甲骨文字の辞典で

部首・副部首一覧									
人体に関係する部首									
001						002		003	
人	勹	身	万	方	亡	大	黄	卩	丮
6	8	8	8	8	8	8	9	10	10
4	28	30	31	32	34	34	46	47	53

人体に関係する部首									
〃	004	005	006				007	008	009
欠	女	子	目	[illegible]	見	臣	耳	自	口
11	11	12	12	13	13	13	13	14	14
56	57	82	88	93	94	96	98	102	105

人体に関係する部首										
〃			010			011			012	
曰	言	齒	又	攴	廾	止	夊	癶	首	頁
14	16	16	16	18	19	20	22	22	22	22
110	117	118	119	128	131	134	144	147	149	150

人体	自然に関係する部首									
013	014	015	016	017	018	019	020		021	022
心	而	日	月	囧	云	雨	申	乙	水	火
22	23	23	23	23	23	23	23	24	24	25
151	154	156	164	168	169	169	174	175	175	199

自然に関係する部首					動植物に関係する部首					
〃	023	024		025	026	027	028	029	030	
山	土	厂	辰	玉	牛	羊	廌	豕	犬	㣇
25	26	26	26	26	26	27	27	27	27	28
205	210	212	215	217	220	222	226	227	231	236

※それぞれ二段目は部首の通し番号、最下段は本文の頁数

図15 『甲骨文字辞典』の目次

ある『甲骨文字辞典』を製作したが、甲骨文字では頻用される字素とそうでない字素の差が大きく、字源順でも検索にはまだ不便であると感じていた。

そこで、派生形や指事文字・会意文字の形（複合字）であっても、さらに別の文字と組み合わせて文字が作られやすいものについては「副部首」として設定し、各字素の内部を分類した。例えば人（）の副部首として屈《かが》んだ人の形の勹《ほう》（）や腹部が膨らんだ人の形の身（）を設けたり、目（）の副部首として見（）を設けたりした（図15に一部を掲載。同一番号の2番目以降が副部首）。

「副部首」という概念は、それまで明確にされていなかったが、『殷墟卜辞綜類』などでも字素内部の配列として一部に採用されていたものであり、筆者の方法はそれを明確に規

	部首の選定	全体の配列	細部の配列
『説文解字』	字素・意符	なし	字素→複合字
『康熙字典』	検索の利便性	画数順	なし
『殷墟卜辞綜類』	字素	字源別	明確にされず
『甲骨文字辞典』	字素・検索利便性	字源別	字素→複合字

図16　部首選定と配列規則

範化することで、検索の利便性を高めたというものである。

『甲骨文字辞典』を製作した当時は、いかにして検索しやすく構成するかということしか考えていなかったのだが、実は「副部首」の設定は検索の利便性を高めるだけではなく、細部の配列として字素の後に複合字を並べるので、結果として『説文解字』の方法を継承する形になっていた（図16を参照）。無意識のうちに先行する方法の「いいとこ取り」になっていたのである。

第二章　動植物を元にした部首
——「特」別な牛、竹製の「箇」

漢字の部首には動植物を元にしたものが多く、特に古代の人々の生産活動に関係する動植物が目立つ。言葉は人々の生活から生まれ、文字もまた生活にかかわる部首が多いのである。中国では、新石器時代の初期（紀元前6千年ごろ）に農耕と牧畜がはじまり、殷代や西周代にも主たる産業であった。農耕に関係する部首が「禾《か》」であり、牧畜に関係する部首が「牛」や「羊」などである。また「木」や「竹」は建築や日用品の材料になった。

そのほかでは、野生動物を元にした部首も見られ、「鹿」や「亀［龜］」などがある。ただし、家畜を部首にした文字に比べると、野生動物を部首とした文字は少ない。新石器時代以来、生産における狩猟の比重が低下していたことを反映している。

また、動植物の一部分だけを部首にする場合もあり、穀物の実である「米」や、鳥の羽を表した「羽［羽］」などがある。

本章では、こうした動植物やその一部に関係する部首を取り上げる。

●犬（犭）〔いぬ・けものへん〕「いぬ」から「けもの」へ

「犬」は、動物の犬を元にした文字である。殷代の「」は、犬の姿を詳細に表現しており、上部に口を開けた頭部、下部に丸まった尾が表現されている。縦書きに収めるために縦横の向きを変えており、左側に爪のある足がある。

ただ、詳細な表現は書いたり彫刻したりすることに手間がかかるため、胴体部分や爪を省略した形（）も殷代に併用されていた。これが後代に継承され、西周代の「」や東周代の「」になった。そして秦代の簡牘《かんとく》文字では「」の形になり、篆書《てんしょ》では「」の形になっている。このうち前者が継承され、隷書の「犬」になり、楷書《かいしょ》の「犬」になった。

楷書の「犬」の右上にある点について、「犬の耳」とする俗説もあるのだが、表をたどると分かるように、耳ではなく上顎《うわあご》（「」のうち右向きに出た短線ではなく上向きに出た短線）に由来している。耳の部分は秦代の「」まで残っていたが、隷書の「犬」で省かれた。

また、「犬」は偏《へん》になると「犭」の形になる。これは隷書で「犬」を縦長に書いて「犭」としたものが起源であり、上顎が分離する前の状態が残ったため、「犬」よりも1画少ない。

その後、部首としての「犬（犭）」は本来の「いぬ」の意味から拡大し、動物（陸上の哺乳《ほにゅう》類）全般に関係する文字に使用され、「猫《びょう》［猫］」や「猿《えん》」などの例がある（それぞれ苗《びょう》［苗］・袁《えん》が声符の形声文字）。そのため「犭」は「けものへん」と通称される。

一方、本来は「いぬ」の意味で部首として使われた文字として、「狂《きょう》」や「状《じょう》［狀］」がある。「狂」は、犬（犭）が意符、王《おう》が声符（厳密には往《おう》の省声）の形声文字で、元は「狂犬」の意味であったが、後に意味が拡大して一般に「くるう」として使われた。「状［狀］」は犬が意符、爿《しょう》という文字が声符の形声文字で、元は「犬の姿」を意味していたようだが、こちらも一般化して「形状」などとして使われるようになった。

このように、部首としての「犬（犭）」は、本来の「いぬ」の意味と、派生した「動物全般」の意味がある。そして動物全般を意味する「獣［獸］」も「犬」が部首であるが、実は本来は「いぬ」の意味で使われたものであった。殷代には狩猟器具の「単［單］」（）と狩猟犬としての「犬（）」の略体を合わせた形（）であり、元は「狩猟」の意味だった。

その後、部首ではなく文字の意味の方が一般化し、「けもの（動物全般）」として使われたという経緯である。字形としては単［單］が変形して楷書（旧字体）の「獸」のうち「嘼」の部分になっている。

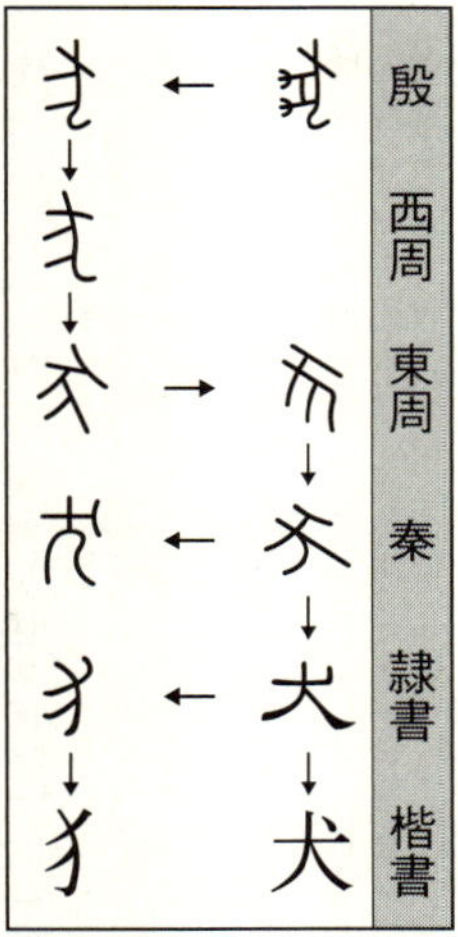

単［單］  獣［獸］ 

●牛と羊〔うし・うしへん／ひつじ・ひつじへん〕なぜ「犠牲」は「牜（うしへん）」か

最も古い家畜は前項で取り上げた犬であり、旧石器時代から飼育されていた。その後、新石器時代になると、それに加えて食用家畜の牛・羊・豚・鶏などが飼育されるようになった。食用家畜としては豚や鶏の方が効率的であり、雑食であるうえに多産で成長が早く、単に食料生産という点ではこれらの方が適している。

しかし、古代の王朝では、牛や羊の方が重視された。草食性で飼料が限定され、少産で成長も遅いのだが、そうであるが故《ゆえ》に「高級品」とされたのである。当時の王や貴族は、神や祖先を祭る儀式において牛や羊を犠牲《ぎせい》（いけにえ）とし、それによって自身の経済力、さらにはそれをもたらす政治権力を誇示していた。

「犠《ぎ》」や「牲《せい》」に「牛（牜）」が部首として使われているのは、こうした理由による（それぞれ義《ぎ》・生《せい》を声符とする形声文字）。また「義」も、羊を意符、我《が》を声符とする形声文字であり、元は祭祀《さいし》の儀式を表していた。その後、羊を捧《ささ》げることから「礼儀正しい」の意味になり、さらに「正義」の意味になった。

そのほか、「特《とく》」は本来は「特別大きな牛」を意味する文字であったが、一般化して「特別」の意味で使われるようになった。また、「群《ぐん》」は「羊の群れ」を表す文字だったが、こちらも意味が一般化して「むれ」として使われている（それぞれ寺《じ》・君《くん》が声符の形声文字）。

字形について、殷代の「牛（）」は牛の頭部を表しており、左右の上部に突き出た線が牛の角、短い斜めの線はおそらく耳であり、それ以外は一本の縦線に簡略化されている。その後、耳を表す斜めの線が横向きの線になり、さらに隷書の異体字の「牛」で角の片方が省略された。これを継承して楷書は「牛」になっている。また偏としては若干変形して「牜（うしへん）」になる。

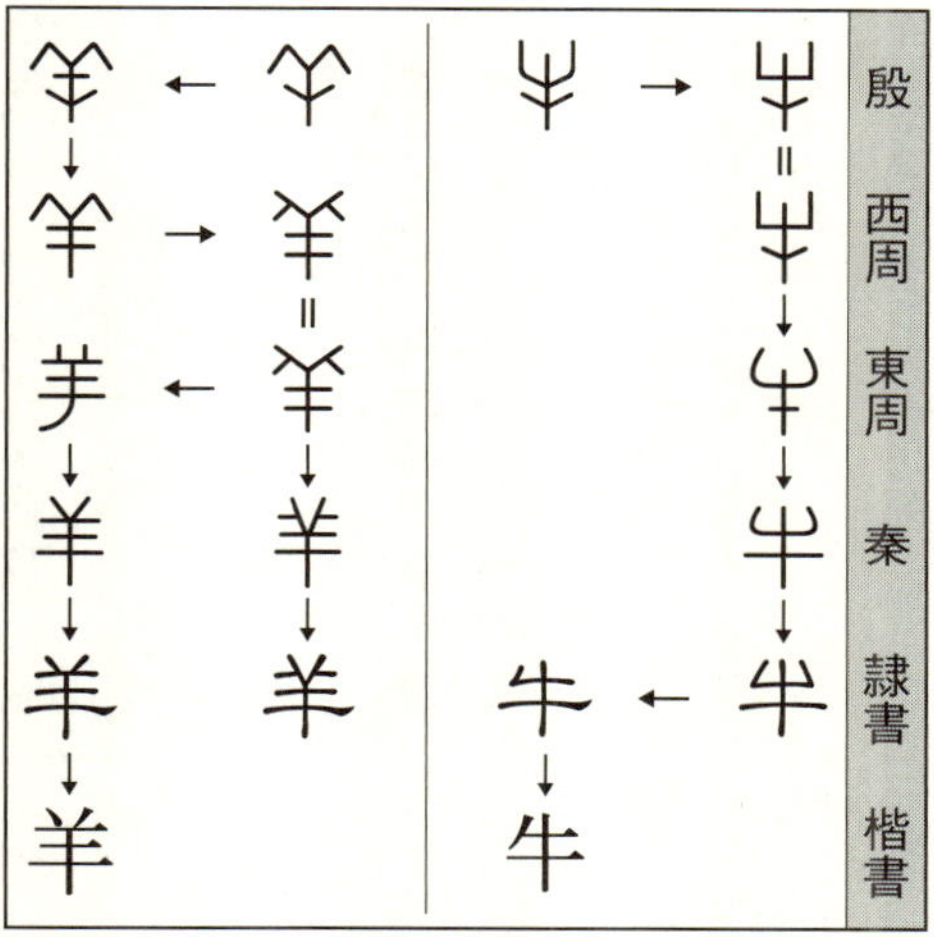

「羊」については、殷代には「」が標準的な形であり、牛と同様の表現に加えて牛よりも曲がった角を描いている。その異体字として角とそれ以外を分ける横線を加えたもの（）があり、さらに西周代に角をそれぞれ2画で書く形（）が作られた。東周代には両角の部分を簡略化した形（）が出現し、両系統が隷書まで併用されたが、楷書で後者の系統に統一された。「羊」も偏の位置で変形して「⺶（ひつじへん）」になる。

●馬〔うま・うまへん〕　驚き騒ぐ動物

馬は食用家畜よりもさらに遅れて導入された。当初は乗馬の技術がなく（品種改良が進んでいなかったためとも言われる）、二頭立ての馬車として使われた。

馬車は王や貴族によって用いられ、平時には彼らの権力を象徴し、戦時には戦車になった。「駆《く》［驅］」が「馬」を部首とするのは、本来は「馬車を走らせる」を意味したからである。同様に、「駐《ちゅう》」は「馬車を止める」の意味だった（それぞれ区《く》［區］・主《しゅ》が声符の形声文字）。

戦車は、戦闘において高速で移動・旋回しながら乗員が弓矢を放つため、非常に強力であり、春秋時代までは軍隊の主力だった。その後、戦国時代以降に農民からの徴兵が主力になり、また北方民族から騎兵の技術も導入されたため、徐々に戦車は使われなくなっていく。

部首として「馬」を使う文字には、騎馬が普及してから作られたものも多く、「騎《き》」はそのまま騎馬（馬に騎乗すること）の意味である。また「駅《えき》［驛］」は、駅伝（馬を用いた伝令）で乗り換える馬や乗り継ぎのための宿場を意味し、そのため「馬」を部首としている（それぞれ奇《き》・睪《えき》が声符の形声文字）。

また、「驚《きょう》」や「騒《そう》［騷］」も、元は馬が驚いたり騒いだりする意味であり、警戒心の強い馬の性質を反映している。後に一般化して「おどろく」「さわぐ」として用いられるようになった。「駄《だ》［馱］」も、元は「駄馬《だば》（荷物を運ぶ馬）」の意味であるため「馬」を部首とするが、日本では転じて「役に立たない（無駄など）」や「くだらぬ（駄文など）」の意味で主に使われている（それぞれ敬《けい》・蚤《そう》・大《だい》が声符の形声文字）。

中国史においては、「南船北馬《なんせんほくば》」と言うとおり、華北地域は草原が多く、馬の利用が有効だった。それが「馬」を部首とする文字の多さにつながっている。ちなみに、「南船」の方は「舟」や「水（氵）」を部首とする文字に反映されている。

「馬」の字形について、殷代の「」は上が頭、下が尻尾《しっぽ》であり、たてがみの毛や尻尾の毛が三本で表示されている。漢字では、多数の物は三つにして表現することが多い。

異体字として胴体部分を簡略化した「」があり、これが西周代の「」に継承された。その異体字の「」は、秦代の篆書の「」の元になっている。そして、秦代の簡牘文字では下部の線を分離した「」が作られ、楷書の「馬」に継承された。

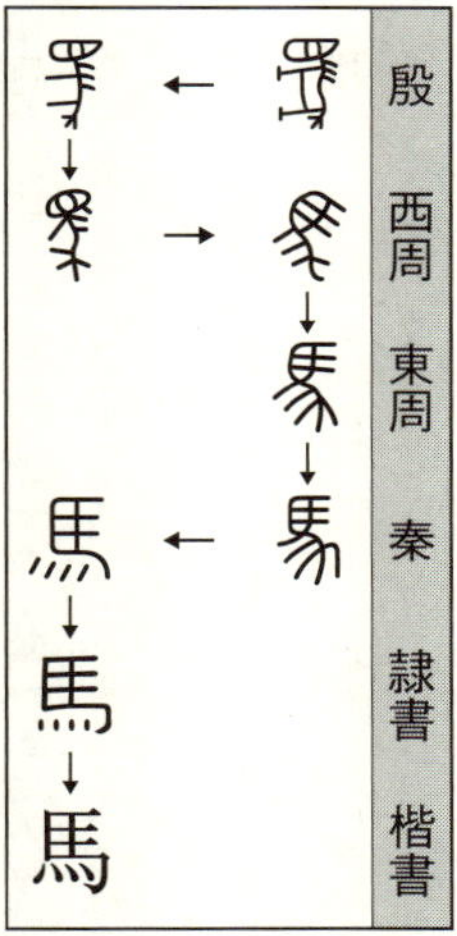

「馬」は字形の変化が大きいが、楷書の右上には三本のたてがみが残っている。また下部の四点のうち、左の二つが馬の足にあたり、残りの二つと右下の曲がった画が三本の尻尾の毛が残ったものである。

●鳥と隹〔とり／ふるとり〕「雇」も「離」も鳥の呼び名

「鳥」は、殷代の甲骨文字（）では絵文字に近い表現がされていた。上部に頭、下部に足があり、羽をたたんで止まった様子を表している。

もうひとつ、鳥の象形に基づく部首があり、それは「隹」である。殷代の甲骨文字の字形（）は鳥の姿の略体であり、振り返って後ろを見ている様子のようだ。

『説文解字』は、「鳥」を長尾の鳥、「隹」を短尾の鳥と解釈するが、実際の古代資料では明確な用法の差がない。単に後者が前者の略体というだけであり、いずれも鳥類の一般形である。そのため、「鳥」も「隹」も、本来は鳥類に関わる文字の部首として広く使われていた。分かりやすいところでは、例えば「鳴」は鳥が口で鳴くことを表した会意文字で、「集」は隹（鳥）が木に集まることを表した会意文字である。

そのほか、「雇《こ》［雇］」は一見すると戸［戶］が部首に思われるが、実は隹が部首であり、戸《こ》［戶］が声符の形声文字である。元は鳥の呼び名（ウズラの一種とされる）だったが、仮借（当て字）の用法で「やとう」の意味に使用された。同様に「離《り》」も、隹が部首、离《ち》が声符の形声文字で、元は鳥の名であった（ウグイスの一種とされる）が、やはり仮借によって「みやび」や「はなれる」の意味に使われた。

「鳥」と「隹」は起源が近いため、部首として入れ替わることもあり、例えば「鶏《けい》［雞］」

は、鳥を意符、奚《けい》を声符とする形声文字だが、異体字には意符を隹に代えた「雞《けい》」がある。

字形について、「鳥」は殷代に「」の形があり、これが後代に継承された。一旦《いったん》は「隹」に近い形になったのであるが、東周代に複雑化して「」となり、再び形が離れた。秦代には嘴《くちばし》の表現を残した「」のほか、嘴を省いた「」が篆書とされたが、前者が後代に継承された。楷書の「鳥」のうち1画目が鳥の嘴、「日」のような形が頭部である。

「隹」は元々略体だったこともあり、篆書の「」まで大きな変化が起こらなかった。その後、隷書・楷書で頭部の表現が変化しており、楷書の「隹」のうち1画目の払いが嘴、3画目の短い払いが鳥の頭部の一部である。なお、「隹」は旧「舊」に使われているため「ふるとり」と通称されるが、「舊」は本来は冠羽《かんう》（頭部の目立つ羽）がある鳥の形の萑《かん》を部首とする文字である（臼《きゅう》が声符）。また「ふるい」の意味は仮借であって、本来はやはり鳥の名（フクロウの一種とされる）であった。

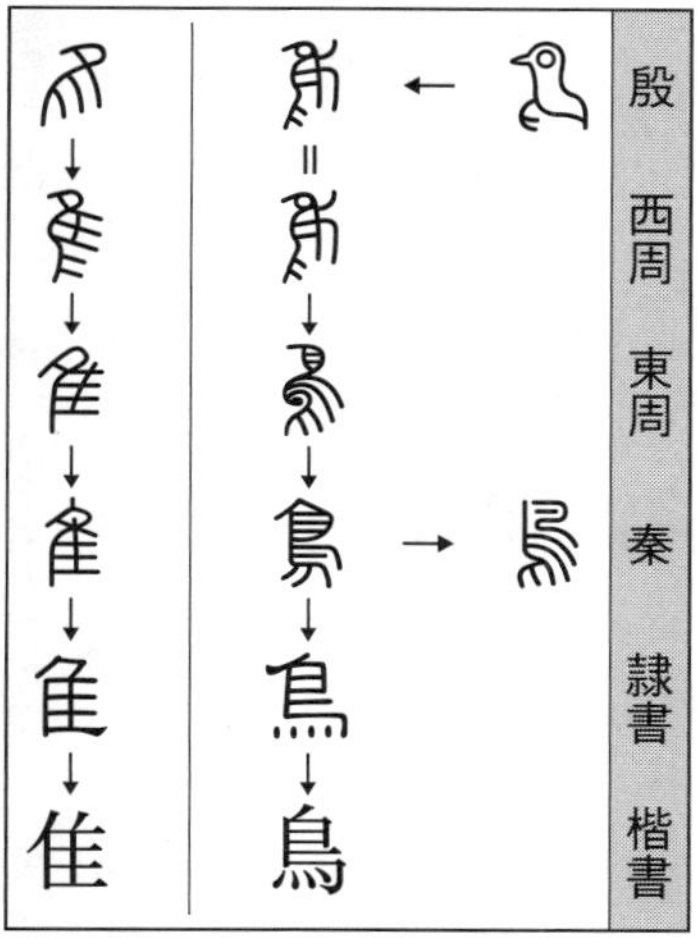

●魚〔うお・うおへん〕「鮮」は生臭い魚

「魚」は、殷代には「」の形が多く使われていた。上部が魚の頭で、左右に背びれ・腹びれがあり、下部に尾びれが表現されている。また中央の格子模様は魚の鱗《うろこ》である。特定の魚種ではなく、魚類の一般形として用いられた。

部首としては、魚の名前や魚の部位を表す文字に使われることが多い。常用漢字ではないが「鮫《こう》(さめ)・鯉《り》(こい)・鰻《まん》(うなぎ)」などがあり、それぞれ「交《こう》・里《り》・曼《まん》」が声符の形声文字である。また「鱗《りん》(うろこ)・鰭《き》(ひれ)・鰓《さい》(えら)」なども「魚」が部首であり、それぞれ「粦《りん》・耆《き》・思《し》」を声符とする。

そのほか、「鯨《げい》(くじら)・鰐《がく》(わに)・鰕《か》(えび)」のように魚類以外の水棲《すいせい》生物の名に使われることもある(それぞれ京《けい》・咢《がく》・叚《か》が声符)。

日本で作られた国字《こくじ》(和製漢字)にも「魚」を用いたものが多く、「鰯《いわし》・鱚《きす》・鱈《たら》」などがある。家畜を主なタンパク源としていた古代中国と違い、海産物を中心にしていた日本ならではの傾向である。また中国と日本で意味が変わった文字もあり、「鮭《けい》」は本来は河豚《ふぐ》を指したが、日本では「サケ」として使われる。また「鯖《せい》」は元は淡水棲の青魚《あおざかな》を指していたが、日本では海水棲の青魚である「サバ」の意味になった(それぞれ圭《けい》・青《せい》〔靑〕が声符)。

「鮮」については、現在では「新鮮」として主に使われるが、本来は「生臭《なまぐさ》い」の意味だったと考えられている。臭いを発しやすい魚肉と、同じく独特の臭みがある羊肉を合わせた会意文字である。「鮮」の異体字には「羴《せん》」と「鱻《せん》」があり、それぞれ羊と魚を三つ並べ、肉が多い様子を表した。さらに「羶《せん》」という異体字もあり、羊を意符、亶《せん》を声符としている。

字形について、殷代には「魚」の異体字として、より詳細に描いた「〓」があり、右側が背びれであることが分かりやすい。その後、西周代の「〓」では頭部と尾びれの表現が変わり、さらに東周代の「〓」では尾びれが「火（〓）」に同化した。ただし、「火」は火が燃える様子を表した象形文字であり（第五章で取り上げる）、全く別の成り立ちである。

秦代には、「〓」など上部が「角（〓）」のような形になり、さらに隷書では「火」が異体字の「灬（れんが）」になり、「角」のような部分も変形して「魚」となった。これが楷書の「魚」に継承されたのであり、何度も表現が変化した文字である。

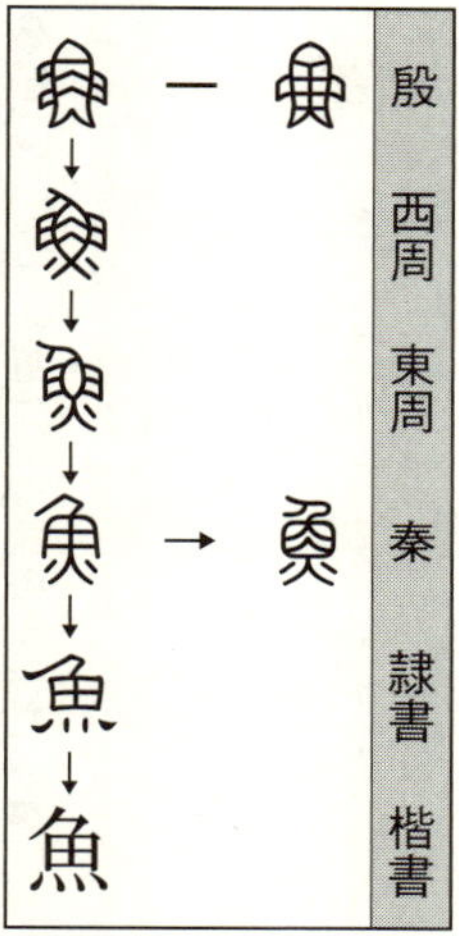

字形の歴史から言えば、「魚」の上部の「ク」のような形が魚の頭部、「田」のような形が鱗のある胴部であり、「灬」が尾びれの形が変わったものである（左右のひれは秦代に消失した）。

●虫〔むし・むしへん〕「虹」は双頭の蛇神だった

「虫」は、殷代には「」などの形であり、蛇を上から見た様子を表していた。上部の丸い部分が頭、下部の曲線が長い胴を表している。そもそも、「虫」自体が本来は毒蛇の意味であって、その意味では音読みが「キ」である。

そのため、当初は「虫」が蛇に関係する文字に使われていたのだが、東周代以降には、哺乳類・鳥類・魚類を除いた動物全般を表す文字の部首として使われるようになった。爬虫《はちゅう》類の「蜴《えき》（とかげ）」、両生類の「蛙《わ》（かえる）」、昆虫の「虻《ぼう》（あぶ）」、貝類の「蛤《こう》（はまぐり）」など、多様な生物の名に見られる（それぞれ易《えき》・圭《けい》・亡《ぼう》・合《ごう》が声符の形声文字）。

変わったところでは「虹」がある。殷代には虹が自然神のひとつとされていて、「」と表現された。これは双頭の蛇神と推定されており、虹の輝きが蛇の鱗を連想させたのであろう。殷代には並行して虫（）を意符、工《こう》（）を声符とする形声文字の「虹《こう》（）」も使われていて、こちらが後代に残った（ただし楷書は偏旁《へんぼう》が逆になっている）。

字形について、殷代には蛇の象形として「」のほか「・」などが使われていた。このうち「」が「虫」につながる系統であり、秦代の簡牘文字の「」を経て、楷書の「虫」に継承された。なお篆書は縦線がつながっていない「」であるが、こちらは楷書に残っていない。

頭部を大きく表示した「」の系統は、後に「巳《し》」になった。楷書でも頭部と胴部の関係が分かりやすい。また、「」は、後に「它《た》」という文字になった。「蛇《じゃ》」は虫を意符、它を声符とする形声文字であるが、声符の它にも「へび」の意味がある亦声《えきせい》である。そのほか、東周代の異体字の「」は後に「也《や》」になっている。

一方、「むし」の意味については、本来は「虫」を重ねた「蟲《ちゅう》」で表されており、殷代には「」や「」の形であった。多数を並べることで相対的に小さな存在であることを表示しており、本来はミミズやウジのような生物を指していたようである。その後、概念が一般化し、昆虫などを含めて使われるようになった。

そして新字体で「蟲」の略体として「虫」が使われた。こうして、毒蛇を表す「虫」が「むし」の意味になったのである。

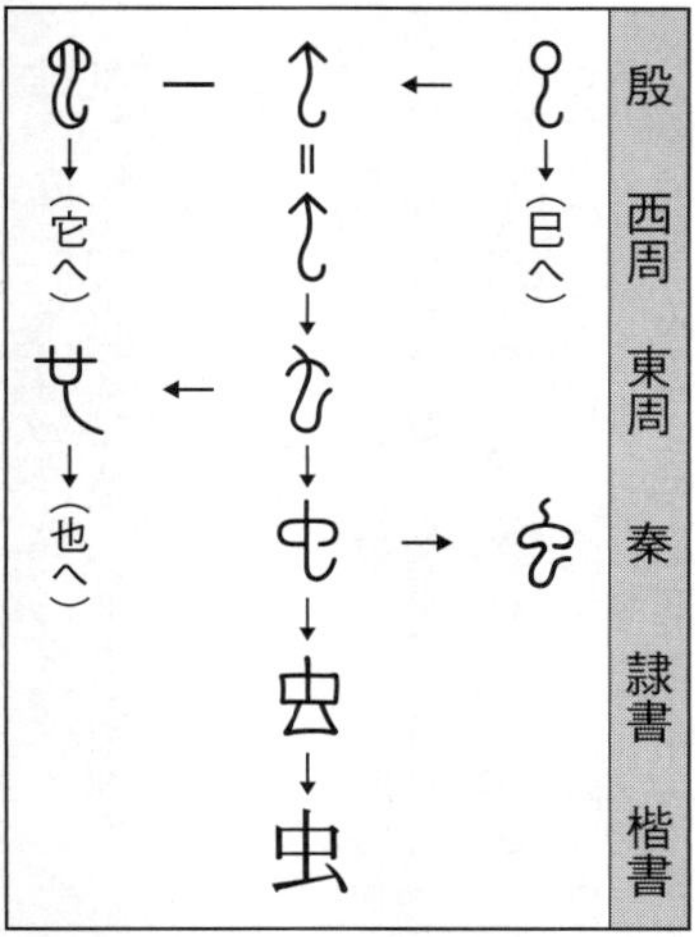

●貝〔かい・かいへん〕　古代の貴《とうと》い財貨

「貝」は、「鳥」や「魚」などと違って一般形ではなく、子安貝《こやすがい》（宝貝《ほうばい》）の貝殻の象形である。左頁に、古代中国の遺跡から出土した子安貝の写真を挙げた。殷代には「」の形が主に使われていて、実物の形状に近い。

殷代には、子安貝が貴重品として流通していた。殷王は交易によって南方から子安貝を入手し、それを地方領主や功臣に配付したのである。殷代の遺跡の墓地からは、遺体が子安貝を口に含んだ状態で発見されることがあり、呪術《じゅじゅつ》的な価値が認められていたようだ。ちなみに、子安貝を貴重品とするのは古代中国に限ったことではなく、雲南《うんなん》地方や中央アジアなどにも存在した文化であり、パプアニューギニアでは最近まで流通していた。

「貝」は、後代には「かい」の意味に一般化したが、それよりも早く、財貨や贈与あるいは商売や貧富などに関係する文字に広く使われたため、「貝」を部首とする文字には「かい」の意味で使われたものはごく僅《わず》かしかない（貝類には前項の「虫」が使われることが多い）。

例えば、「財貨《ざいか》」はそれぞれ「才《さい》・化《か》」を声符とする形声文字であり、本来はいずれも「たから」を意味していた。後に一般化して、価値があるもの全般に使われるようになる。また「貴」や「買」は会意文字であり、「貴」は子安貝を両手で取る様子の「」、「買」は子安貝を網（⊠）で取る様子の「」が起源である。そのほか、「貸《たい》・購《こう》・販《はん》・贈《ぞう》〔贈〕」など、

多くの形声文字で「貝」が意符に使われている（それぞれ代《たい》・冓《こう》・反《はん》・曽《そう》〔曾〕が声符）。意味が変わった文字もあり、例えば「加《か》」を声符とする「賀《が》」は、「贈り物によって祝うこと」の意味だったが、後に一般に「いわう」や「よろこぶ」として使われるようになった。また「臤《かん》」を声符とする「賢《けん》」は、元は「良質の子安貝」の意味だったようだが、そこから転じて「かしこい」や「すぐれる」として使用された。

字形について、殷代・西周代には表のほかにも様々な異体字があり、そこから東周代に「貝」の形に集約された。結果として、子安貝の分かれた形を反映しなくなったが、単独で「かい」一般の意味として定着したためかもしれない。これが楷書の「貝」に継承された。

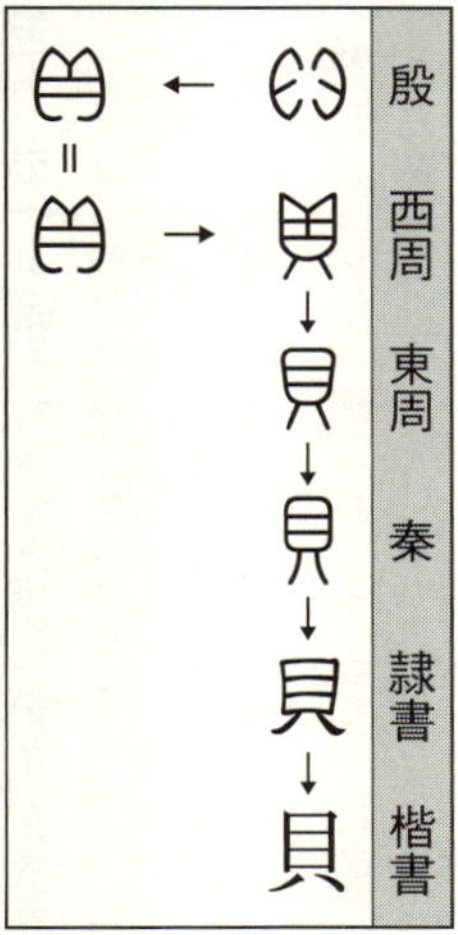

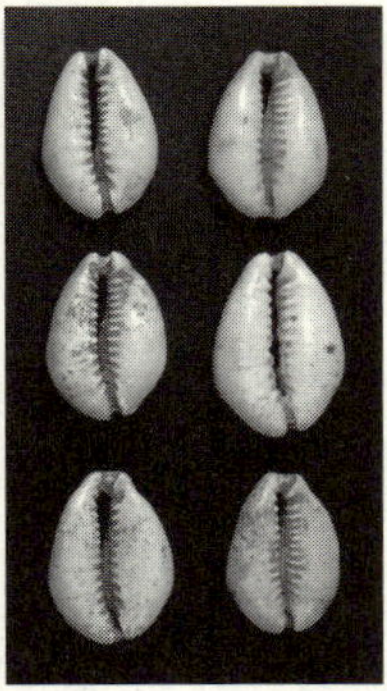
図 17　子安貝の貝殻

●羽［羽］と飛（はね／とぶ）「飛」は羽根か翼か

「羽」は、殷代には二枚の羽根を並べた「⺕⺕」の形であった。後の時代には「鳥の翼の形」と誤解されたが、形状から分かるとおり、翼ではなく羽根である。例えば、殷代には「雪［雪］」が「䨮」と表示され、「天空から羽根が降ってくる様子」として形容されていた。

字形はその後、東周代に線の方向や本数を変えた「彐彐」や「彐彐」などの異体字が作られ、前者を継承して、隷書では「羽」、中世の楷書では「羽」になった。

近世に作られた『康熙字典』では、篆書の形（羽）を意識したのか、短い線の向きを変えた「羽」を正字として掲載している。一方、それよりも古く、唐代ぐらいから線の向きをまた別の方向にした「羽」も使われていた。つまり、歴史的に見れば、新字体とされる「羽」が古く、旧字体とされる「羽」が新しいのである。

部首としての「羽［羽］」は鳥や飛ぶことに関係する文字で使われる。例えば「翔《しょう》［翔］」は、羊《よう》（⺷）が意符に見えるが、実際には声符である。羽［羽］が意符の形声文字で本来は飛ぶことを意味していたが、後に地面を走る意味でも使われた。また、「翻《ほん》［翻］」は番《ばん》を声符とする形声文字で、こちらも飛ぶことが原義であるが、「ひるがえる」の意味に派生した。

一方、本来の「鳥の翼」を意味する文字としては、殷代にはその象形の「⽥」という形が使われていた。しかし、この形は後に使われなくなり、前述のように「羽」が「鳥の翼」

と見なされるようになった。そのため、あらためて羽［羽］を意符、異《い》［異］を声符とする形声文字の「翼《よく》［翼］」が作られたという経緯である。

そして、「羽」が「鳥の翼」と誤解されたことによって作られたのが「飛」である。比較的新しく、東周代に作られたもので、当初は「飛」の形であった。「羽（羽）」の上下逆向きを使って鳥の翼や冠羽（頭部の羽）を表現し、「鳥が飛ぶ様子」を表している。

楷書の「飛」は、右上（冠羽）と右下（右の翼）は「羽」の上下逆向きに近い表現方法であり、左下（左の翼）は「羽」に近い。

なお、「飛」も『康熙字典』で部首に選定されているが、配列された文字は少なく、「翻［翻］」の異体字の「飜」などごく僅かである。

雪［雪］　翼［翼］

●肉（月）〔にく・にくづき〕「祭肉」から「肉体」へ

「肉」は、切った犠牲の肉の象形であり、殷代には「〓」の形であった。当時の文字資料では、祭祀で神に捧げる肉として主に使われている。

字形はその後、線の本数を増やした結果、「肉（〓・〓）」が「月（〓・〓）」に近い形になった。楷書では、偏でほぼ「月」と同形の「月（にくづき）」になっている。ただし、大きく書く場合には、隷書で識別可能な「肉」になり、楷書の「肉」に継承されている。

楷書の「月」の形は、偏（左側）につく場合には「にくづき」であることが多く（後述）、旁（右側）につく場合には「つき」であることが多い（期・朗［郎］など）が、例外もあって位置だけで確実な判断はできない。

「肉（月）」は、「犠牲の肉」から転じて一般に「食用の肉」として使用された。この意味として、「脂《し》」や「膳《ぜん》」などの形声文字がある（それぞれ旨《し》・善《ぜん》が声符）。

さらに「肉（月）」は、派生して「人間の肉体」を表す文字の部首にもなっており、楷書ではこの用法が最も多い。これに該当する形声文字として、例えば「胴《どう》・膝《しつ》・脚《きゃく》・脇《きょう》」などがある（それぞれ同《どう》・桼《しつ》・却《きゃく》・劦《きょう》が声符）。また内臓を表す文字にも使われており、「腸《ちょう》・肝《かん》・胆《たん》［膽］・肺《はい》［肺］」などの例がある。それぞれ「昜《よう》・干《かん》・詹《たん》」が声符であり、「肺」は本来は「市《し》」ではなく「巿《ふつ》（縦線がつながって1画少ない）」が声符の形声文字である。

腰《よう》［腰］については、本来は女性の腰を強調表示した「要《よう》［要］」が「こし」の意味を表していたが、「要求」や「要点」などの意味に使われたため、あらためて「肉（月）」を加えた「腰《よう》［腰］」が作られた。同様に「臓《ぞう》［臓］」も、当初は隠すことを意味する「蔵《ぞう》［蔵］」によって「体内に隠された臓器」の意味を表していたが、後に「臓［臓］」が作られた。

医学用語にも例があり、「膨《ぼう》」は「はれる」が原義で「ふくれる」に派生した。また、「腫《しゅ》」も「はれる」を意味する形声文字である（それぞれ彭《ほう》・重《じゅう》が声符）。「腺《せん》」は日本で作られた国字であり、「液体を分泌する器官」を意味する。声符の「泉《せん》」は「液体が出る」を意味する亦声の構造である。

変わったところでは「小《しょう》」を声符とする「肖《しょう》［肖］」があり、「体つきが似る」を表した文字である。そこから人の姿を象《かたど》ったものを「肖像《しょうぞう》」、親に似ないことを「不肖《ふしょう》」と呼ぶようになった。また「胞《ほう》［胞］」は、本来は胎児を包む「えな（胞衣）」を意味していたが、転じて「同胞」として使用され、また生物学で「細胞」としても使われている（声符の包《ほう》［包］は意味も表す亦声）。

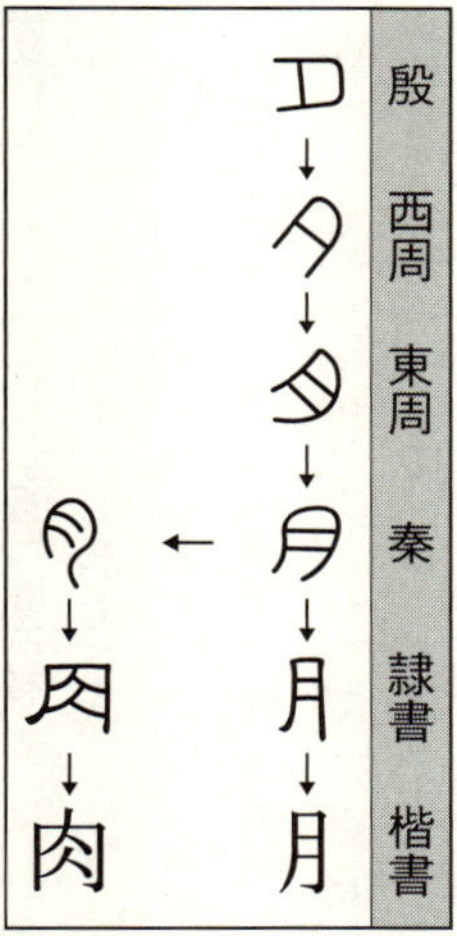

●木〔き・きへん〕「横」も「極」も木材

「木」は、元は「𣎳」の形であり、立ち木を表していた。上部の三本の短線が枝であり、下部の三本の短線が根である。秦代の簡牘文字で枝の部分を横線にした「木」が出現し、これが楷書の「木」に継承された。楷書では偏でやや変形して「木（きへん）」になる。部首としては木の状態などを表す文字に使われ、例えば、「枯《こ》・根《こん》」はそれぞれ古《こ》・艮《こん》を声符とする形声文字である。また「本」は木の根元を記号（第5画の短い横線）で示した指事文字であり、「末」はその逆で木の末端（梢《こずえ》）を記号（第1画の長い横線）で示している。

木の種類を表す文字にも使用されており、例えば「松《しょう》（まつ）・梅《ばい》［梅］（うめ）・柿《し》（かき）・梨《り》（なし）」は、それぞれ「公《こう》・毎《まい》［每］・市《し》・利《り》」を声符とする形声文字である。

樹木は、木材として人間社会に不可欠のものであり、建築の材料のほか、日用品の原料や煮炊きの燃料として使われた。そのため、早い段階から「木」は「木材」の意味でも使われるようになっており、それを反映して、部首としても木材や木製品を表す文字にも使われた。この用法でも、「材《ざい》」のほか、「板《ばん》・柱《ちゅう》・橋《きょう》・枕《ちん》」など多様な文字があり、それぞれ「才《さい》・反《はん》・主《しゅ》・喬《きょう》・冘《いん》」が声符の形声文字である。

引伸義（派生義）や仮借（当て字）によって本来の意味から変わった文字も多い。「はじめに」でも取り上げたように、「黄《おう》［黃］」を声符とする「横《おう》［橫］」は本来は「門に横向きにかける木製の閂《かんぬき》」を表していたが、後に引伸義で一般化し、「よこ」として使われた。

また、「極《きょく》」は元は「むなぎ（屋根の材木）」の意味だったため「木」を意符とするが、屋根が建物の最上部であることから「きわめる」の引伸義が出現した。そのほか、「検《けん》［檢］」は本来は竹簡を束ねて封印する木の札を指していたため「木」を意符とするが、後に仮借の用法で「しらべる」として使われるようになった（それぞれ亟《きょく》・僉《せん》が声符）。

ちなみに、甲骨文字の段階では「木（）」を並べた「林（）」を部首とする文字も比較的多く見られ、例えば「柏《はく》（かしわ）」は「」、「椎《すい》（しい）」は「」と表示されていた（それぞれ白《はく》（）・隹《すい》（）を声符とする形声文字）。その後、部首が「木」に代えられて、現在の形になっている。

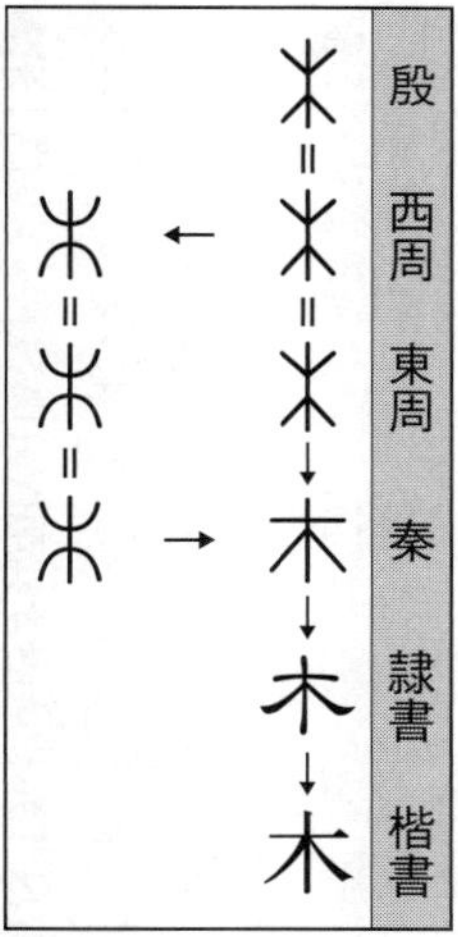

ただし、全てが「木」に移行したわけではなく、「麓《ろく》」や「楚《そ》」では「林」を部首とする状態が楷書に残っている（それぞれ鹿《ろく》・疋《しょ》が声符の形声文字）。「林」は、『説文解字』の段階では部首として選定されていたが、『康熙字典』では部首とされず、便宜的に「木」の部首に配列された。

●禾〔のぎ・のぎへん〕 「のぎ」と呼ばれるが「木」ではない

「禾《か》」は、カタカナの「ノ」と漢字の「木」から成るように見えるため、日本では「のぎ」と通称されているが、実際には、前項で取り上げた「木」とは直接の関係がない。

字形は、殷代の段階から「」の形であって、「木（）」に近かった。ただし、下部の三本の線が根であることは同じであるが、上部は二本の短線が穀物の葉、長い曲線が穂が実って垂れている様子であり、この点は「木」と異なっている。その後、「木」と同じような字形変化によって楷書の「禾」の形になった。偏でも同様にやや変形して「禾（のぎへん）」になる。楷書のうち、1画目が穂の部分、2画目が穀物の葉にあたる。

字形の元になった穀物は粟《あわ》とも稲とも言われるが、殷代の段階から穀物の総称として使われていた。そのため、「禾」は部首としても穀物全般に関係する文字に使われる。ただし、日本では「穀物の総称」に該当する言葉がないため、前述のように便宜的に「のぎ・のぎへん」と呼ばれている。

穀物の生産は古代社会を維持するために必須《ひっす》であり、「禾」を部首とする文字も多い。代表的な文字に「稲《とう》［稻］・穀《こく》［穀］・種《しゅ》・穂《すい》［穗］」などがあり、それぞれ「舀《よう》・㱿《こく》・重《じゅう》・恵《けい》［惠］」が声符の形声文字である。

また、古代には穀物が税として集積されたため、「税《ぜい》［稅］」や「積《せき》」にも「禾」が使われている。それぞれ「兌《えつ》・責《せき》」が声符だが、「貝」（66頁）を部首とする「責」は、それ自体に「貴重品を集める」の原義がある亦声である。

意味の変化があった文字も多く、例えば「移《い》」は、元は穀物の穂が風に揺れる様子を表していたが、そこから意味が一般化して「うつろう」や「うつる」として用いられた。また「秒《びょう》」は穀物の実についている小さな毛（芒《のぎ》）を表していたが、転じて最も小さな時間の単位に用いられた（それぞれ多《た》・少《しょう》が声符の形声文字で後者は亦声）。

また、「称《しょう》［稱］」は元は穀物の束を持ち上げることを表していたが、そこから「たたえる（称賛など）」や「よぶ（呼称など）」の意味になった。「稚《ち》」は、本来は遅く植える穀物（おくて）を指していたが、ほかよりも成長が遅れることから転じて、「おさない（幼稚など）」として用いられた。「稼《か》」は、穀物を植えることや収穫することを意味していたが、日本では「かせぐ」や「はたらく」として主に用いられる（それぞれ爯《しょう》・隹《すい》・家《か》が声符の形声文字）。

そのほか、穀物の種類を表す文字として「麦《ばく》［麥］（むぎ）」や「黍《しょ》（きび）」があるが、それぞれ別に部首とされている。いずれも複数の象形文字を組み合わせたものであり、第六章で取り上げる。

殷　西周　東周　秦　隷書　楷書

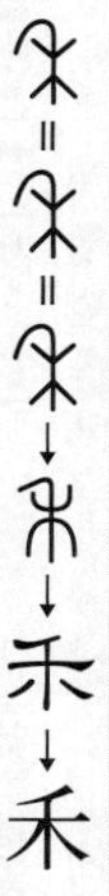

●屮と艹［艸・⺿］（てつ／くさかんむり）「英」は美しい

「屮《てつ》」は、楷書では部首としてほとんど使われないが、本来は基本的な形であった。殷代には「屮」の形であり、草の象形である。上部の三本の短線が葉を表し、縦線が茎を表す。

一方、楷書で「くさ」に関係する文字に多く使われる部首が「艹［艸］（くさかんむり）」である。殷代には「艸」の形で、多くの草が生えている状態を表していた。

殷代には「くさ」に関する部首として「屮」と「艹［艸］」が併用されていたが、西周代以降には後者に一本化された。

字形について、「屮」は殷代の「屮」から大きな変化をせずに楷書になっている。なお、「𠂇《さ》」は似ているが別字であって、元は左手の象形（𠂇）で「左《さ》」の初文である。

「艸」についても、大きな変化がなく楷書に継承されたが、左側が「𠂇」に変形している。これと並行して、殷代から略体の「艹（⺿）」も使われていた。厳密には、旧字体は「⺿」を反映して中央を離した「⺿」であり、新字体の「艹」よりも1画多い。

「艹［⺿］」は、部首として「くさ」に関係する文字に使われ、「草《そう》［草］・花《か》［花］・葉《よう》［葉］・茎《けい》［莖］などがある（それぞれ早《そう》・化《か》［化］・枼《よう》・巠《けい》が声符の形声文字であり、枼はそれ自体に「は」の意味がある亦声）。

木ではない植物の呼称としても用例が多く、「菊《きく》［菊］・菜《さい》［菜］・芝《し》［芝］（しば）・苔《たい》

「苔〔苔〕（こけ）」などの形声文字があり、それぞれ「匊《きく》・采《さい》〔采〕・之《し》・台《たい》」を声符とする。

意味が変わった文字もあり、例えば「苦《く》〔苦〕」は、元は苦味のある植物を指していたが、「にがい」として意味が一般化し、さらに「くるしい」の意味にも派生した。「荘《そう》〔莊〕」は草が生い茂る意味だったが、そこから「おごそか（荘厳など）」や「田舎の別宅（別荘など）」の意味になった（それぞれ古《こ》・壮《そう》〔壯〕が声符の形声文字）。

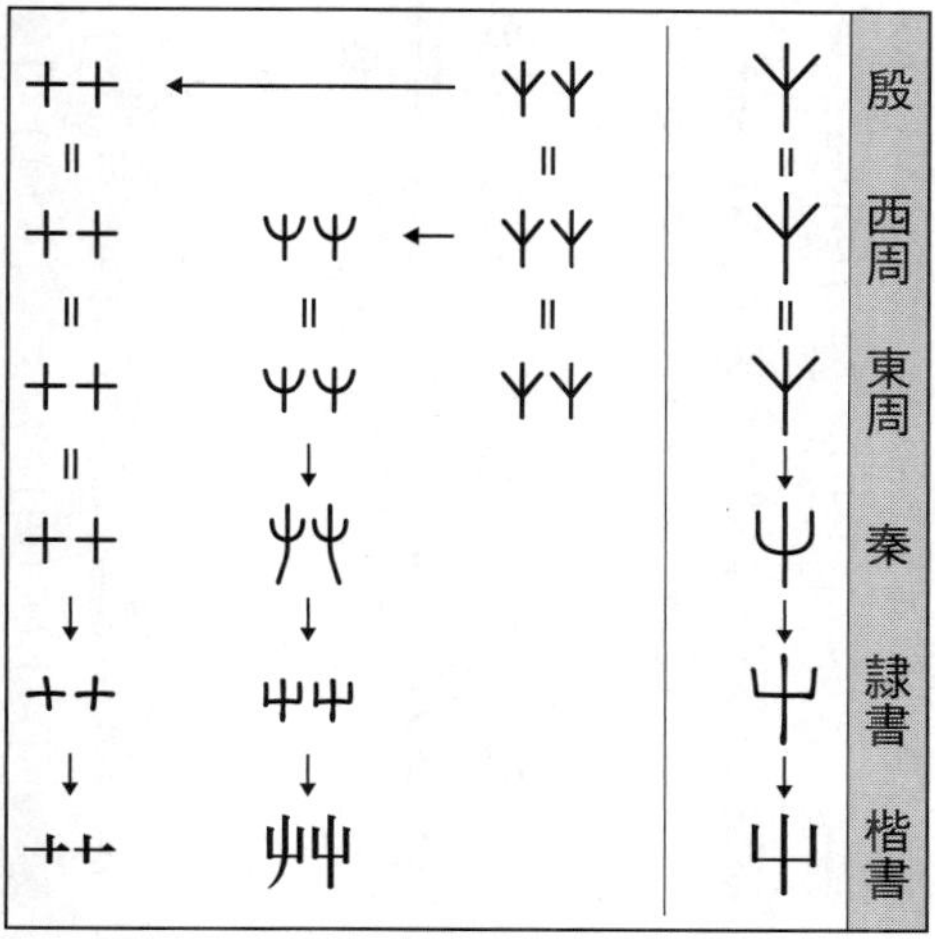

また、「央《おう》」を声符とする「英《えい》〔英〕」は、本来は花房《はなぶさ》（房状に咲く花）を指していたが、そこから「うつくしい」の意味になり、さらに「すぐれる」の意味になった。ちなみに、「イギリス」という呼称はポルトガル語の"Inglez"に由来するが、当て字の「英吉利（英国）」はオランダ語の"Engels"に由来する「エゲレス」に当てたため、呼称と文字表記で発音にずれが発生している。

●竹（⺮）〔たけ・たけかんむり〕「笛」も「箱」も竹製

「竹」は、部首として竹に関係する文字や竹製品を表す文字に使われる。文字の上部に置かれることが多く、「⺮」（たけかんむり）の形になる。

例えば、「節《せつ》［節］」は「竹のふし」の意味で作られており、後に意味が一般化して物事の区切りの意味で使用され、さらに「節約」や「節度」などの意味にもなった。また、「笛《てき》」は竹製の笛が原義、「箱《そう》」は竹製の箱が原義であるが、こちらも意味が一般化し、材質にかかわらず「ふえ」「はこ」として使用される（それぞれ即《そく》［卽］・束《せき》・由《ゆう》・相《そう》が声符の形声文字）。

このように、竹を部首とする文字は、意味が一般化して広く使われることが多い。それだけ竹製品が身近だったのだろう。

古代には、竹簡（竹の札）が文書の媒体として多用されたため、それに関係する文字も多い。「簡《かん》［簡］」は、元は「（一枚の）竹簡」を表す文字である（今でも「書簡」として使われる）が、竹簡は金文や碑文などに比べて安価な媒体であるため、「簡素」や「簡単」などの意味にもなっている。また「等《とう》」は竹簡の長さを揃えることが原義であり、一般に「ひとしい」として使われる（それぞれ間《かん》［閒］・寺《じ》が声符の形声文字）。

字形について、殷代には二本の竹の枝を表現した「」が基本形で、垂れた枝に葉がある様子である。その異体字として、枝を離した「」があり、こちらが後代に継承された。

さらに、東周代以降にやや変形した「艸」が作られ、楷書の「竹」になった。ただし、文字の上部の「⺮」（厳密には正字は「⺮」の形）の方が古くからの「⺮」に形状が近い。部首としては、隷書以前には略体の「艹」が使われることも多く、これは艹［艸］（艹）とほぼ同形である。さらに、字形の近似だけではなく、どちらも植物であることも混用の原因だったと思われる。さらに、隷書に至っては独立した文字としても「艹」が「たけ」の意味で使われた。その後、唐代に本来の「竹（⺮）」に戻す動きが強まり、混用は避けられた。

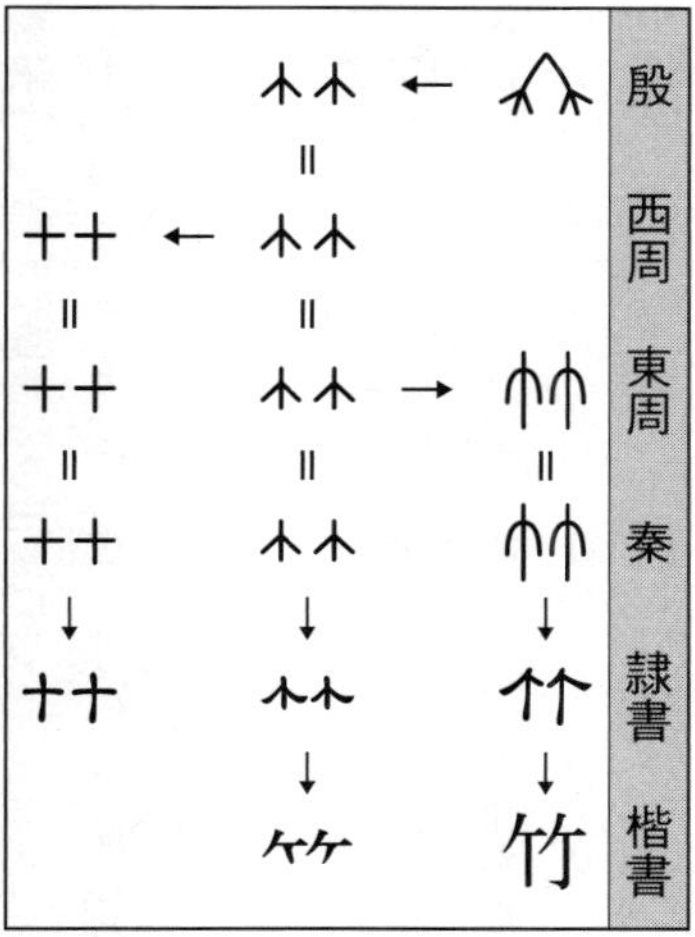

ただし、混用に影響された文字もあり、「著《ちょ》」は、「箸《ちょ》」の異体字が独立したという経緯を持つ。「箸」は、竹（⺮）を意符、者《しゃ》［者］を声符とする形声文字であり、竹製の「はし」を表す。「著［著］」は隷書で作られた異体字であり、「⺮」を「艹［艹］」に代えている。そして、後者も楷書に残り、仮借（当て字）の用法の「つく・つける」として使用され、さらに「あらわれる・あらわす（著名・著作など）」の意味になった。

●米〔こめ・こめへん〕　食料にも白粉にも

「米」は、日本では稲の実に限定して使われるが、本来は穀物全般の実を指していた。部首としても穀物の実に関係する文字に使われ、前項の「竹」と同様に意味が一般化したものが多い。新石器時代に農耕が始まって以来、穀物は食料の基本だったため、語義として一般化しやすかったのだろう。

「粘《ねん》」は、本来は粘り気の多い穀物を指していたが、一般に「ねばる」の意味で使われるようになった。また「粋《すい》〔粹〕」は、不純物を除いた穀物の実の意味だったが、これも一般化して「純粋」として使われた。（それぞれ占《せん》・卒《そつ》が声符の形声文字）。

同様に、「精《せい》〔精〕」は精白した穀物の実を指したが、そこから転じて「すぐれる（精鋭など）」や「くわしい（精密など）」の意味になり、さらに「こころ（精神など）」としても使われた。逆に精白していない穀物の実を指したのが「粗《そ》」であり、こちらも転じて「あらい（粗末など）」として使われている（それぞれ青《せい》〔靑〕・且《しょ》が声符の形声文字）。

そのほか、「量《りょう》」を声符とする「糧《りょう》」は、元は食料用の穀物を指したが、食料（食糧）全般として使用されている。「粒《りゅう》」も、穀物の粒を意味していたが、やはり一般化して小さい「つぶ」の意味になった。なお、声符の「立」は「リュウ」が本来の音読みであり、「リツ」は日本で変化した慣用音である。

少し変わった用法として、穀物の実はすりつぶして化粧品として使用されたため、「粉《ふん》」はすりつぶした穀物の実から転じて「おしろい」の意味でも使用された（「白粉」や「粉白」とも表記される）。なお、声符の「分《ふん》」は細かく分ける意味もある亦声である。また、「化粧」の意味では、本来は女を意符、爿《しょう》を声符とする「妝《しょう》」だったが、米を意符、庄《しょう》を声符とする「粧《しょう》」が異体字として作られ、現在ではこちらが主に用いられている。

字形について、殷代の「〓」は、横線が穀物の穂、小点がそれに付いた実を表している。また少数であるが、異体字として中央の小点をつなげた「〓」も見られる。両者が後代に継承されたが、東周代以降には後者の系統のみが残った。

さらに、秦代の竹簡文字では下部の小点を長くした「〓」があり、これが継承されて隷書の「米」になった。楷書の「米」は、上部の小点の向きが隷書とは異なっており、秦代の篆書の「〓」が影響したと思われる。また楷書では偏でやや変形して「米（こめへん）」になる。

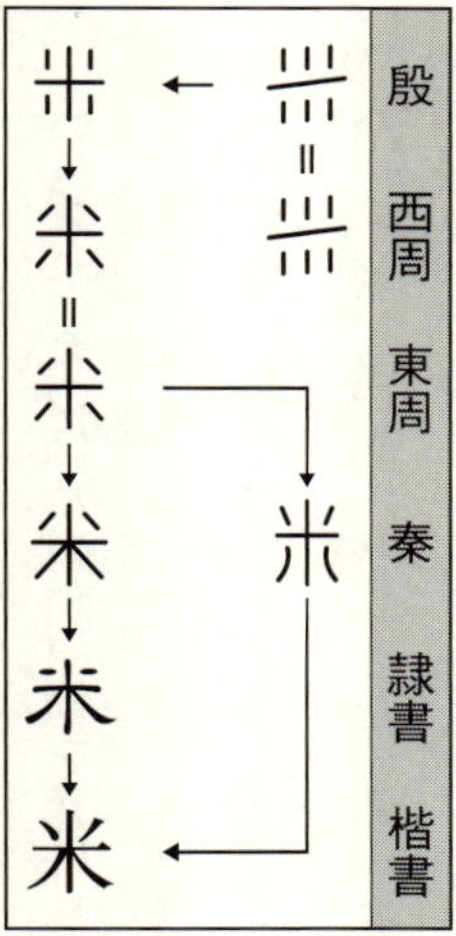

□コラム　そのほかの動植物を元にした部首

本章でここまでに取り上げた部首以外にも、動植物を元にしたものは多い。コラムではそれらを簡単に紹介する。

●豕〔いのこ〕「豕《し》」は豚の象形である。甲骨文字の「[illegible]」では太い胴体が表現されていたが、その後、表現されなくなった。西周代の「[illegible]」以降、後足の線が二本になったが、その理由は明らかではない（あるいは豚の蹄《ひづめ》を表したのかもしれない）。部首としては豚や猪《いのしし》に関係して使われるが、現在では一般に使われない文字が多い。

「月（にくづき）」をつけた「豚」は、本来は「特に肉の多い豚」の意味だったようだが、現在では主にこちらが一般に「ぶた」の意味で用いられている。また「象」（16頁）は、象の象形であって成り立ちとしては全く異なり、『説文解字』は独立した部首としていたが、篆書（[illegible]）以降に下部が「豕（[illegible]）」とよく似た形になっており、『康煕字典』は便宜的に「豕」の部首に含めている。

●鹿〔しか〕「鹿《ろく》」は動物の鹿の象形である。部首として鹿に関係する文字に使われるが、一般的な漢字には用例が少ない。殷代の「〓」は、上部に枝分かれした角や大きな目が表現され、下部には蹄のある足がある。これが継承されて楷書の「鹿」になっており、下部の「比」は蹄のある足の形に由来する（ほかは角と目にあたる）。

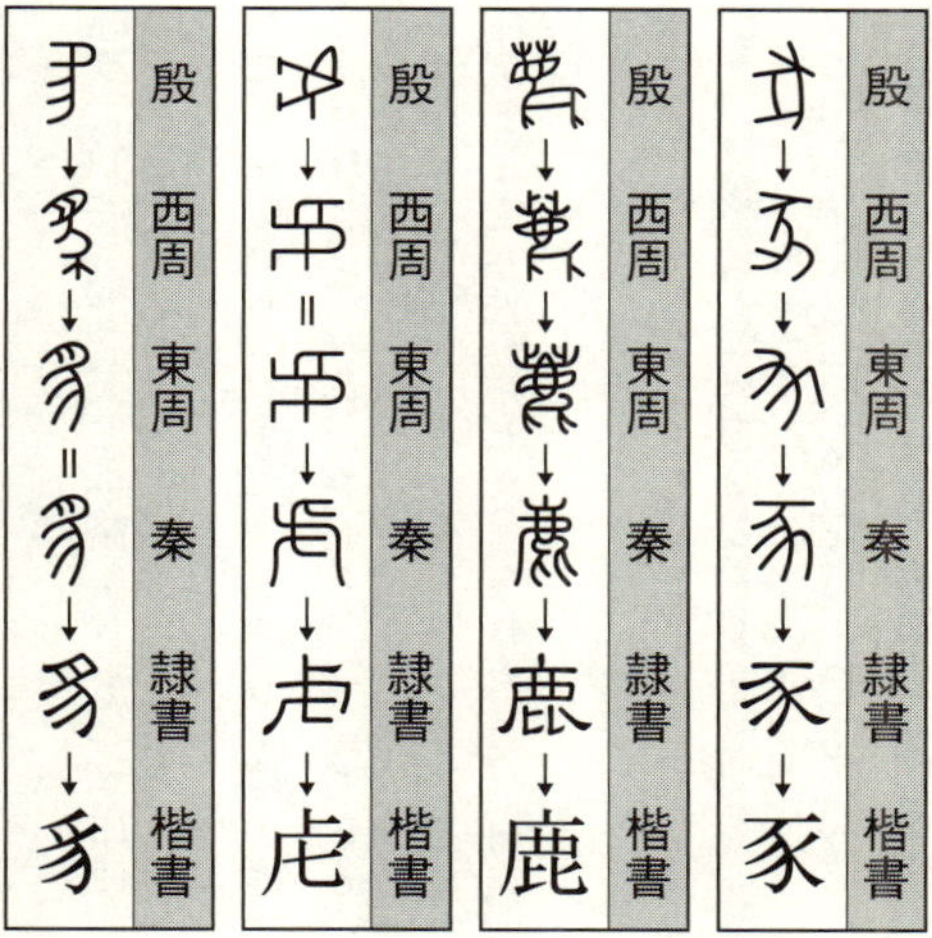

●虍〔とらがしら〕「虍《こ》」は、虎の頭部にあたり、虎に関係する文字の部首に使われる。殷代の段階から虎（〓）（16頁）の頭部の形（〓）であった。「虍」は形声文字の声符として使われることがあり、『康熙字典』は便宜的にその一部も編入している。そのほか、「虎」を部首とする文字も編入している。楷書の「虍」のうち、最初の2画が虎の耳にあたり、そのほかが頭部や牙《きば》である。

●**豸**（むじな）「豸《ち》」は、「貉《ばく》（むじな）」に使われることから部首として「むじな」と呼ばれるが、本来は動物の一般形であった。殷代の「〓」のうち「〓」が動物の頭部、左に出た二本の線が前足と後足、下部の曲線が尾である。部首としては動物の名を表す文字に主に使われた。ただし、犬（犭）（54頁）もその意味で使われるようになったため、しばしば入れ替わる。例えば、「貉」には異体字として「狢《ばく》」があり、また「狸《り》（たぬき）」には異体字として「貍《り》」がある（それぞれ各《かく》・里《り》が声符の形声文字）。

●**鼠**（ねずみ）「ねずみ」を意味する文字は、殷代には鼠の象形に「小（〓）」を付け加えた「〓」の形で、意味的にも「小さい動物」を表していた。その後、この形は使われなくなり、東周代にあらためて象形文字の「〓」が作られた。当時は「臼（〓）」を「歯の形」として使うことがあり、「歯が目立つ動物」を表示した文字である。これが楷書の「鼠」に継承されており、上部の「臼」も残っている。なお隷書には、楷書につながらない略体の「〓」しか見られないが、便宜的に表に含めた。部首としては、鼠やそれに近い動物に関係して用いられるが、現在では「由《ゆう》」を声符とする「鼬《ゆう》（いたち）」以外にはほとんど使われない。

●亀【龜】〔かめ〕　動物の亀を表す文字は、殷代には「」の形であり、亀の側面形である。上部に頭、右に甲羅、左に前後の足があり、下部に短い尻尾が表現されている。西周代〜東周代には単独でも部首としても用例がなく、秦代の篆書の「」から楷書の旧字体の「龜」になっている。旧字体の「龜」には、足の形（ヨ）や甲羅の形（図）が残っており、元が亀の象形であったことが分かりやすいが、新字体の「亀」ではいずれも簡略化されている。部首としては亀に関係して使われるが、用例は少ない。

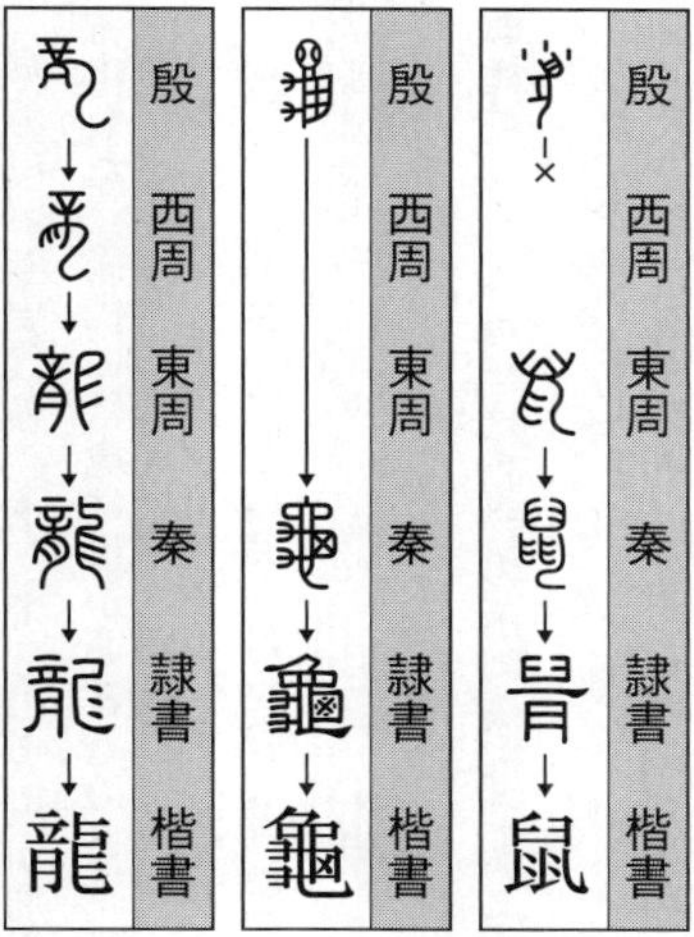

●竜【龍】〔りゅう〕　殷代の「」は想像上の動物である竜の象形である。蛇の側面形（）に冠の形（）を加えており、蛇が神格化されたものと分かる。なお蛇の正面形は虫（）である（64頁）。当時は蛇が水辺に多くいたようで、神格としての竜も降雨を司《つかさど》るものとされた。

その後、西周代の「」で牙の表現が加えられ、東周代の「」で胴部が分離して複雑化した。後代には竜は足があるものとされたので、「」はその表現かもしれない。これが継承されて楷書の旧字体の「龍」（厳密には第1画が横画の「龍」）になった。楷書のうち、「立」のような形は冠、「月」のような形は牙のある頭部であり、旁の部分は複雑化した胴部を反映している。部首としては竜に関係する文字に使われるが、用例はごく少ない。

●角（つの）　「角」は動物の角の象形である。部首として角に関係する文字に使われ、例えば「蜀《しょく》」を声符とする「触《しょく》」「觸」は、「角で突く」が原義であり、そこから転じて「ふれる」として使われた。字形は西周代に角の先を強調した「」になっており、楷書の「角」のうちカタカナの「ク」のような形が角の先である。

●毛（け）　殷代の「」は、動物の尻尾に毛が生えた様子を表している。これが継承されて楷書の「毛」になった。部首としては、毛や毛織物などに関係した文字に使われる。なお「尾」「尾」は、殷代には人（）が尻尾（）を付けている形（）であり、「動物に扮《ふん》した人の様子」が起源と思われる。

●牙〔きば〕「牙」は、西周代に出現した部首で、「」は動物の牙が噛《か》み合った様子である。当初は上下の牙を分けて表示していたが、東周代（）以降に融合し、楷書の「牙」になった。文字によっては新字体で第2画を分割して書くこともある（芽・邪など）。部首としては牙や噛むことに関係して使われるが、用例はごく少ない。

●革〔かわ〕「革（）」は、動物の皮（革）を剥《は》いだ状態を表しており、その正面形である。上部の「凵」や「廿」が頭部を表している。別の部首の「皮」と区別するため「かくのかわ」とも呼ばれる。部首としては皮革製品に関係する文字に使われ、例えば「包《ほう》〔包〕」を声符とする「鞄《ほう》」は、本来は「なめした革」の意味だったが、日本では皮革製品の「かばん」として使われている。なお、動物の皮の側面形は「克《こく》

（〓）」であり、「皮（〓）」（第六章で取り上げる）に使われている。表のうち、東周代の「〓」と隷書の「革」は楷書につながらない系統の異体字であるが、当該時代に楷書につながる系統がないため便宜的に掲載した。

●歹（歺）〔がつへん・がつ〕「歹《がつ》（歺）」は、元は「𣦵」の形であり、動物の肩甲骨の象形である「冎《か》（〓）」（第六章で取り上げる）が割れた様子を表している。割れた骨が死者を象徴し、部首としても死や死者に関係して使われ、「殉《じゅん》」や「殲《せん》」などの例がある（それぞれ旬《じゅん》・韱《せん》が声符の形声文字）。また「戔《さん》」を声符とする「残《ざん》［殘］」は、「そこなう」が原義であり、派生して「のこる」の意味が出現した。字形は、隷書で略体の「歹（〓）」が作られ、現在では主にこちらが用いられる。

●韭（〓）〔にら〕「韭《きゅう》（〓）」は、東周代に作られた新しい形であり、食用植物の韭《にら》が生えている様子を表している（繁文として韮《きゅう》［韮］も作られている）。部首としては、韭やそれに近い植物を表す文字に使われるが、用例は少ない。

●瓜［瓜］〔うり〕「瓜《か》［瓜］」は、蔓《つる》に瓜《うり》が実っている様子である。殷代には「〓」の

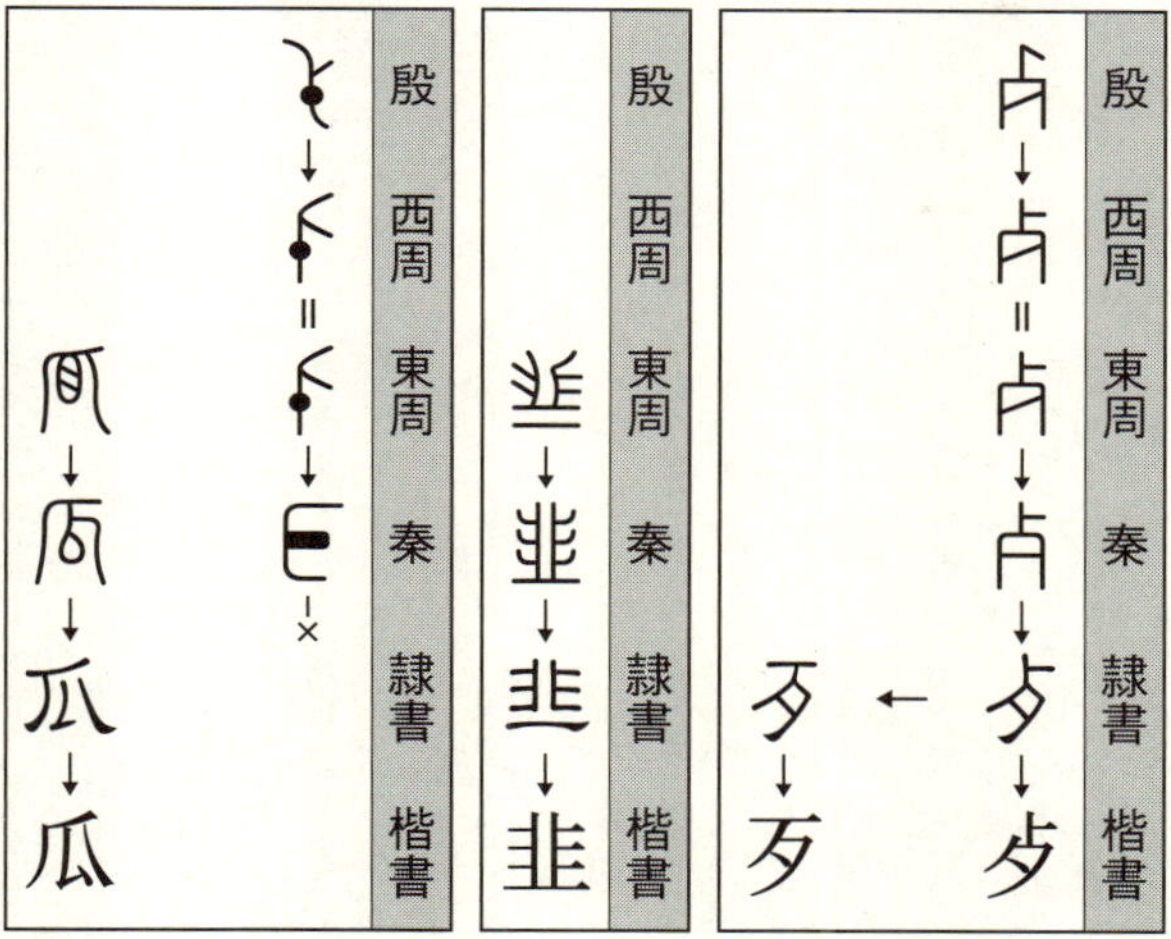

形であり、線が蔓、小点が実を表していた。しかし、西周代（　）には蔓の部分が人の姿である「匕《ひ》（　）」のような形になり、字源と異なるようになった。そこで、この系統とは別に東周代に「　」が作られており、「匕」にやや近い形を使いつつ、瓜が実った様子を表現している。これが楷書に継承され、旧字体の「瓜」になった（「　」の系統も秦代の「　」まで見られる）。旧字体は5画であるが、新字体は3画目を分けて書くため6画になっている。部首としては、瓜やそれに近い植物に関連して使われ、瓢簞《ひょうたん》の原料の「瓢《ひょう》（ひさご）」などに見られる（票《ひょう》が声符）。

第三章　人体を元にした部首

——耳で「聞」く、手で「承」ける

漢字には、人間の様子や行動を表した文字が多い。その場合には、人体を元にした部首が使われることになる。

よく使われるのが人体の全身を表した形であり、人の姿の「人（亻）」や座った人を表す「卩《せつ》」などがある。派生した形もあり、例えば「老（耂）」は元は長髪の老人を表した形で「人」を含んでいた。

特定の部位を使った行動の場合には、その部位だけを取り出すこともある。目の形の「目」は主に見ることに関係して使われ、耳の形の「耳」は聞くことに関係して使われる。

そのほか、手の形の「又《ゆう》」や「手（扌）」は手を使った行動、足の形の「止」や「足」は足を使った行動を表す文字に使われる。「心」も人体に関係しており、元は心臓の象形であったが、転じて「こころ」として使われた。

本章では、こうした人体を元にした部首を取り上げる。

●人（亻）〔ひと・にんべん〕「代」わりの人員、人がつける「価」格

「人」は、立った人の側面形である。殷代には「〓」の形であり、左に突き出た部分が手、曲がった縦線が頭部・胴部・足を表している。

その後、偏としては人が立った状態を残した「亻（にんべん）」になっており、1画目が人の頭部と手であり、2画目が胴部と足にあたる。しかし、単独で書かれる場合には西周代以降に分化し、楷書《かいしょ》では「人」の形になっている。こちらも1画目が頭部と手、2画目が胴部と足だが、線の方向が変わったため、人が伏せたような状態である。

部首としては、当初は、人間の行動や様子を表す会意文字で主に使われた。例えば「休（〓）」は人（亻）（〓）が木（〓）にもたれて休んでいる様子であり、また「伐（〓）」は、武器の戈《か》（〓）で人（亻）（〓）の首を斬る様子である。

その後、人間の関係や地位を表す形声文字の意符にも使用され、「係《けい》・他《た》・伯《はく》・僕《ぼく》」などがある（それぞれ系《けい》・也《や》・白《はく》・業《はく》が声符）。そして、人の状態や行為を表す部首としても使われ、「健《けん》・俊《しゅん》［俊］・作《さく》・住《じゅう》」などの形声文字がある（それぞれ建《けん》・夋《しゅん》［夋］・乍《さ》・主《しゅ》が声符）。

部首がなぜ「人（亻）」なのかが分かりにくい文字もあり、例えば「価《か》［價］」は、「商売で人がつける価格」が原義と考えられており、声符の「賈《こ》」は商売を意味するので亦声《えきせい》である。また、「弋《よく》」を声符とする「代《だい》」は、本来は「代わりの人員」の意味だったようだが、

広く「かわり」として使用された。

いつの時代でも、文字を作るのも使うのも人間が主体である。そのため、人体を表す「人（亻）」は、ここに挙げたように多くの文字に使用されている。

なお、『康熙字典』では、類似形の「𠆢（ひとやね）」を含む文字も「人」の部首に編入されているが、これは「人」とは成り立ちが無関係である。本来は「今（亼）」の略体の「亼（亼）」に由来するもので、屋根や蓋《ふた》を表す形であった。例えば、器の形（口）に蓋（亼）を合わせる様子の「合」や、座った人（卩）が屋内（屋根〈亼〉の下）で命令を受ける様子の「令」などがある。

ただし例外もあり、例えば「企」は、「人」と足の形の「止」から成り、「人がつま先立った様子」を表した会意文字であった。その後、「つま先立って遠くを見る」から意味が転じて「くわだてる」として使用された。

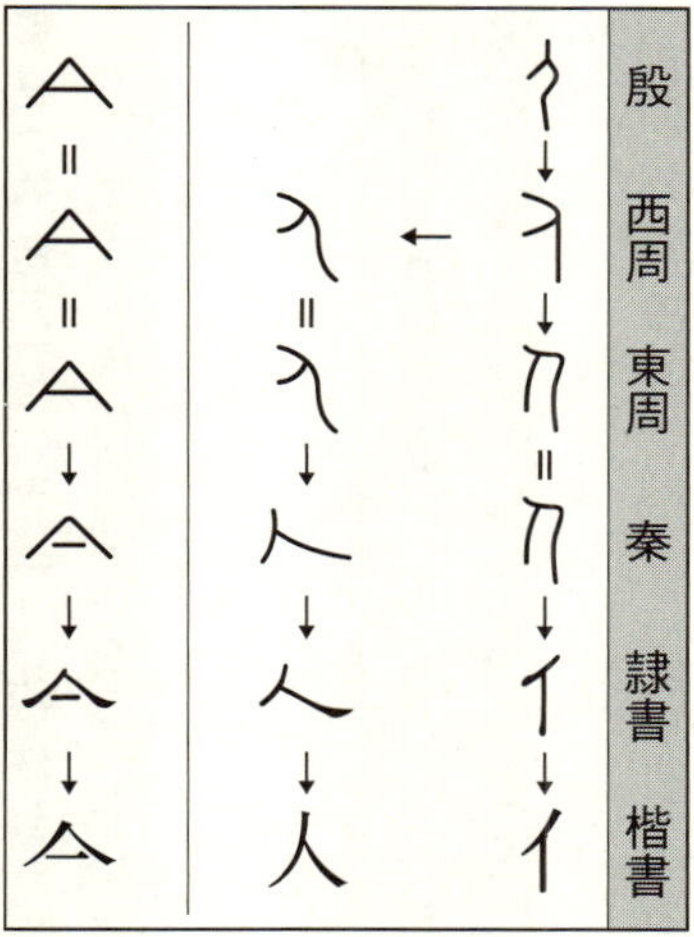

●卩（㔾）と儿〔ふしづくり／ひとあし〕 「兄」は立ち、「祝」は座る

「卩《せつ》」は座った人の側面形であり、殷代には「〓」の形であった。左下に曲げた膝《ひざ》、右下に足首があり、縦線は膝についた手を表している。前項の「人」とは違い、会意文字の用法が多い。

例えば「印」は、殷代には「〓」の形で、捕らえた人（〓）を手（〓）で押さえつける様子である。本来は捕虜を表す文字だが、「人を押さえつける」から転じて、押して使う印章（印鑑）の意味になった。なお、「〓（〓）」は手の側面形の爪（〓）の縦横の向きを変えた形である。

また「即〔卽〕」は、元は「〓」の形であり、左側に食物を盛った高坏《たかつき》の形の皀《きゅう》（〓）、右側に座った人の卩（〓）がある。食事の席に即《つ》くことから「つく」として用いられた。

なお、卩は旁《つくり》の部分（文字の右側）につくことが多く、また「節《ふし》」に使われるため、「ふしづくり」と呼ばれるが、厳密には、「節《せつ》〔節〕」は竹（⺮）が意符、即《そく》〔卽〕が声符の形声文字であり、「卩」が部首ではない。

座った人の形は文字の下部につくこともあり、その場合には「卩」ではなく、本来の形に近い「㔾」になる。例えば「巻《かん》」の旧字体の「卷」は、㔾《せつ》を意符、𢍏《けん》の略体の龹を声符（省声）とする形声文字で、「膝を曲げること」から「まげる」や「まく」の意味になった。

「卩」と関連する部首として、「儿《じん》（ひとあし）」がある。元は立った人の姿である「人（ ）」の首から下の部分（ ）であるが、卩と意味・形が近いため、入れ替わることがある。例えば「光」は、殷代には座った人（ ）が火（ ）を掲げて光を照らす様子の「 」の形であったが、後に「卩」が「儿」に代えられて楷書の「光」になった（ は西周代の火（ ）の形が残ったもの）。

また、「祝［祝］」は殷代には「 」の形であり、祭祀《さいし》用の机である示（ ）に向かって座った人（ ）が口（ ）で祝詞《のりと》を唱える様子であったが、こちらも「卩」が「儿」になったため、「兄」と字形上の区別がなくなった。ちなみに、「兄（ ）」はもともと立っている人の様子であり、立った人が祝詞を唱える姿と推定される。

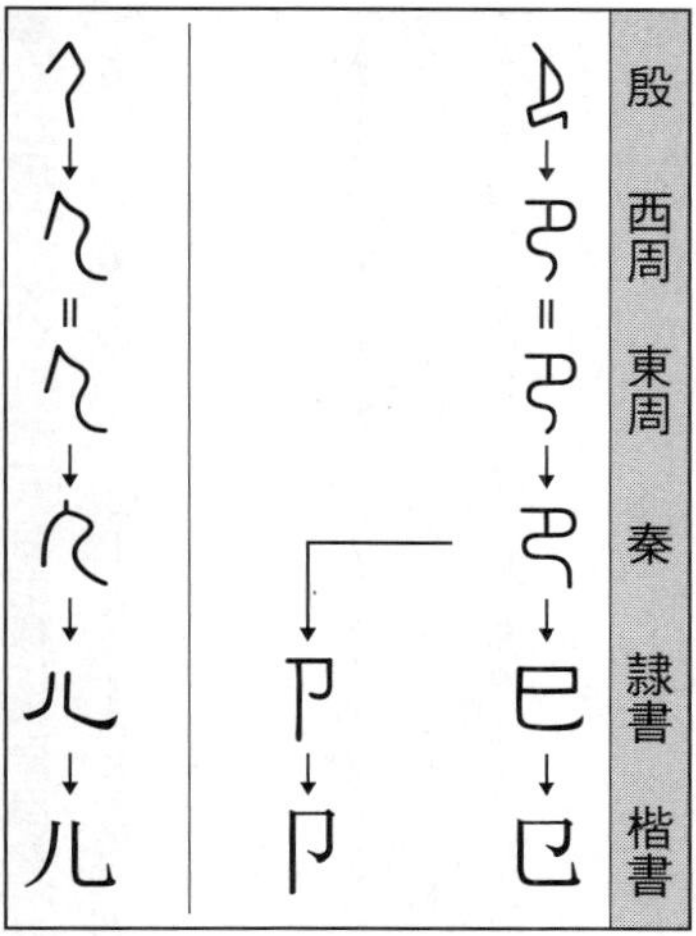

印　即［卽］　光

祝［祝］　兄

●女と母〔おんな・おんなへん／なかれ〕　お姫様は王室出身

「女」は、女性の姿を表した文字である。殷代には、前項で取り上げた卩（）によく似た「」の形であり、正座した女性が両手を揃えた様子を表している。左側にある「十」の部分が揃えた手の先である。

部首としては女性に関係する文字に使われ、「姉《し》・妹《まい》・妃《ひ》・妊《にん》」などの形声文字がある（それぞれ市《し》・未《み》・己《き》・壬《じん》が声符）。また結婚に関係する文字にも使用され、「嫁《か》・婚《こん》・婿《せい》（むこ）・媒《ばい》（なこうど）」などがある（それぞれ家《か》・昏《こん》・胥《しょ》・某《ぼう》が声符で家は意味も表す亦声）。

さらに、家系に関する文字にも使われており、「姓《せい》」や「嫡《ちゃく》（よつぎ）」などがある（それぞれ生《せい》・啇《てき》を声符とする形声文字でいずれも亦声）。なお、「姓」は本来は王や貴族層の婚姻において出身を表すために使われたもので、例えば「𦣞《い》」を声符とする「姫《き》〔姬〕」は、周王室の姓だったため「お姫様」の意味になった。

そして、女性が感情豊かである（という男性側の認識）から感情を表す文字の部首にもなり、「嬉《き》」や「嫉《しつ》（ねたむ）」などがある（それぞれ喜《き》・疾《しつ》が声符でいずれも亦声）。また、美しい女性を形容する文字もあり、例えば「媛《えん》〔媛〕」は「美しい女性」が原義である。「姿《し》〔姿〕」は本来は女性の美しい姿を表していたが、一般化して「すがた」として使用された（それぞれ爰《えん》・次《じ》〔次〕が声符）。

字形・用法について、殷代には「女」と「母」が明確な区別なく使用されていた。「母（）」は「女（）」の胸部に乳房を表す二つの点を加えた形である。

その後、西周代には女・母ともに立った姿（・）になった。さらに、東周代から隷書にかけて縦横の向きが変わり、いずれも揃えた手が下部にきている。そして、「母」の方は、東周代（）の段階から大きな形状の変化はなく楷書になったが、「女」は上部の線（左腕にあたる）が切れ、大きな違いになった。

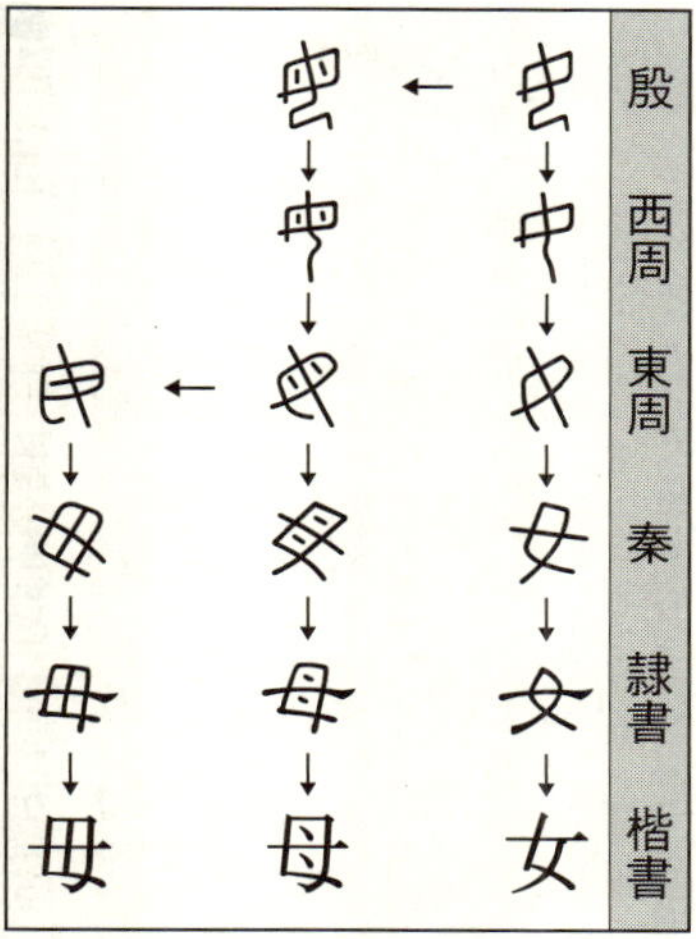

なお、殷代の段階から、「母」を仮借《かしゃ》（当て字）によって「なし」や「なかれ」の意味に使っていたが、字形として分かれたのは東周代である。「（）」は「母（）」の二つの点をつなげたもので、これが楷書の「毋《ぶ》（なかれ）」になった。楷書では「毋」が部首とされているが、配列された文字には「母」を含むものが多く、例えば「毎」も旧字体は「每」である（字源は髪飾りをつけた女性の姿と推定されている）。

●目と臣（め・めへん／しん）　平伏すると「目」が「臣」に

「目」は、目の象形である。殷代には中央に瞳《ひとみ》がある「」の形で表示されており、左側に目頭、右側に目尻《めじり》がある。

部首としては、目や見ることに関係する文字に使われ、「瞳《どう》・眺《ちょう》・瞬《しゅん》（またたく）・睡《すい》（ねむる）」などの形声文字がある（それぞれ童《どう》・兆《ちょう》・舜《しゅん》・垂《すい》が声符）。また会意文字にも多く使用されており、例えば「相」は「木」を「目」で見る様子、「看」は「手」を「目」にかざして対象を見る様子である。

「省《しょう》」は複雑な経緯であり、殷代には意符の目（）と声符の生《しょう》（）を接着した形声文字の形（）であった。その後、声符の「生」が変形して「少」のような形になったのだが、古い中国語（漢語中古音）や古代の日本語（歴史的仮名遣い）では、「省・生（shang／シャウ）」と「少（sieu／セウ）」は発音が違うので、声符の機能を失った俗字ということになる。しかし、現代の日本語（現代仮名遣い）ではいずれも「ショウ」になるため、偶然にも現代日本限定で形声文字として機能するようになっている。

そのほか、「目」を使った文字として、「見」や「面」もあるが、これらは会意文字の部首であるため第六章で取り上げる。また、「具」や「真〔眞〕」は器物の一種である「鼎《かなえ》」（第四章で取り上げる）が略体になったもので、成り立ちとして「目」とは無関係である。

字形について、西周代の「」までは同じような形であるが、東周代の「」で縦横の向きが変わった。楷書の「目」はこれを継承しており、3画目と4画目（二本目と三本目の横線）の間が瞳にあたる。

また、殷代の段階からすでに縦横の向きが変わっていたのが「臣」である。臣下が王に対して平伏すると、目頭が下になるため、その通りに「」として表示した。こちらは目頭と目尻の表現も楷書に残っており、中央の四角形が瞳にあたる。なお、かつては「臣」の左下をつなげて6画で書いていたため、『康熙字典』は6画として配列するが、現在では分けて7画で書くことが多いため、辞典などでも7画に配列されている。

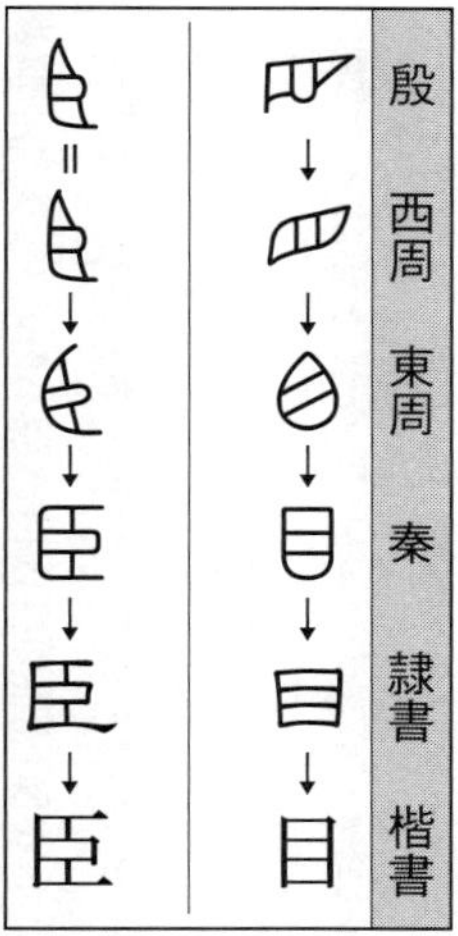

「臣」も楷書で部首とされているが、会意文字では「目」の意味で使われたものが多い。例えば「監（）」は、人（）が目（）で水を張った皿（）をのぞき込む様子であるが、下向きにのぞき込んでいるために結果として「臣（）」の形になっており、それが楷書にまで残ったのである。

●耳〔みみ・みみへん〕 よく聞くことは聡明である

「耳」は、耳の象形である。殷代の字形のうち、「」が最も写実的であり、左に耳の外側（耳《じ》介《かい》）がある。ただし、多く使われたのは「」や「」で、後者が後代に継承されたようだ。

その後も、東周代から秦代には異体字が多く、秦代に篆書《てんしょ》とされたのは「」であるが、並行して竹簡などでは「」も使用されており、こちらを継承した隷書の「」から楷書の「耳」になっている（篆書の系統も隷書の「」まで見られる）。楷書の「耳」のうち、1・2画目と5画目が耳の外側にあたる。

「耳」は、部首としては聞くことに関係する文字に使われた。例えば「甹《へい》」を声符とする「聘《へい》」は、「安否をたずねる」が原義であるが、転じて「招聘」の意味で使われる。また「恖《そう》」を声符とする「聡《そう》〔聰〕」は、「耳がよく聞こえる」が原義であるが、転じて「かしこい」の意味になった（「よく聞こえる」も「かしこい」も訓は「さとい」である）。

「声」は旧字体が「聲」であり、楽器の音色を聞くことが原義である。声符の「殸《けい》」は殷代には「」という形で、石磬《せっけい》という楽器をつるした状態を表す「声（）」を、撥《ばち》を持った手の形の「殳《しゅ》（）」で演奏する様子で、「聲」においては意味も表す亦声である。なお新字体は略体で「声」だけを残している。

「聞《もん》」は、一見すると「門（もんがまえ）」が部首に見えるが、実は耳を意符、門《もん》を声符とする形声文字である。殷代には「」などの形で、座った人（）が耳（）で聞く様子の会意文字だったが、東周代に形声文字に転換した。

「聴」は「聖」と同源の文字であり、殷代には「」など「耳（）」と「口（）」から成る会意文字であった。「口から発せられた言葉を耳で聴《き》く様子」とも、「口」を祭器と見て「呪術《じゅじゅつ》的にお告げを聴く様子」とも言われる。

その後、初文の「耳口」に声符として「壬《てい》」という文字を加えたのが繁文の「聖［聖］」である。「聴くこと」から転じて「かしこい」の意味になり、さらに偉人（聖人）を讃《たた》える文字になった。また、「聖［聖］」から「口」を除いて声符の悳《とく》（徳［德］の略体）に置き換えたものが「聴」の旧字体の「聽」で、現在ではこちらが「聴く」の意味に用いられている。なお、「聖」と「聴」に含まれる「王」は「壬」が変化したものである。

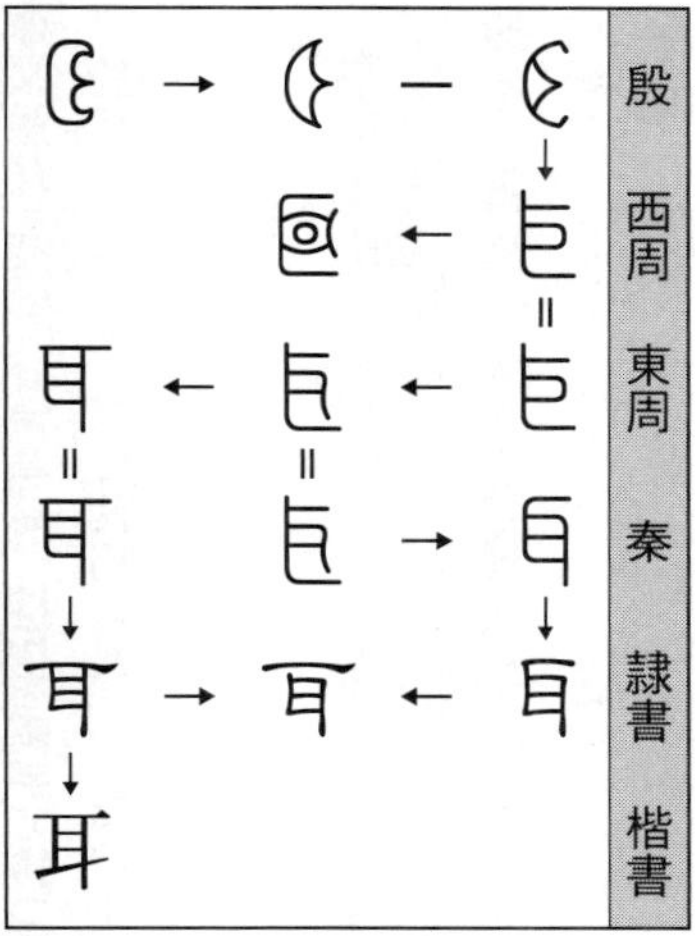

●又と廾〔また／にじゅうあし〕 「兵」は斤《おの》を両手で持つ形

殷代に手の形として使用されていたのが「又《ゆう》（〓）」である。手（手首）の象形であり、五本指が三本に簡略化されている。右手の象形で、自分の右手を見た様子のため指先が左を向いている。

部首としての「又」は、手を使った行動を表す文字に使われることが多い。例えば、「及〔及〕」は、殷代には「人（亻）（〓）」と「又（〓）」から成る形（〓）で、「人に追いついて捕らえる様子」を表す会意文字である。そこから「およぶ」や「およぼす」の意味になった。楷書の旧字体は、変形した「亻」と「又」で「及」の形であり、新字体はさらに変形している。

また「度《たく》」は、又を意符、石の異体字の庶《せき》を声符とする形声文字で、「手で長さをはかる」が原義である。そこから「目盛り」や「回数」としても使用された。

なお、「又」は並列を表す文字として転用されたため「また」と訓じられるが、本来は右手の象形で「みぎ」を意味する文字であった。「みぎ」の意味は、西周代にあらためて右手に持つ祭器の形の「口（〓）」を加えた「〓」で表示された（「右」のうち「ナ」の部分が「又」の簡略化されたもの）。

「又」が片手の形であるのに対して、両手の形は「廾《きょう》」という文字である。「二十」を表す

「廾」に形が近く、また脚の位置（下部）に置かれることから「にじゅうあし」と通称される。

「廾」は殷代には「」の形であり、右手の「又（）」と左手の「𠂇《さ》（）」を合わせて両手を表した。主に物体を持つ様子の会意文字で部首に使われる。その後、隷書（）で指がつながって楷書の「廾」になった。

例えば「弄《ろう》」は、玉器を両手で神に捧《ささ》げる様子であり、転じて「もてあそぶ」として使われる。上部は「玉」の古い形（）を残して「王」になっている。

そのほか、廾は楷書で変形して「𠔉」の形になることがある。例えば「兵」は、殷代には「」の形であり、斧《おの》の形の「斤《きん》（）」を両手（）で持つ形である。古くは斧も武器として使われたことから、「兵士」や「兵器」の意味になった。楷書は一見すると「丘と八」に思われるが、実際には「斤」と「廾（𠔉）」なのである。また「典」や「具」も、『康熙字典』は便宜的に「八」の部首とするが、実際には「廾（𠔉）」を用いた文字である。

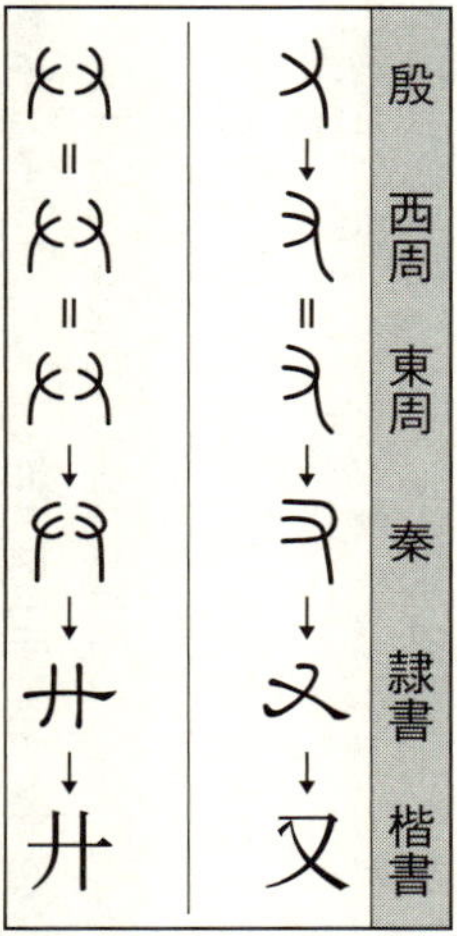

●手（扌）〔て・てへん〕「批」は「手で叩く」から「言葉で叩く」へ

「又」よりも遅れて作られたのが「手」である。「又（又）」が指を三本に簡略化したのに対し、西周代に作られた「手（手）」は五本指のまま表現している。

その後、長く描かれていた中指が隷書（手）で1画として独立した結果、楷書の「手」は左右に突き出た部分が六本になっている。一方、偏では「扌（てへん）」の形になるが、これは秦代の略体（扌）が継承されたもので、こちらは「五本指」の状態を残している。

「又」は殷代から使われていて会意文字にも多く使用されたが、「手（扌）」は新しく作られたこともあり、ほとんどが形声文字の意符として使われている。手を使った行動に関係する文字に主に使われ、「技《ぎ》（わざ）・拒《きょ》（こばむ）・捕《ほ》（とらえる）・拍《はく》（軽くたたく）」などがある（それぞれ支《し》・巨《きょ》・甫《ほ》・白《はく》が声符の形声文字）。

意味が変わった文字も多く、例えば「批《ひ》」は、本来は「手で叩《たた》く」の意味だったが、そこから批評や批判の意味になった。また「提《てい》」は、「持ち上げる」を表していたが、これも変化して「提《さ》げ持つ」や「差し出す」の意味になった。「払《ふつ》［拂］」は、「払いのける」や「打ち払う」の意味であるが、日本では「代金を払う」などとして使用されている（それぞれ比《ひ》・是《ぜ》・弗《ふつ》が声符の形声文字で、「批」は厳密には音読みが「ヘイ」であり「ヒ」は慣用音）。

声符が変形した文字もあり、例えば「抜《ばつ》［拔］（ぬく）」は、本来は「犮《はつ》」という文字が声符だったが、新字体では類似形の「友」が用いられている。また、「括《かつ》（くくる）」は、古くは「昏《かつ》」という文字が声符だったが、後に類似形の「舌」になった。ちなみに、こうした変化は「髪（旧字体は髮）」や「活（もとは㳯）」にも見られる。

「手（扌）」を部首とする文字には繁文も多く、例えば「受」は、もともと「うける」と「さずける」の受動・能動の両義で使われていたが、後者に限定して「手（扌）」を意符として加えた「授《じゅ》」が作られており、声符の「受《じゅ》」は亦声にあたる。なお、「受」は殷代には「〓」の形で、水上で舟（〓）を手（〓・〓）で受け渡す様子を表していた。

「承」は、殷代には座った人の形の「卩《せつ》（〓）」と両手の形の「廾《きょう》（〓）」から成る「〓」で、人を持ち上げる様子を表していた。そこから転じて西周代以降に「うける」として使用され、さらに秦代に意符として「手」を下部に加えた繁文が作られた。隷書以降にも変形して楷書の「承」になっており、「〓」の部分が卩と手が融合したもの（上部が「卩」、下部が「手」）、それ以外が廾の変形したものである。

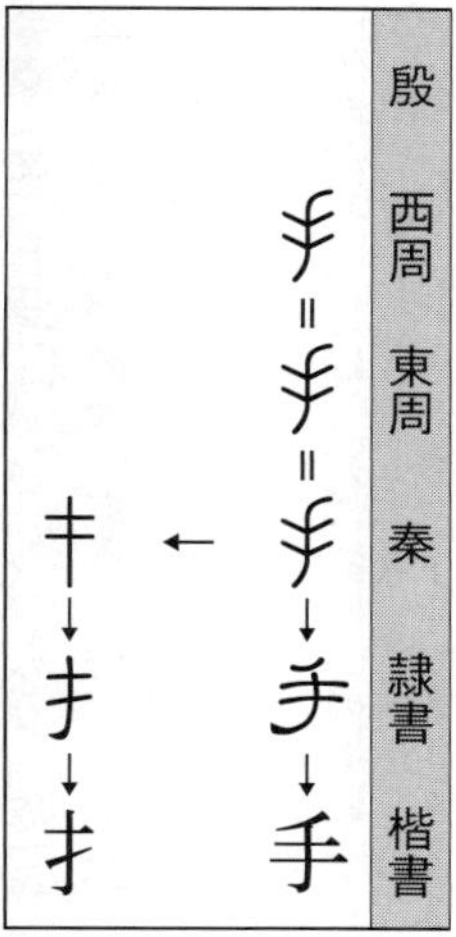

●攴（攵）と殳〔ぼくづくり・のぶん／るまた〕なぜ「放」や「救」に「攵」が使われたのか

「攴」は、手で棒状の道具を持つ形である。「攴」は慣用音が「ボク」（正式な音読みは「ホク」）であり、旁の位置（右側）に置かれることが多いため、「ぼくづくり」と通称される。そのほか「ぼく」「ぼくにょう」「とまた」などの呼称もある。

字形については、殷代には手の形の「又（）」で直線的なものを持つ「」の形が多く使われていたが、異体字として棒の先を変形した「」があり、こちらが後代に残った。さらに西周代に枝分かれした表現（）になり、これを継承したのが楷書の「攴」である。一方、東周代（）以降には、道具と「又」を分けて書くことが多くなり、これを継承したのが楷書の「攵（のぶん）」である。楷書は、旁の位置ではほとんどが「攵」の形になっている。なお、楷書の「攵」はカタカナの「ノ」と漢字の「文」のような形であることから「のぶん」と通称されるが、文（・）（コラムで挙げる）とは成り立ちが全く異なる。

部首としては、当初は会意文字で使われることが多く、例えば「牧」は手に持った棒で牛を追う様子であり、「敗」は貴重品である貝（子安貝の貝殻）を壊す様子である。

その後、形声文字の意符として「人為的行動」を象徴する用法が出現した。この用法として、「放《ほう》（はなつ）・救《きゅう》（すくう）・赦《しゃ》（ゆるす）・数《す》［數］（かぞえる）」などの文字がある（それぞれ方《ほう》・求《きゅう》・赤《せき》・婁《ろう》が声符。なお「数」の「スウ」は慣用音）。また、「古《こ》」を声符とする

「故《こ》」は、「故意」が原義だが、仮借で「ゆえに」や「物故（死去）」の意味でも使われるようになった。

「攴（攵）」とよく似た成り立ちの部首が「殳《しゅ》」であり、先が太い棒状の道具を手で持つ様子（）である。楷書はカタカナの「ル」と漢字の「又」から成るように見えるため「るまた」と通称される。会意文字での用法が多く、例えば「殸（）」は撥で楽器の石磬を叩く様子（100頁）で、「殷《いん》（）」は矛で人の腹部を突く様子である。

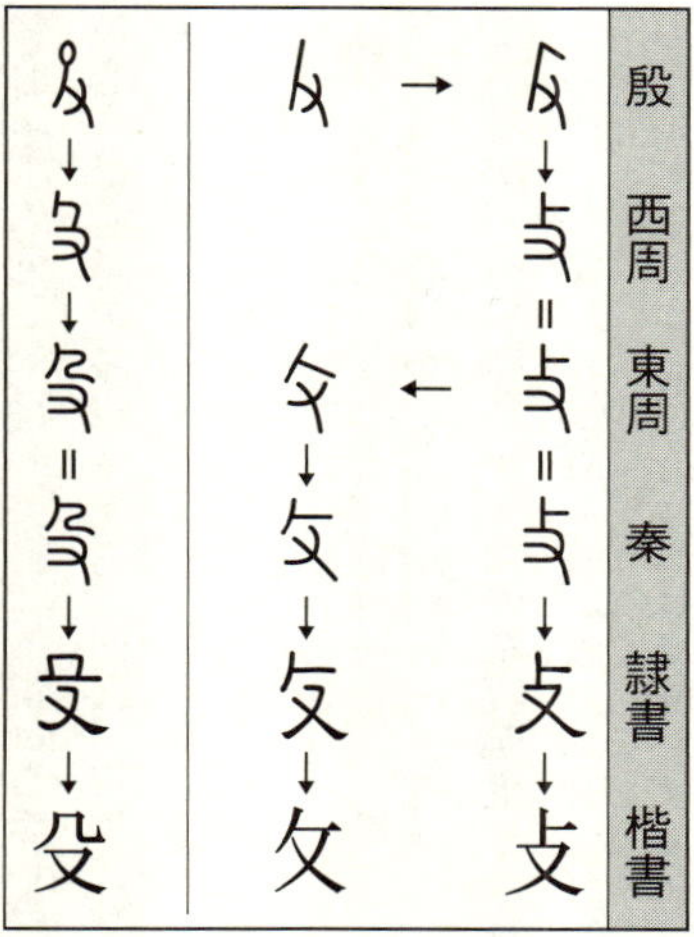

「殳」は、字形も意味も「攴（攵）」と似ているため、置き換わることも多い。例えば「攻《こう》」は、殷代には鑿《のみ》の象形の工（）を手に持った槌《つち》で叩く様子（）であり、「つくる」が原義であるが、後に転じて「せめる」として使用され、字形についても、「殳」が「攴（攵）」に代えられた（工《こう》は発音も表しており会意文字の亦声にあたる）。

●心（忄・⺗）〔こころ・りっしんべん・したごころ〕 悦びも悲しみも「心」次第

「心」は心臓の象形である。殷代には「」の形であり、心房と心室が分かれた状態を表現している。当時は犠牲《ぎせい》の心臓を神に捧げる儀礼がおこなわれており、そのため心臓の形状が理解されていたと思われる。

その後、東周代には飛び出た線が目立つ「」が作られた。理由は明らかではないが、あるいは「心臓から血管が出ている様子」かもしれない。秦代に篆書とされたのは「」であるが、後代には「」の系統が継承され、各部分が分離して楷書の「心」になった。

部首として偏の位置に置かれた場合には「忄（りっしんべん）」の形になり、脚（下部）ではまれに「⺗（したごころ）」の形になるが、形が分かれたのは隷書からである。「心」の2画目を縦画にしたのが「⺗」で、さらに点の数を減らしたのが「忄」である。

意味について、殷代には「心臓」として使われていたが、西周代以降には「こころ」の意味で使われるようになり、形声文字の意符としても主に感情に関係して用いられるようになった。感情が心臓の鼓動に反映しやすいことが影響したのであろう。

形声文字の代表的な例として、「情《じょう》[情]・悦《えつ》[悅]・想《そう》・恭《きょう》」などがある（それぞれ青《せい》[靑]・兌《えつ》・相《そう》・共《きょう》が声符）。また否定的な感情にも使われ、「怖《ふ》・怒《ど》・悲《ひ》・憎《ぞう》[憎]」などがある（それぞれ布《ふ》・奴《ど》・非《ひ》・曽《そう》[曾]が声符）。

東周代には、諸種の思想が発達したこともあり、思考や心のあり方に関する形声文字でも意符として使われるようになった。この例として、「念《ねん》・悟《ご》・愚《ぐ》〔愚〕・悪《あく》〔惡〕」などがある（それぞれ今《きん》・吾《ご》・禺《ぐう》〔禺〕・亜《あ》〔亞〕が声符）。

意味が変わったものも多く、例えば「怪《かい》」は、「あやしむ（怪訝《けげん》など）」から転じて「あやしいもの（妖怪《ようかい》など）」の意味に使われた。また、「忠《ちゅう》」は「まごころ」の意味であったが、臣下の君主に対する忠義の意味で主に使われるようになった（それぞれ圣《こつ》・中《ちゅう》が声符）。

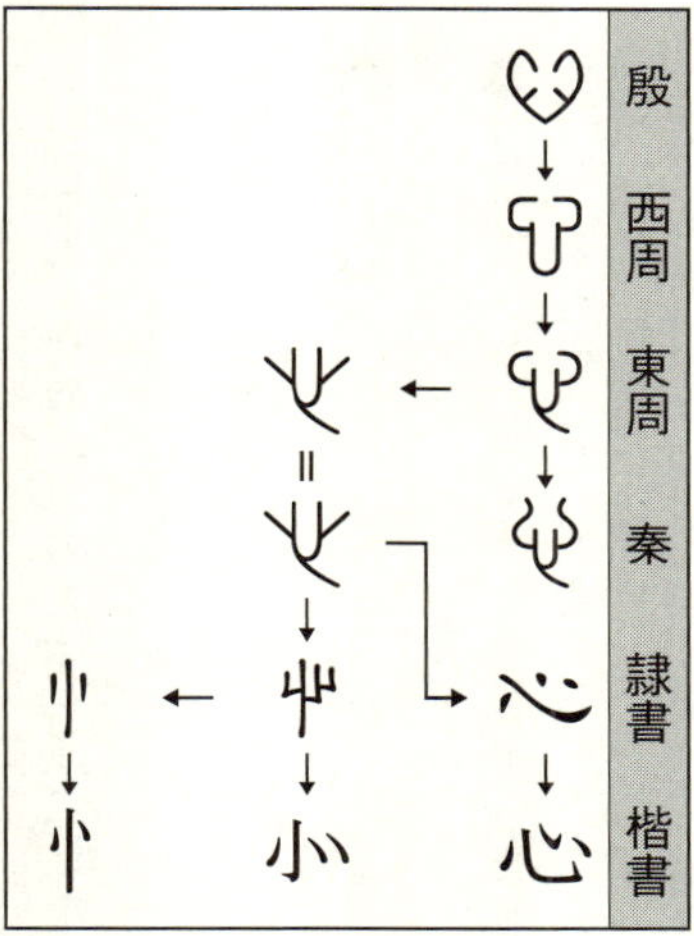

「急《きゅう》〔急〕」は、心を意符、及《きゅう》〔及〕を声符とする形声文字で、「気が急《せ》く」が原義であった。そこから転じて「いそぐ」として使われている。字形にも変化があり、及〔及〕（102頁）の形が楷書（旧字体）で「刍」になった。カタカナの「ク」のような部分が「人（亻）」が変わったものである。さらに新字体は、手の形にあたる「彐」をカタカナの「ヨ」のような形にしている。

□コラム　そのほかの人体を元にした部首

人体やその一部を元にした部首も数が多く、また様々な派生形も出現している。ここでは本章で取り上げたもの以外を簡単に解説する。

●匕（ひ）「匕《ひ》」は、人（）の左右反転形（）に由来する。例えば「比（）」は、人の後ろに人が並んでいる様子から「ならぶ」の意味になり、さらに「くらべる」の意味になった。なお、1画目が突き抜ける「𠤎《か》」は人の上下反転形（）に由来する別字であり、「化」の旧字体の「化」などに使用されている。「匕」は、後代には「」などの字形から「匙《さじ》の形」と誤解され、「匙《じ》」の意符になっており（是《ぜ》が声符）、部首の名としても「さじ」の異称がある。

●老（耂）（おい・おいがしら）「老（）」は、杖《つえ》をついた長髪の人物の象形であり、杖も長髪も老人を象徴する。部首としては、杖の部分を除いた「耂（おいがしら）」の形になることが多く、本来は人（）を含む形であるが楷書では形状が大きく異なっている。老人に関係する文字に用いられ、例えば「丂《こう》」を声符とする「考《こう》［考］」は、本来は死去した父親を指す文字だった。

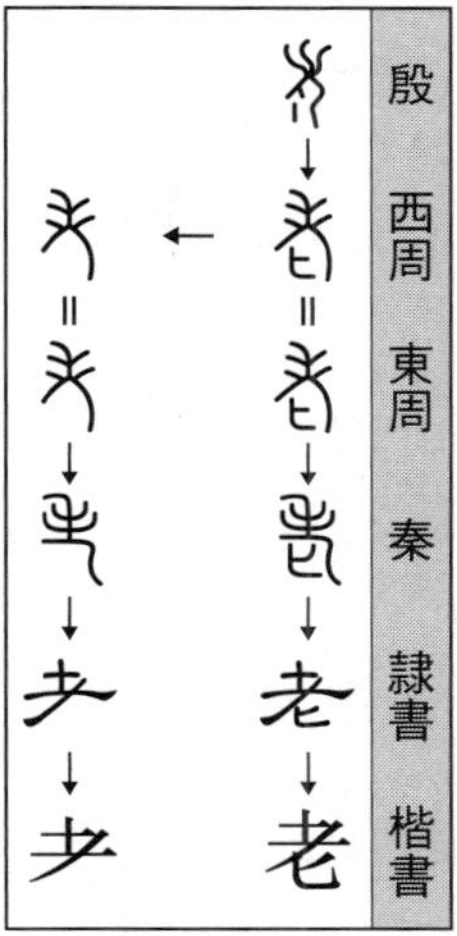

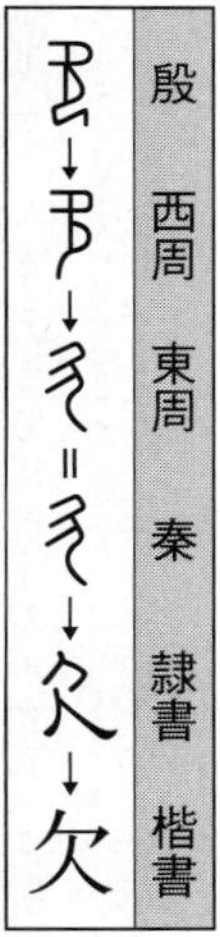

●**欠**〔あくび〕　「欠（）」は、座った人が口を開けた様子を表しており、「口」は口を開けた横顔の表現である。部首としては、口を開けておこなう行為に関係する文字に使われ、「歌《か》」や「歓《かん》［歡］」などがある（それぞれ哥《か》・雚《かん》が声符）。なお、新字体では主に「缺《けつ》（かける）」の略体として使われており、本来の意味（音読みは「ケン」）としては「欠伸《けんしん》（あくび）」のみに使用されている。字形は、座った人の形の「卩（）」の部分が東周代以降に立った人の「人（）」に代えられた。

●**大**〔だい〕「大」は、人体の正面形である。殷代には「」の形で、人が手足を広げて大きく見せていることから「おおきい」の意味になった。「人」と同じく人体の全体像であるが、「人」とは違って字形の変化が少ない。部首としては主に「人の正面形」として会意文字で使われ、例えば人の頭部を強調表示した形（）は「天」であり、首枷《くびかせ》をつけられた人の姿（）は「央」である。そのほか、まれに「おおきい」の意味によって会意文字に使用されることもある。

●**文**〔ぶん〕「文」は、「大」の系統の字形であり、人の正面形の胸部を強調している。「」は「×印」を胸部に書き込んだ様子であり、原義は文身《ぶんしん》（いれずみ）と考えられている。ただし、略体（）の方が後代に継承されたため、文身が原義でありながらそれを表示しない状態になっている。文身から転じて「文字」や「文様」の意味で使われるようになり、部首としてもその意味で使われるが、用例はごく少ない。

●**尢（尣）**〔おうにょう〕「尢《おう》（）」は、大（）のうち右下の線を曲げており、足が曲がった人の姿を表している。異体字として「尣」もあり、いずれも部首としては足の病気に関する文字に使われるが、用例は少ない。また、東周代の資料には単独でも部首としても用

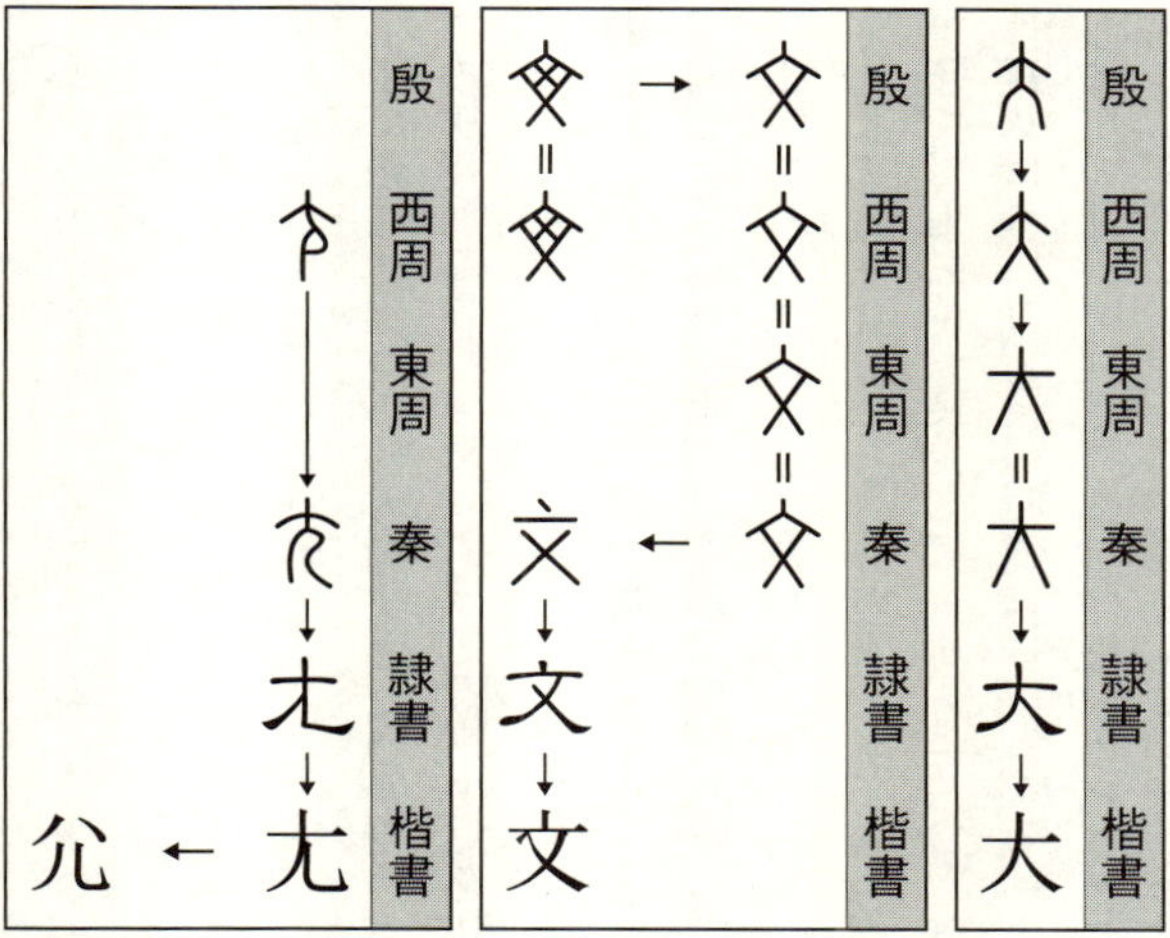

例がない。なお、尤《ゆう》（殷代には「」の形）は別字であるが、『康熙字典』は便宜的に「尢」の部首に配列している。

●子〔こ・こへん〕「子」は子供の象形である。殷代には「」などの形であり、子供の頭部が相対的に大きなことを表示している。また下部は足を表す線が一本になっており、まだ歩行がおぼつかない様子を表している。偏でやや変形して「子（こへん）」になる。部首としても子供に関係して使用され、例えば「瓜《か》［瓜］」を声符とする「孤《こ》［孤］」は、原義が「みなしご」である。

●爪（爫［爫］）〔つめ・つめかんむり〕「爪《そう》」は、殷代には「」の形であり、手の側面形である。「又（ヌ）」と同様に、五本指が三本になっている。楷書では、文字の上部で「爫［⺥］（つめかんむり）」の形になる。本来は「手」の意味で会意文字に使われており、舟を受け渡す様子の「受」（105頁）や子供をさらう様子の「孚《ふ》」などに見られる。『康熙字典』は篆書の形（爪）から「⺥」を正字とすることが多いが、「受」のように「爫」を使うこともあり一定していない。

後に転じて「つめ」の意味になった。なお、本来の「つめ」を表す文字は「叉《そう》（ヌ）」であり、手の形の「又」に爪を表す小点を加えている。

●止〔とめる・とめへん〕　「止」は、足（足首より下）の象形である。殷代の「止」は、「又（ヌ）」と同じように五本指が三本指に簡略化されている。最も大きく表示された部分はおそらく親指であり、全体として左足の象形である。その後、異体字の「止」が後代に継承され、さらに西周代には「止」に変形した。楷書の「止」のうち、短い横画が親指にあたる。楷書では偏でやや変形して「止（とめへん）」になる。

意味について、後の時代には「とまる」として用いられたが、当初は「すすむ」を意味して用いられていた。漢字には、まれにこうした「反訓《はんくん》（反対の意味に用いられること）」が起こる。会意文字でも同様に進むことを表して使われ、例えば「歩［步］（歩）」は左右

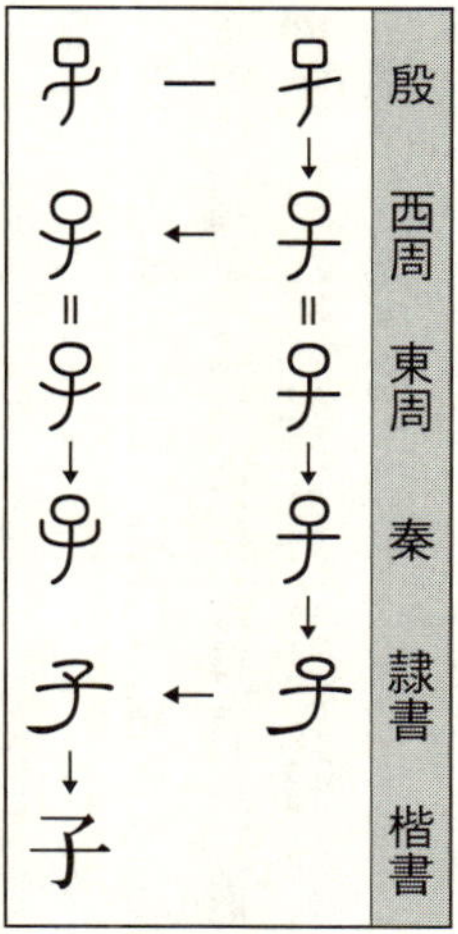

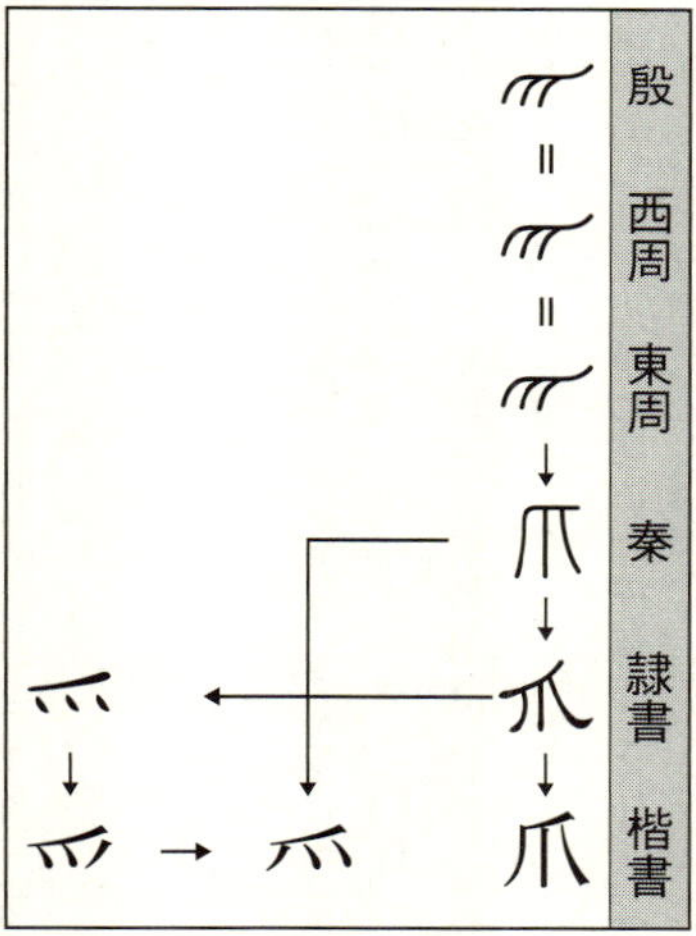

対称の足の形を並べ、左右の足で進んでいる様子である。また、「武（　）」は武器の戈《か》（　）を持って進軍することを表している。

● 癶《はつがしら》「癶《はつ》」は、殷代には「止（　）」を並べた「　」の形で、両足の形を表している。異体字の「　」の方が字形のバランスが良かったようで、こちらが後代に継承された。部首としては足に関係する文字に使われるが、用例は少ない。なお、「発［發］」の上部に使われているため読みが「ハツ」になり、また部首として「はつがしら」と呼ばれるが、厳密には「発《はっ》［發］」は弓を意符、癹《はっ》という文字を声符とする形声文字（原義は「弓の発射」）であり、

「夊」は部首ではない。

●**首**（くび）　「首」は、人間の頭部を表している。殷代の「」は、上部の短線が髪の毛、中央の小さな丸が目である。その後、西周代には目と髪の毛を目立たせた形（）になり、さらに「目（）」を鼻の象形の「自（）」に代えた異体字が作られた。後者が継承され、秦代には髪の毛の本数を少なくした略体の「首」が作られ、これが楷書の「首」になった。楷書は1・2画目が髪の毛であり、下部に「自」がある。楷書の異体字には、髪の毛がない形（）を継承した「百」や、秦代の篆書の「」を継承した「𦣻」も残っている。部首としては人体の頭部に関係して使われるが、用例はごく少ない。

●**而**（しかして）　「而《じ》」は、殷代には「」の形であり、「顎髭《あごひげ》」を表していた（下部の曲がった線が髭）。なお、「而」は後に「頰髭《ほおひげ》」の意味に転用されたが、本来「頰髭」を表していたのは「須《す》（）」である。部首としては髭に関係して使われるが、「髟《ひょう》」と意味が重複しており、また後に仮借の用法で接続詞（「しかして」の意味）として使われたこともあり、用例はごく少ない。

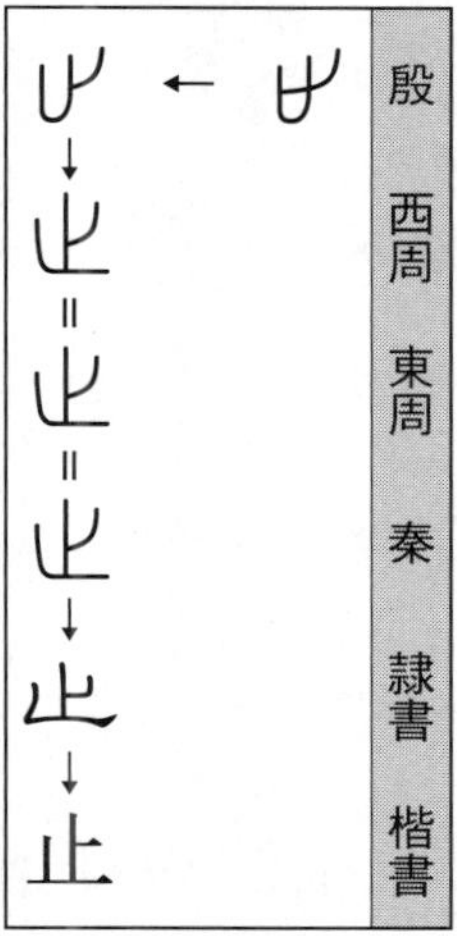
殷
西周
東周
秦
隷書
楷書
止

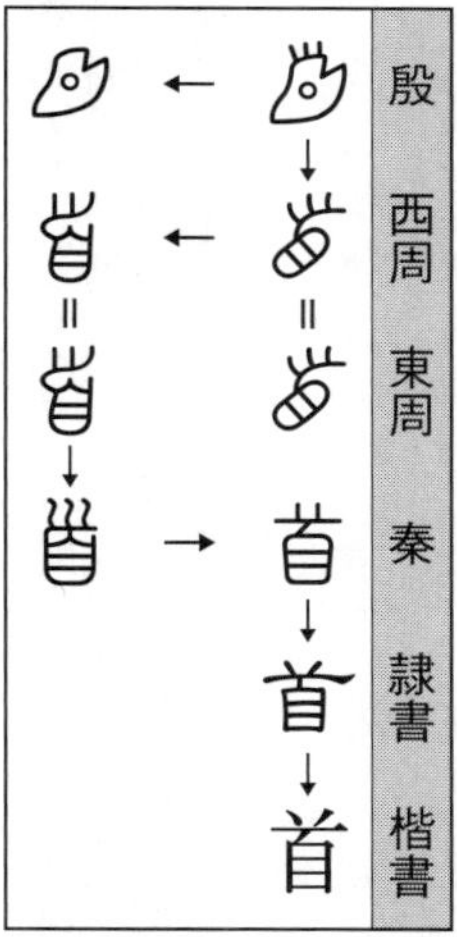
殷
西周
東周
秦
隷書
楷書
首

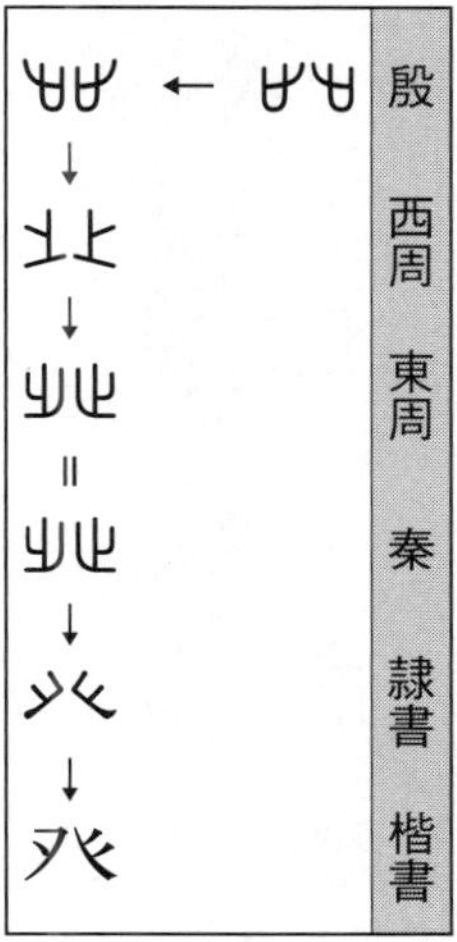
殷
西周
東周
秦
隷書
楷書

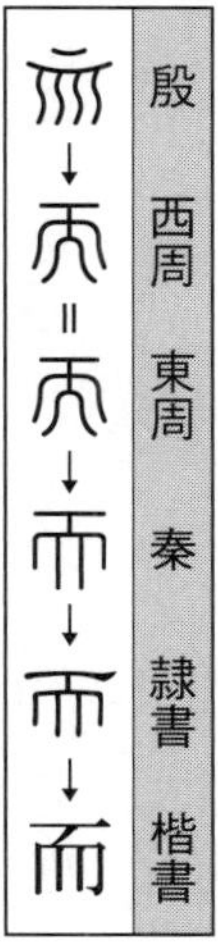
殷
西周
東周
秦
隷書
楷書
而

第四章　人工物を元にした部首

――衣服の余「裕」、完「璧」な玉器

漢字の部首には、人が作った諸種の道具を元にしたものも見られる。庶民（農民）の生活において重要だったのは衣食住で、これに該当するのは衣服の形の「衣（衤）」や器物の形の「皿」などである（「住」については次章で取り扱う）。

また、支配階層の人々にとって重要だったのは軍事と祭祀《さいし》である。軍事は、支配体制を物理的に維持するために重要であり、それを反映して、漢字にも武器を元にした部首が多い。武器を整備した軍隊によって、反乱を防いだり外敵を排除したりしたのである。

また祭祀も支配において必要とされ、信仰を共有することで社会の一体性を保つ効果があった。さらに、祭祀を通して支配者が宗教的権威を獲得し、精神的に人々を支配するという役割もあった。そのため、漢字には祭祀儀礼に関係する器物を表した部首も見られる。

本章では、こうした人工物を元にした部首を取り上げる。庶民の生活に関わるもの、軍事に関わるもの、祭祀に関わるものの順で紹介する。

●衣（衤）〔ころも・ころもへん〕「裏」には衣服が隠れている

「衣」は、衣服のうち襟《えり》の部分の象形である。殷代には「〓」の形で、上部の「へ」が奥襟、それ以外が前襟である。その後、東周代の簡牘《かんとく》文字でやや変形した「〓」となり、隷書の「衣」などを経て、楷書《かいしょ》の「衣」になった。楷書のうち「亠」の部分が奥襟にあたる。

そのほかの異体字として、殷代には繊維を織った状態を表した「〓」があり、また秦代の篆書《てんしょ》は丸みを強めた「〓」であるが、いずれも楷書には残っていない。

なお、隷書では偏の位置に置かれた場合に略体の「衤」が使われており、これが継承されて楷書の「衤（ころもへん）」になっている。楷書の「衤」は、「衣」の2画目と3画目をつなげて書くため、「衣」より1画少ない。ちなみに、「ネ（しめすへん）」（本章後述）は、形状が近いが全く別の成り立ちである。

部首としては衣服に関係する文字に使われ、「襟《きん》・袖《しゅう》・裸《ら》・装《そう》〔裝〕」などの例がある（それぞれ禁《きん》・由《ゆう》・果《か》・壮《そう》〔壯〕が声符の形声文字）。

意味が変わった文字も多く、例えば「補《ほ》」は「衣服をつくろう」の意味であったが、転じて「おぎなう」として使われている。また「被《ひ》」は、本来は「寝衣《ねまき》」の意味だったようだが、そこから「布団」の意味に転じて、さらに「かぶる」や「こうむる」として使われるようになった。「製《せい》」は、「布を切って衣服を仕立てる」の意味であったが、一般に「つくる」として用いられる（それぞれ甫《ほ》・皮《ひ》・制《せい》が声符の形声文字で、制は切る意味も表す亦声《えきせい》）。

同様に、「複《ふく》」は「衣服の重ね着」が原義であるが、やはり一般化して「かさねる（重複など）」となり、さらに二つ以上の物を指して「複数」の意味で使われるようになった。「襲《しゅう》」も重ね着を表した文字と考えられているが、こちらは「うけつぐ（襲名など）」の意味になり、さらに「おそう（奇襲など）」として使われるようになった。また「裕《ゆう》」は、「衣服に余りがある」の意味であったが、そこから「ゆたか（裕福など）」の意味になり、さらに「ゆとり（余裕など）」としても使われている（それぞれ复《ふく》・龍《りゅう》・谷《こく》が声符の形声文字）。

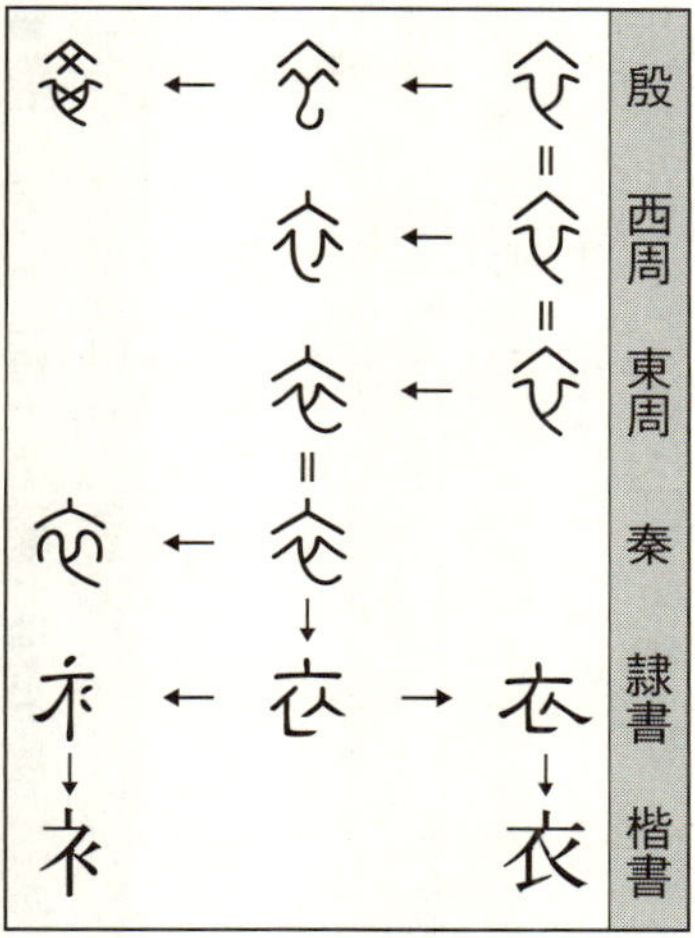

「衣」は古くは「」の形で中央に隙間があるため、そこに声符が入れられることもあった。これに該当するのが「裏《り》」であり、意符の「衣」が上下に分割された状態で、その中にある「里《り》」が声符である。本来は「衣服の裏側（内側）」の意味であったが、一般化して「うら」や「うち」として使われる。

●糸〔いと・いとへん〕「緑」や「紫」は布の色だった

「糸」は、繊維製品を表す文字全般に使われる部首であるが、殷代にその意味で使われていたのは「束」であった。「束（）」は織物などにする前の糸束の象形であり、上下に結び目の形（）がある。

その後、西周代に「糸（）」が作られており、これは「束（）」から上部の結び目を省略したものである。西周代以降には、繊維製品に関係する文字には部首として「糸」が使われるようになった。

なお、「糸」は単体では「絹の原糸《げんし》」を表し、本来の音読みは「ベキ」である。本来「いと」を表していたのは旧字体の「絲」であるが、殷代には「束（）」を並べた「」の形だった。「糸（）」を並べた「絲（）」の形になったのは西周代のことである。

部首としての「糸」は用例が多く、繊維製品に関係して「絹《けん》・織《しょく》・紡《ぼう》・綱《こう》」などの形声文字がある（それぞれ肙《えん》・戠《しょく》・方《ほう》・岡《こう》が声符）。

意味が一般化した文字も多い。例えば「結《けつ》」は、「糸をむすぶ」が原義であるが、一般化して「むすぶ（締結など）」として使用される。また、「縮《しゅく》」は「布がちぢむ」の意味から一般に「ちぢむ」の意味になった。「約《やく》〔約〕」は、「糸をたばねる」の意味から「まとめる（要約など）」の意味になり、さらに「取り決める（条約など）」としても使用される。（それぞれ吉《きつ》・宿《しゅく》・勺《しゃく》〔勺〕が声符の形声文字）。

　そのほか、「緑《りょく》〔綠〕・紫《し》・紅《こう》」も、元はそれぞれの色で着色した布を表していたが、いずれも一般化して色の名として使われるようになった（それぞれ彔《ろく》・此《し》・工《こう》が声符の形声文字）。

　意味が大きく変わった文字もある。例えば「申《しん》」を声符とする「紳《しん》」は、古代には貴族が使う大きな帯を意味していたが、そこから貴族の意味になり、貴族制が衰退した後には官僚階層・地主階層を指して「紳士」として使われた。

　また、「経《けい》〔經〕」は「機織《はたお》りで張る縦糸」の意味だったが、縦糸は最初に張られるため、「重要な書物」の意味で「経典《けいてん》」として使われている。「横糸」を表すのは「緯《い》〔緯〕」であり、縦横から転じて「経度・緯度」としても使われる（それぞれ巠《けい》・韋《い》が声符の形声文字）。

　「紙《し》」は特殊で、紀元前の時代には繊維製品を細かく刻んだものを紙の原料としたため、部首に「糸」が使われた（氏《し》が声符）。その後、後漢代に製紙法が改良され、植物から作られるようになったため、字形構造との乖離《かいり》が生じた。文字の意味が変化したのではなく、対象の原材料が変化したという例である。

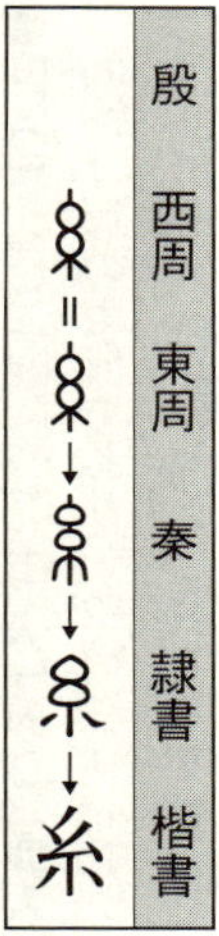

束 

糸〔絲〕 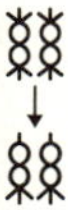

●网（罒・罓）〔あみ・あみがしら〕「あみ」から「罪人」の象徴へ

「网《もう》」は網の象形であり、殷代には「网」の形が多く使われていた。その後の時代には異体字の「㓁」が継承され、さらに秦代から隷書で変形して楷書の「网」になった。また、隷書では文字の上部で「⺳《あみがしら》」になり、さらに楷書で「罓」と「罒」に分化した。部首としては網に関係する文字に使用されるが、意味が変わった文字が多い。

「置《ち》」は、网（罒）が意符、直《ちょく》が声符の形声文字で、本来は「網を立てて設置する」の意味であったが、一般に「おく」として用いられるようになった。また「署《しょ》［署］」は「者《しゃ》［者］」が声符の形声文字で、「網を仕掛ける」が原義であるが、そこから「役割」の意味になり、さらに「部署」や「署名」などの意味になった。「罠《みん》」は「民《みん》」が声符の形声文字であり、「小動物を捕らえる網」の意味だが、日本ではより広く「わな」として使われている。

なお、「网」は部首として多用されるようになったため、本来の「あみ」の意味については、网（円）に声符の亡《もう》［亡］を加えた「罔《もう》」が作られた。しかし、こちらも仮借《かしゃ》の用法で「ない」の意味に使われたため、さらに意符の「糸《べき》」を加えた「網《もう》［網］」が作られている。楷書の「網［網］」は、糸が意符、罔が声符（亦声）の構造である。

後に、部首の「网（罒）」には、網から転じて「罪人を捕らえる」に関連する用法が出現した。例えば「罵《ば》」は、捕らえた罪人を象徴する网（罒）と声符の馬《ば》から成る形声文字で、罪人を取り調べることが原義だったようだが、そこから「ののしる」として使われた。また、「罰」は「罵」の異体字の「詈《ば》」と「刀（刂）」から成る会意文字で、拷問をともなう取り調べが原義だったようだが、一般に「刑罰」として使われるようになった。

「罪《ざい》」は特殊な経緯である。本来「つみ」を表していたのは「辠《ざい》」という会意文字であり、鼻の象形の「自」と刃物の象形の「辛」から成り、「鼻削《そ》ぎの刑罰」を表していた。しかし、秦の始皇帝が「皇」と「辠」の形が近いことから嫌って字形を変えることを命令し、「罪」に変更されたという。「罪」は「非《ひ》」を声符とする形声文字で、本来は「魚を捕る網」の意味だったが、前述のように「网（罒）」に「罪人を捕らえる」の用法が出現したことから、「辠」に代替することが可能になったようである（「罪」の本来の発音は不明）。

なお、その後も「辠」は使われ続けているので、始皇帝の命令があったことを疑問視する説もある。

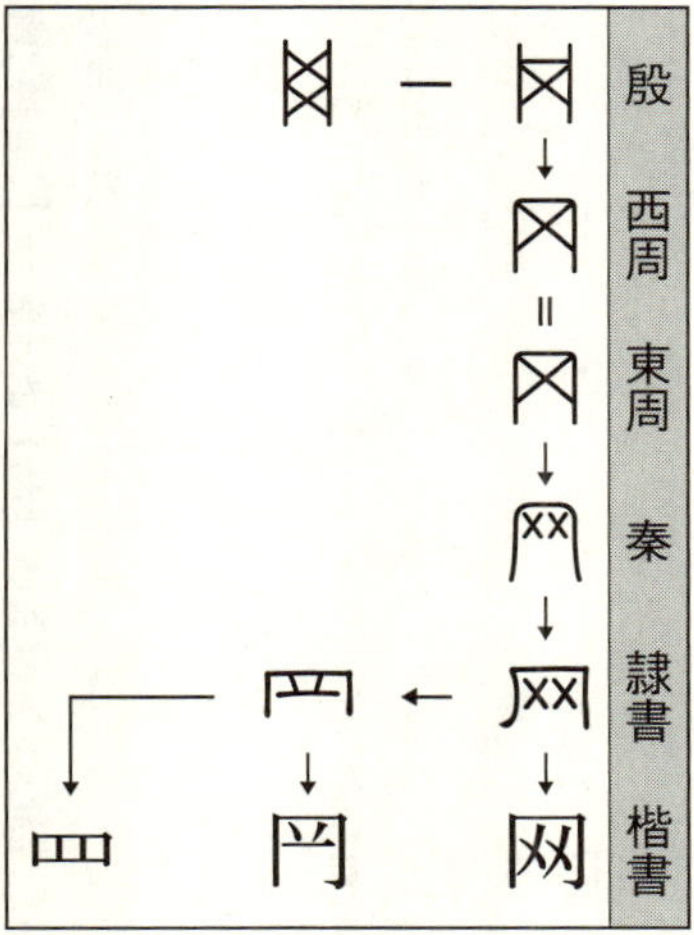

●皿〔さら〕　「盤」も「盆」も水を入れる皿

「皿」は、現在で言う「さら」ではなく、底がやや深い鉢《はち》状の器物を表していた。殷代には「」の形であり、当時の皿の形状をわかりやすく示している。

部首としては、当初は主に会意文字で使用されていた。例えば「尽〔盡〕」は、殷代には「」などの形で、手（）に持った道具で「食べ尽くした皿（）を洗う様子」あるいは「皿の底まで食べ尽くす様子」と考えられている。また「益〔益〕」は、殷代には皿と水滴を表す小点から成る「」などの形で、「皿に水を益《ま》し加える」の意味を表している。そのほか、「監（）」（99頁）は人が水を張った皿をのぞき込む様子である。

その後、皿（鉢状の器物）やそれに近いものに関係する形声文字に使用された。例えば「成《せい》〔成〕」を声符とする「盛《せい》〔盛〕」は、「食器に穀物を盛る」が原義である。後に一般化して「もる」の意味になり、また転じて「さかん」として使われた。

「般《はん》」を声符とする「盤《ばん》」は、元は水を入れる器物を表しており、食事中に手を洗うもの（西洋のフィンガーボウルに近い）と考えられている。その後、形状が似る「碁盤」や「算盤《さんばん》」などの意味でも使用され、現在の日本では「土台（基盤など）」としても用いられる。なお声符の「般」は、殷代には盤を作る様子の「」の形で、意味も表す亦声にあたる。

「分《ぶん》」を声符とする「盆《ぼん》」も、水を入れる器物の名を表していた（「覆水《ふくすい》盆に返らず」など）。

現在の日本では他の食器などを載せる平たい器物を指して使われるが、本来の用法ではない。なお、夏の祖霊供養の行事を「盆」と言うが、これはサンスクリット語の「ウランバナ"ullambana"」に当て字したとされる（異説あり）「盂蘭盆《うらぼん》」の略語である。

「明《めい》」を声符とする「盟《めい》」は、古代の儀礼を反映している。盟約を結ぶ際には、犠牲の血を皿に入れて互いにすするという儀礼をおこなっており、その儀礼の名が「盟」だったので、「盟約」を意味する呼称に転用されたのである。

「皿」の字形について、殷代の異体字には皿の縁《ふち》を強調した「」があり、東周代以降にはこの系統が残った。さらに、縁の部分を分離した「」の系統が秦代の篆書の「」になったが、こちらは楷書に残っておらず、「」の系統を継承した隷書の「」から楷書の「皿」になった。楷書の四本の縦線のうち左右の二本が縁の部分にあたり、残りが殷代の「」にあたる部分である。

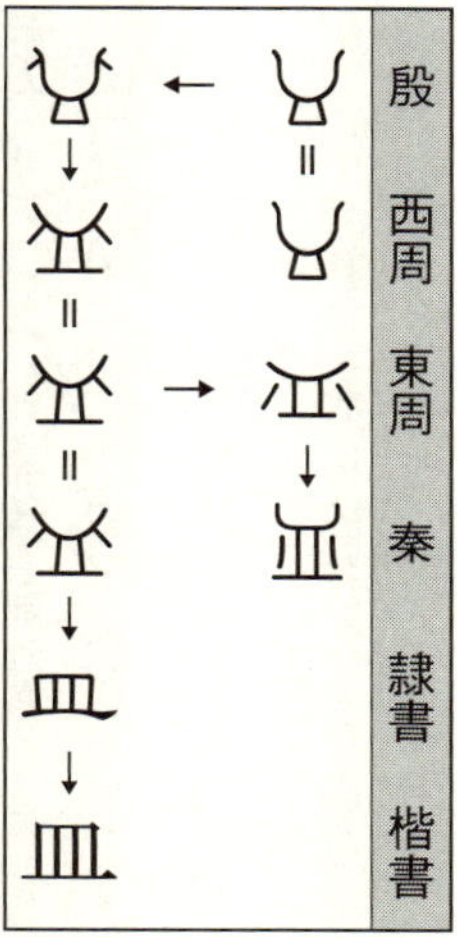

般 

尽［盡］ 

益［益］ 

●刀（刂）（かたな・りっとう）　利益も別れも

「刀」は、刀の象形である。殷代には「〓」などの形で、上部が刃先にあたる。異体字に、やや簡略化した「〓」があり、これが後代に残った。その後、隷書で縦横の向きを変えた「刀」となり、楷書の「刀」になった。そのほか、秦代の篆書は上部を曲げた「〓」であるが、この系統は後代に使われなくなった。

　部首として旁《つくり》（右側）に置かれる場合には、楷書では「刂」の形になることが多く、刀を立てた向きであることから「りっとう」と呼ばれる。これは上部に刃先がある状態の隷書の「〓」を継承したもので、こちらの方が古くからの「〓」の形に近い。

「刀（刂）」は、武器としても使用されたが、会意文字の部首としては工具である小刀に関係して主に使われる。例えば、「初」は衣服を作る最初に布を切ることから「衣（衤）」と「刀」から成り、その後、一般化して「はじめ」の意味で使用された。また「利」は、穀物の象形の「禾《か》」から石製の小刀で収穫する様子であり、後に収穫から転じて「利益」などの意味で使用された。

　字形が変わったものもある。例えば「別」は、本来は死者の骨を刀で切る様子の「〓」という形であり、何らかの葬送儀礼を表したと思われる。そこから「別離」の意味になり、さらに一般に「わける」や「わかれる」として使われた。後に死者の骨を表す部分が肩甲骨の象形の「冎《か》」になり、さらに「冎」が変形したのが楷書の「別」である。

形声文字の意符としては、刃物で切ることや削ることの全般に関連して使用され、「切《せつ》・刻《こく》・削《さく》［削］・刺《し》［刺］」などの例がある（それぞれ七《しち》・亥《がい》・肖《しょう》［肖］・朿《せき》が声符で、「刺」は本来の音読みが「セキ」）。

意味が変わった文字も多くあり、例えば「干《かん》」を声符とする「刊《かん》」は、印刷用の版木を削ることが原義であるが、そこから転じて「刊行」の意味になった。また、「判《はん》［判］」は本来は「半分に切り分ける」を意味する文字で、声符の「半《はん》［半］」は亦声である。そこから転じて「さばく（裁判など）」や「みわける（判読など）」の意味になった。

同様に、「乗《じょう》［乘］」を声符とする「剰《じょう》［剩］」は、「切った余り」を意味して作られたが、意味が一般化して「あまり」として使われる。

また「倉《そう》」を声符とする「創《そう》」は、「創傷《そうしょう》（かたなきず）」が原義であるが、現在では仮借（当て字）の用法で「つくる」として主に使われている。

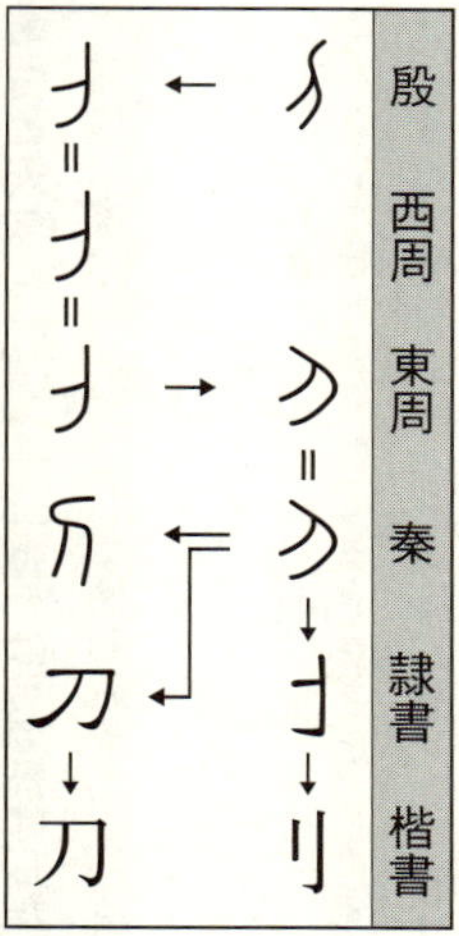

別

●弓と矢（ゆみ・ゆみへん／や・やへん）「弾」は弓で飛ばした

殷代に主力の武器として使われたのは、近距離では「戈《か》」という武器（章末のコラム参照）であり、遠距離では弓矢であった。本項では「弓」と「矢」を取り上げる。

まず「弓」であるが、殷代には「」などの形であり、弓に弦《つる》を張った状態を表している。異体字として、弦を省いた「」があり、こちらが後代に継承された。そして東周代に曲がり方を強調した「」が作られ、楷書の「弓」に継承されている。

形声文字の意符としては、弓に関係する文字に使われる。例えば「弧《こ》〔弧〕」は、本来は「木で作った弓」の意味であるが、弓の湾曲から転じて「曲線のもの」に対して使用された。また「張《ちょう》」は「弓の弦を張る」の意味で、そこから一般に「はる」として使われた。逆に、「弛《し》」は「弓の弦を弛《ゆる》める」の意味であり、そこから一般に「ゆるむ」や「ゆるめる」として使われる（それぞれ瓜《か》〔瓜〕・長《ちょう》・也《や》が声符の形声文字）。

変わったところでは「単《たん》〔單〕」を声符とする「弾《だん》〔彈〕」があり、小石を飛ばす「弾《はじ》き弓《ゆみ》」が原義であるが、そこから「はじく」「はねる」や銃器の「弾丸」として使われた。なお、殷代には弾き弓が視覚的に「」として表示されていた（丸印が小石を表している）。

次に「矢」について、殷代には「」などの形であり、上部に鏃《やじり》があり、下部に矢羽根《やばね》がある。異体字の「」の系統が後代に残り、さらに秦代の簡牘文字でその左右対称を崩

した「」が作られた。これを継承して楷書は「矢」の形になっており、1・2画目が鏃にあたる。また楷書では、偏でやや変形して「（やへん）」になる。
部首としては矢に関係して使われ、例えば「喬《きょう》」を声符とする「矯《きょう》」は矢のゆがみを直すことが原義で、そこから一般に「ためる（真っ直ぐにする）」の意味になった。

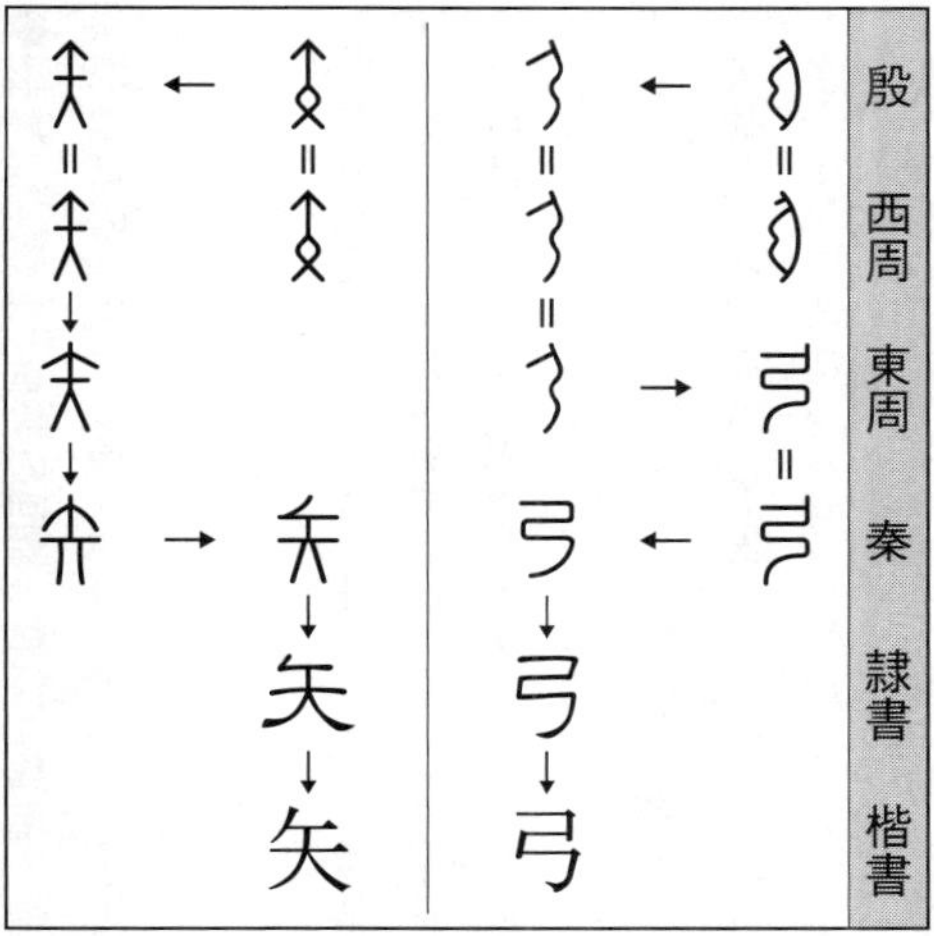

また、「効［效］」は殷代には「」の形で、「矢（）」と手に道具を持った形の「攴《ぼく》（攵）（）」から成る会意文字だった。元は矢を作る様子（あるいは修理する様子）のようだが、転じて「ならう」や「ききめ」として使用された。字形にも変化があり、「矢」が類似形で発音を表す「交」になって旧字体の「效」になり、さらに新字体の「効」は、「攵」を「力」に変えている。

弾［彈］ 　効［效］ 

●車〔くるま・くるまへん〕 車輪の回転、軽快な馬車

第二章の「馬」の項（58頁）で述べたように、殷代には馬が導入され、馬車として使用されていた。「車」はその車体部分の表現である。

馬車は戦争で使われ、乗員が弓矢で攻撃する兵器であったが、部首としての「車」は、戦争や馬車の動きではなく、車体に関係する文字に使われることが多い。例として、車軸を表す「軸《じく》」や、車輪を表す「輪《りん》」がある（それぞれ由《ゆう》・侖《りん》が声符の形声文字）。

馬車は、当初は戦車として使われたが、後に荷車としても使われており、それを反映した文字もある。例えば「載《さい》」は貨物を荷車に載せることを表し、「輸《ゆ》［輸］」は貨物を荷車で運ぶことを表している（それぞれ𢦏《さい》・兪《ゆ》が声符）。

意味が変わった文字もあり、「転《てん》［轉］」は車輪の回転を表す文字であったが、一般に「まわる」や「ころがる」として使用された。また「軽《けい》［輕］」は、「軽快に走る馬車」の意味であったが、そこから「かるい」の意味になった。「輩《はい》」は、「車列」の意味から転じて「ならぶ（輩出など）」や「なかま（同輩など）」の意味になった（それぞれ専《せん》［專］・巠《けい》・非《ひ》が声符）。

字形について、殷代の「〓」は馬車の車体を忠実に表現している。上部の長い横線は馬をつなぐ材木の「衡《こう》（よこぎ）」であり、逆V字形は馬と衡をつなぐ金具の「軛《あく》（くびき）」である。縦線は前後をつなぐ材木の「轅《えん》（ながえ）」で、下部には車軸と車輪が表現されて

いる。左に発掘された殷代の馬車の写真を挙げたが、「〓」に形状が近いことが分かるだろう（貴人の殉葬で馬と馭者《ぎょしゃ》も殺されて埋められている）。

異体字に縦横の向きを変えた「〓」があり、西周代の「〓」にも継承された。これらには人が乗る部分や車輪を車軸に留《と》める「轄《かつ》（くさび）」も表現されている。また車軸・車輪・轄だけにした「〓」もあり、さらに簡略化されたのが「〓」で、車輪を一つにしている。これを継承して楷書は「車」の形になっており、中央の「田」のような部分が車輪である。

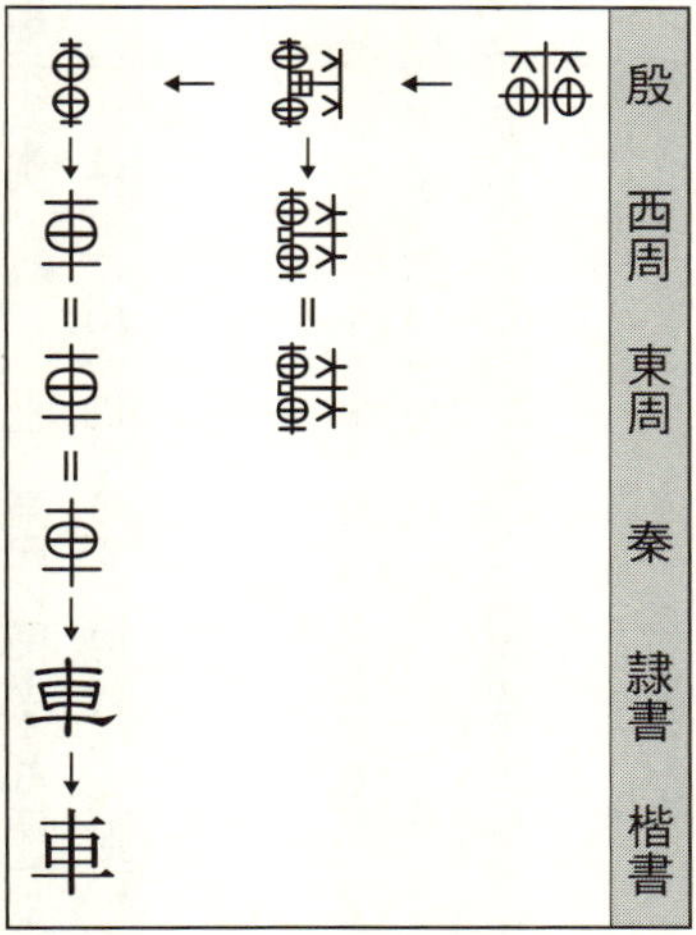

図18　発掘された殷代の馬車

●示（ネ）〔しめす・しめすへん〕 祭祀に関連すれば「ネ」

「示」は祭祀用の机である。殷代の字形のうち最も基本的な「丅」が机の形を表していて、縦線が机の足である。また、「亍」は机の上に供物を置いた様子で、さらに「示」は下部に小点を加えている。小点は祭肉からしたたる血液とも、捧《ささ》げられた酒の滴《しずく》とも言われる。

これらのうち、後代には「示」が継承され、楷書の「示」になった。また、偏の位置では隷書で下部の点をつなげた「礻」となり、さらに2画目と3画目をつなげたのが楷書の「ネ（しめすへん）」である。旧字体では「示」のまま表示されることが多いが、新字体では「ネ」が主に使われる。

部首としての「示（ネ）」は、会意文字では「つくえ」の意味で使われることが多い。例えば「祭」は、手の形の「又《ゆう》」と祭肉の「月（にくづき）」および祭祀用の机の「示」から成り、手で祭肉を机に置いて神や祖先に捧げる様子である。また、「奈《な》」の古い形の「柰」は、祭祀用の机の「示」の上に木の形の「木」があり、植物を用いた儀礼を表している。

「示（ネ）」は、形声文字の意符として使われる場合、意味が拡大して祭祀全般に関係して使用される。例えば「祀《し》・祈《き》〔祈〕・福《ふく》〔福〕・祥《しょう》〔祥〕」などがあり、それぞれ「巳《し》・斤《きん》・畐《ふく》・羊《よう》」を声符とする形声文字である。なお、「福〔福〕」は酒を用いた祭祀儀礼が起源であり、酒樽《さかだる》の一種の形である「畐」は意味も表す亦声にあたる。

「示（ネ）」を意符とする形声文字には繁文が多いことが特徴である。例えば「祖［祖］」は、もともと俎《まないた》の象形の「且」が祖先を象徴して使われていたが、重複を表す文字として転用されたため、あらためて「示（ネ）」を加えて祖先の意味を表示した。祖《そ》［祖］は、示（ネ）を意符、且《しょ》を声符とする形声文字であり、「且」は原義も表すので亦声にあたる。なお、「俎」は俎の足を強調表示した形で、「且」からの分化字である。

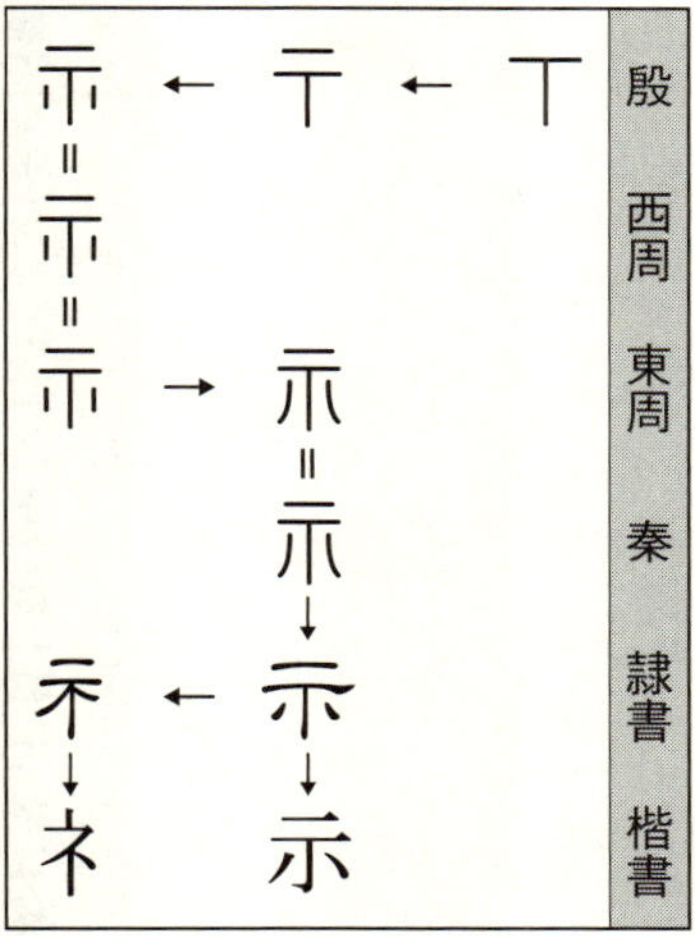

同様に「社［社］」は、「土」に「つち」や「土地」の意味のほか、「やしろ（土地の神を祀《まつ》る施設）」の意味もあった。東周代に、あらためて意符の「示（ネ）」を加えたのが「社《しゃ》［社］」であり、こちらも声符の「土《と》」が意味も表す亦声である。後に転じて「結社」や「社会」などの意味にもなっている。

以上のように、祭祀に関係する文字に使われるのが「示（ネ）」である。偏の「ネ」は、「衣」の略体である「衤」（120頁）と形が近いが、祭祀に関係するかどうかを考えると書き間違いも少なくなるだろう。

●玉（王）〔たま・たまへん〕「王」は「おう」ではなく「たま」

「玉」は、玉器《ぎょくき》（貴石で作った器物）の象形である。殷代の字形のうち「丰」は小さな玉器に紐《ひも》を通した様子で、縦線が紐である。左頁の写真は殷代の遺跡から発見された玉器で、紐を通せるように穴をあけている。古代には、王や貴族がこうした玉器を身につけて儀礼に参加した。

殷代の異体字として、紐の結び目を表現した「丰」や略体の「王」があり、後者が後代に残った。さらに、東周代には異体字の「玉」が作られており、これは字形が近い「王（王）」との区別のためと思われる。これが継承されて楷書の「玉」になった。ただし、部首として偏の位置では「王」に近い「王（たまへん）」の形になる。

ちなみに「王」は、本来は鉞《まさかり》の象形である「戌《じゅつ》（戌）」の刃の部分を取り出した「太」の形（下が刃先）であったが、そこから「王」、さらに「王」と変化して「玉（王）」とほぼ同形になった。『康熙字典』も、「王」を便宜的に「玉」の部首に配列している。

「玉」は、部首として玉器に関係する文字で使われる。例えば「璧《へき》」は、元は円形の玉器を指しており、そこから傷や欠けたところがない璧を「完璧」と呼んだのである。また「琉《りゅう》」は、元は「瑠《る》［璢］」の異体字であり、いずれも本来は美しい玉器の意味であった（それぞれ辟《へき》・流《りゅう》の省声・留《る》［畱］が声符の形声文字）。

そのほか、意味が変化した文字も多く、古代に玉器が広く使われたことを反映している。例えば「珍《ちん》」は、「貴重な玉器」の意味から一般化して「めずらしい」として使われ、「球《きゅう》」は、「丸い玉器」の意味から「たま」として使われた（それぞれ㐱《しん》・求《きゅう》が声符の形声文字）。また「環《かん》［環］」は、円形の中央に大きな穴をあけた環状の玉器が原義であり、そこから環状一般の意味や「めぐる（循環など）」として使用された。「理《り》」は「玉の原石を筋目に沿って加工する」の意味であったが、転じて「おさめる（理事など）」や「物事のすじみち（道理など）」の意味になっている（それぞれ瞏《けい》・里《り》が声符の形声文字）。

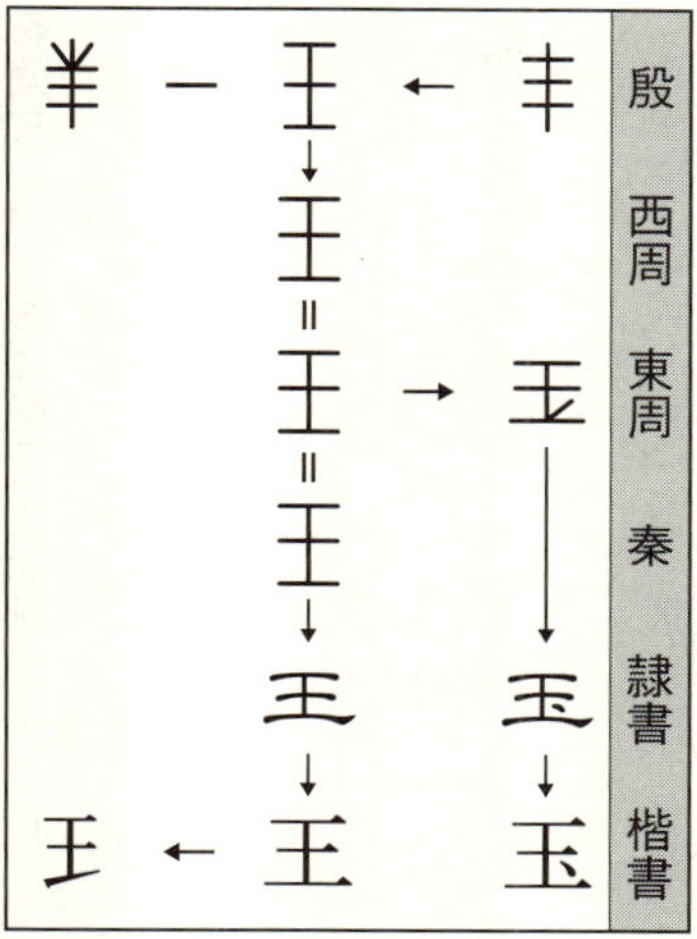

図 19　殷代の玉器の例

●酉〔ひよみのとり〕　酒に酔って醒めて

「酉《ゆう》」は樽の象形であり、主に酒樽の意味で使われる。「酉」は十二支のひとつとしても使用され、10番目の「とり」であることから、部首として単に「とり」と呼ばれることもあるが、動物の「鳥」と区別して「ひよみのとり」とも呼ばれる。十二支は元は日付の表示であり、「日読《ひよ》みの酉《とり》」の意味である。

また、「酒」に使われることから「さけのとり」とも呼ばれる。なお西周代〜東周代には、「酉」は単体で「さけ」の意味でも使われており、『説文解字』や『康熙字典』も「酒」を「水（氵）」ではなく「酉」の部首に編入している。

部首としての「酉」は、殷代から使用されており、当初は会意文字が多かった。例えば「配」は、座った人である「卩《せつ》（）」と酒樽の形の「酉（）」を用いた形（）であり、祭祀の参加者に酒を配る様子を表していた（後に「卩」が類似形の「己」に変化）。また「尊［尊］」は、「酉（）」を両手（）で神に捧げる祭祀の様子（）を表していた。後に「酉」が酒の発酵を表す「酋《しゅう》」になり、また両手の形の「廾《きょう》」が「寸」になった。

その後、形声文字でも酒や飲酒に関係するものに多用されるようになり、「酌《しゃく》［酌］・酔《すい》［醉］・醒《せい》・酎《ちゅう》」などの文字がある（それぞれ勺《しゃく》［勺］・卒《そつ》・星《せい》・寸《すん》が声符で、寸は元は肘《ちゅう》の発音）。

そのほか、「州《しゅう》」を声符とする「酬《しゅう》」は、本来は「酒をすすめる」の意味だったが、転じて

「むくいる（報酬など）」として使用された。古代には儀礼の際に酒が使われたため、このように「酉」を部首とする文字も多く見られる。

変わったところでは「医《い》」の旧字体の「醫」があり、医療に酒を使用したことから「酉」が意符になっている（「殹《えい》」が声符の形声文字）。古代には医療と呪術《じゅじゅつ》が未分化であり、異体字として巫者《ふしゃ》（シャーマン）を意味する「巫」を意符にした「毉」も作られている。

部首としての「酉」は、さらに意味が拡大して発酵に関係する文字にも使用されており、「酢《さく》・酵《こう》・酸《さん》［酸］・酪《らく》」などの例がある（それぞれ乍《さ》・孝《こう》・夋《しゅん》［夋］・各《かく》が声符の形声文字）。なお、「酪」は現在では「酪農（乳業）」として主に使用されているが、本来は馬乳や牛乳を原料とする酒を意味していた。

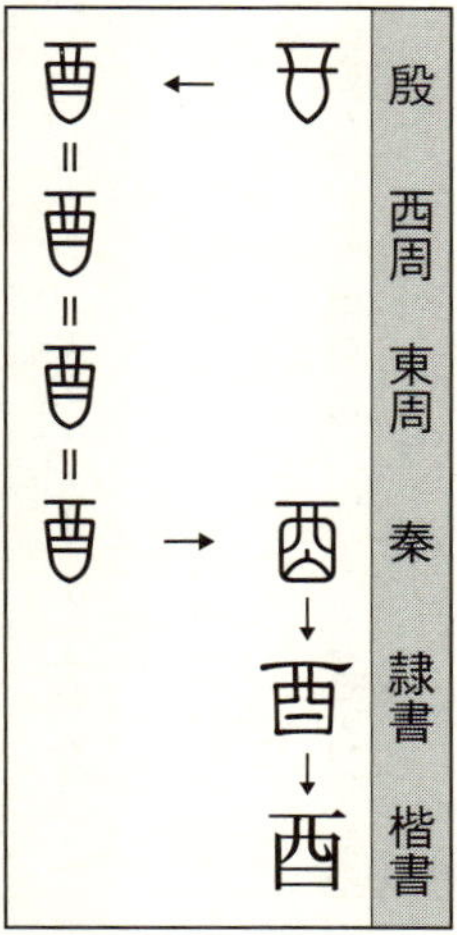

字形について、殷代には当初、「酉」の形が多く使われたが、複雑化した異体字の「酉」が後代に継承された。楷書の「酉」は「酉」の形を反映しており、上部の酒樽のくびれも残っている。

□コラム　そのほかの人工物を元にした部首

本章では人工物を元にした文字を生活・軍事・祭祀の順で解説した。そのほかの人工物を元にした部首について、コラムでもその順で取り上げる。

●巾（はば）「巾《きん》（巾）」は布の象形であり、垂れた布の端の部分を表示したもののようだ。部首としては布に関係するものに使われ、「帆《はん》（ほ）」や「帳《ちょう》（とばり）」などがある（それぞれ凡《はん》・長《ちょう》を声符とする形声文字）。日本では、「巾」が「幅《はば》」の略字としても使用されることから、部首名も「はば」と通称される。

●黹（ち）「黹《ち》」は、刺繡《ししゅう》をした布の象形である。殷代には「[illegible]」などの形であり、布の象形の「巾（巾）」を上下に配し、その間に刺繡を表す模様が描かれている。表の字形以外にも殷代には「[illegible]」など、西周代には「[illegible]」など多様な異体字が使われたが、東周代以降には使用が激減し、現存の資料では東周代と隷書には部首を含めて「黹」の用例が確認できない。部首としては刺繡に関係して使われるが、用例は少ない。

●**鹵**〔ろ〕「鹵《ろ》」は塩を入れた袋の象形である。殷代の「」は周囲の曲線が袋を表し、縦横の線が袋の繊維、小点が塩の粒の表現である。西周代の「」で線の向きが変わり、また秦代の篆書の「」で上部が変形して楷書の「鹵」に継承された。なお、東周代には「」など略体しか見られないが、便宜的に表に含めた。部首としては塩に関係して使われ、例えば「塩《えん》」の旧字体の「鹽」は、鹵が意符、監《かん》の省声（1画少ない）の形声文字である。

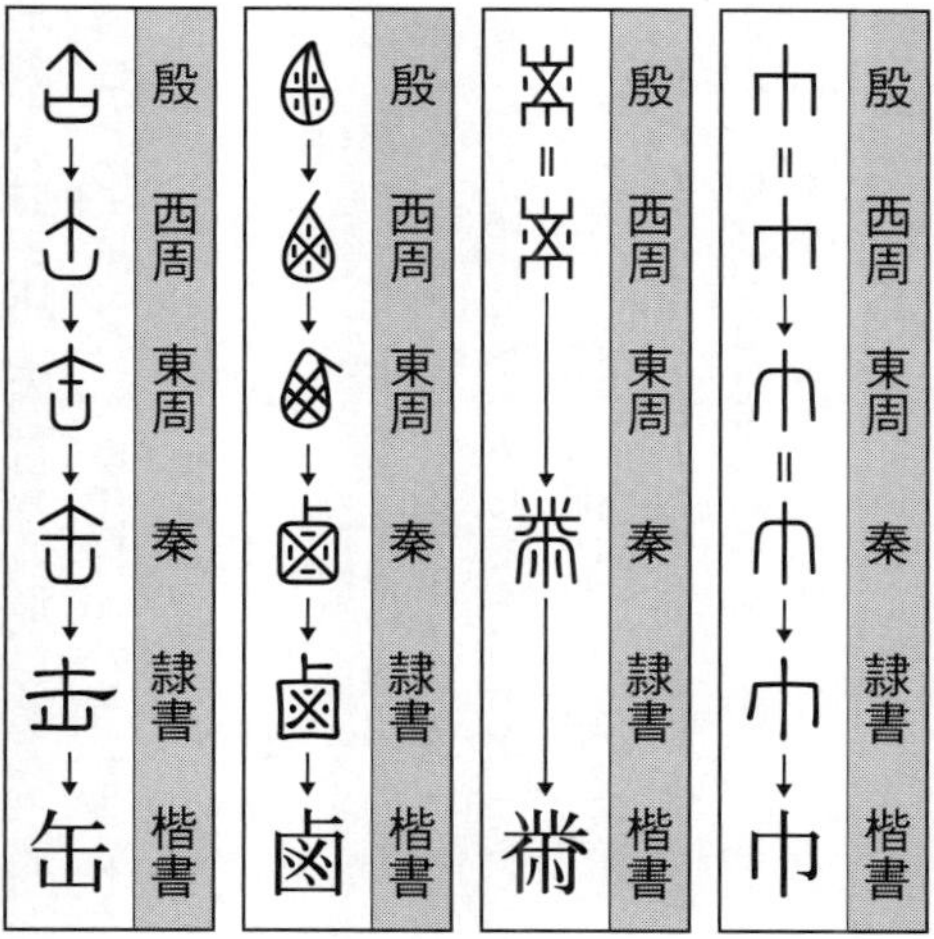

●**缶**〔ほとぎ〕「缶《ふ》（）」は、後の時代には「ほとぎ（甕《かめ》の一種）」として使われたため、「ほとぎ」と通称されるが、本来は土器の一般形であった。部首として、陶器が欠けることが原義の「缺《けつ》」などに使われている

（「欠」の旧字体で夬《けつ》が声符の形声文字）。表のうち隷書の「缶」は略体であるが、便宜的に表に含めた。なお、現代日本の新字体では「カン」と読まれるが、これは「雚《かん》」を声符とする「罐《かん》」（原義は素焼きの甕）の略字として使用されたためであり、本来の音読みではない。

●**瓦**〔かわら〕　西周代以降に瓦《かわら》が普及し、それを反映して戦国時代末期の秦で、文字の「瓦《が》（）」が作られた。そして「缶」が「ほとぎ」として使われるようになったため、「瓦」が土器全般に関係する部首として使われた。ただし甕状の土器については引き続き「缶」も使われており、異体字では「瓶《びん》」と「缾《びん》」、あるいは「罇《そん》（たる）」と「甎《そん》」のように両者が併用されることもある。

●**弋**〔よく〕　「弋《よく》（）」は、杙《よく》（くい）の象形で、その初文である。部首としての用例はほとんどない（「式」では声符として使用）。西周代の「」で複雑化し、武器の「戈《か》」（後述）に近い形になった。なお後代には、紐をつけた矢である「いぐるみ」と解釈されたが、殷代に「いぐるみ」を表していたのは矢（）に紐の象形の己（）を加えた「」の形である。

●几〔つくえ〕「几《き》（冂）」は「つくえ」の象形である。部首としての用例は少ない。なお、『康熙字典』では楷書で類似形になった「凡」を便宜的に編入しているが、殷代には「月」の形であり成り立ちに関連はない。

日本では、本来は木の一種の名（楡《にれ》とされる）であった「机《き》」を「つくえ」の意味に使うことが多い（現代中国では「つくえ」の意味に「桌《たく》」などを使用）。

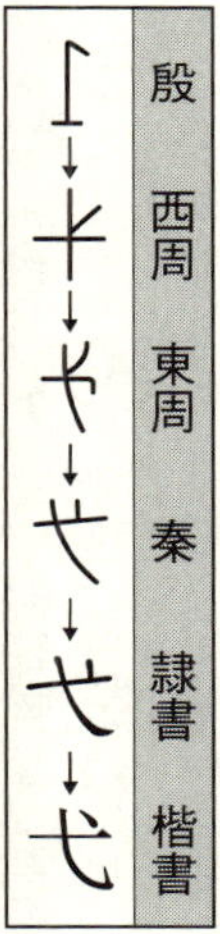

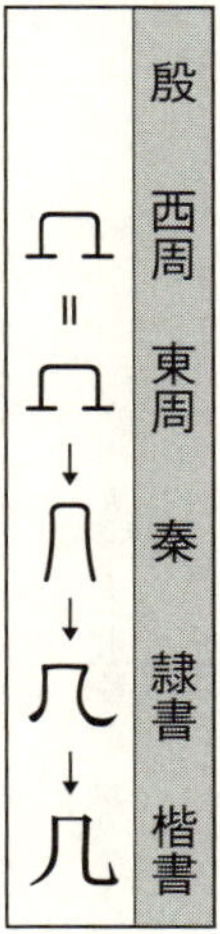

●匚〔はこがまえ〕「匚《ほう》（匚）」は、箱の象形として使われており、その側面形と考えられている。殷代には、箱を表す形としては「口（凵）」が使われることが多かったが、後に「匚」が主にその意味で使われた。字形は、西周代（匚）に簡略化されてからは、楷書の「匚」までほとんど変化がない。部

首としても箱の意味で使用され、「匣《こう》（はこ）」や「匱《き》（ひつ）」などの例がある（それぞれ甲《こう》・貴《き》が声符の形声文字）。

●爿（丬）〔しょう へん〕「爿《しょう》（丬）」は寝台の象形であり、左に足がある。偏に置かれることが多いため「しょうへん」と通称される。新字体では略体の「丬」が使われることが多い。声符としては「壮《そう》［壯］」や「状《じょう》［狀］」などで使われているが、部首としての用例はごく少ない。ただし、人（亻）が寝台（丬）に寝ている様子を表した「疒《だく》（疒）」（第六章で取り上げる）は部首として多用される。

●舟〔ふね・ふ ねへん〕「舟《しゅう》」は、舟の象形である。殷代には「[illegible]」などの形であり、内陸用の舟で舳先《へさき》がない形状を示している。部首としては舟に関係して使用され、「船《せん》・艦《かん》・航《こう》・舷《げん》」などの用例がある（それぞれ㕣《えん》・監《かん》・亢《こう》・玄《げん》が声符の形声文字）。そのほか「般」（126頁）のように類似形が同化することもある。

また部首としては「月（ふなづき）」の形になることもあり、この場合には『康熙字典』では「月」の部首に配列されている（「朕《ちん》［朕］」や「朝［朝］」など）。「ふなづき」は東周代以降に「月」とほぼ同形になっており、新字体でも同様であるが、『康熙字典』は正字

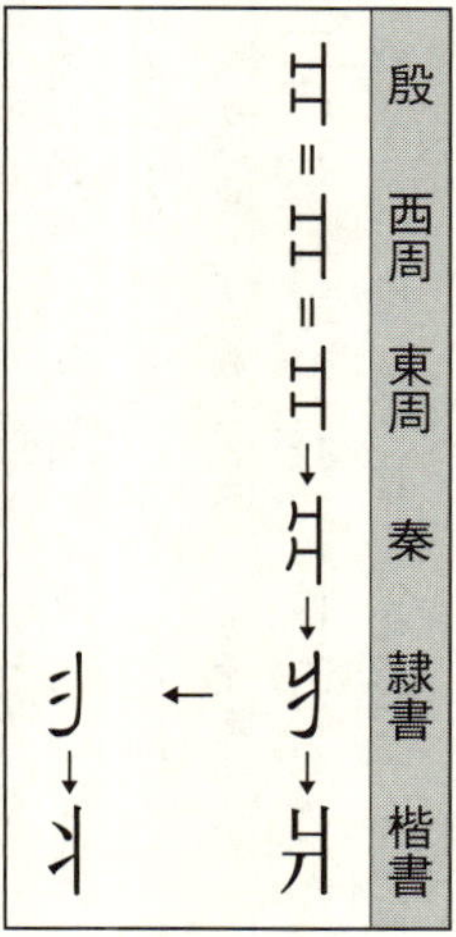

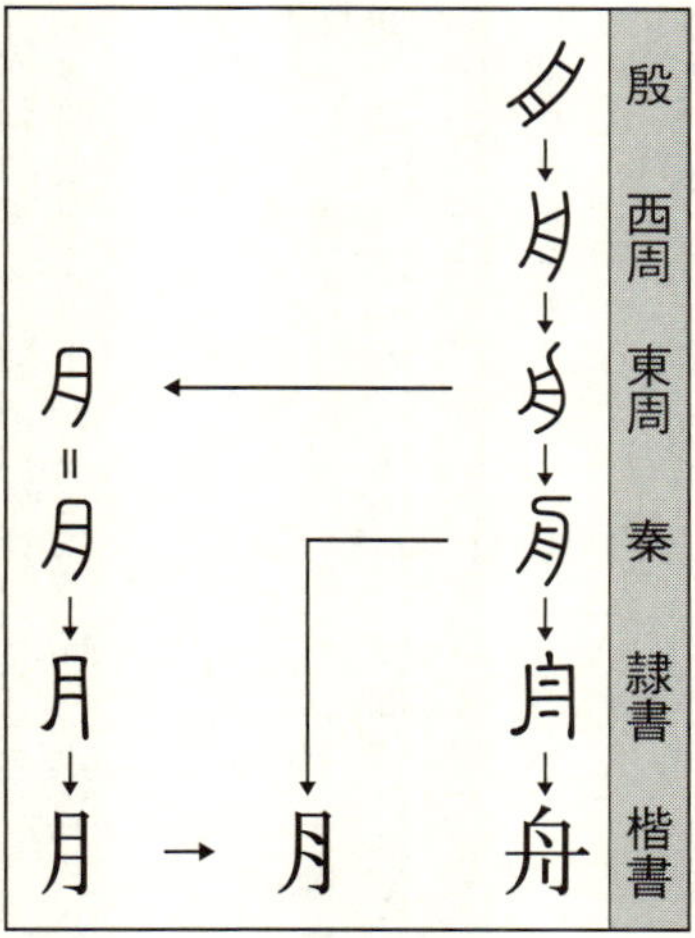

として意図的に区別して「月」としている。

●**工**〔たくみ・たくみへん〕「工《こう》」は鑿《のみ》の象形である。殷代には「工」の形で、下が刃先にあたる。略体の「工」が楷書の「工」に継承された。鑿によって職人（工匠）を象徴して使用されたため、部首名としても「たくみ」と通称される。楷書では偏でやや変形して「ェ（たくみへん）」になる。部首としては職人や工業に関連して使われ、「巧《こう》」や「式《しき》」などの用例がある（それぞれ丂《こう》・弋《よく》が声符の形声文字）。

●**辛**〔からい〕「辛《しん》（辛）」は刃物の象形であり、下が刃先である。会意文字では刃物に関係して使用されるが、後に仮借（当て字）で「からい」の意味になったため、形声文字の意符としては辛《から》いことに関係して使われる（ただし用例はごく少ない）。

●**斤**〔おのづくり〕　「斤《きん》（〓）」は、柄《え》の付いた斧《おの》の象形である。部首としては斧や切ることに関係して使用され、例えば「所《しょ》［所］」は「戸《こ》［戶］」が声符であり、原義は「斧で木を切る音」であった。字形は、西周代に柄と刃の部分が分離した「𠂆」の形になったが、隷書の「斤」で再び接合した。部首として旁に置かれることが多いため、「おのづくり」と通称される。

●**戈**〔ほこづくり〕　「戈《か》（〓）」は武器の象形である。「ほこ」とも呼ばれるが、次項の「矛」とは別の武器で、長い柄に垂直に刃物を取り付け、振り回して攻撃するものである（〓」いずれも柄の横線が刃の部分）。150頁に発掘された青銅製の戈と矛の写真を挙げた（いずれも柄の一部が腐食せずに残った珍しい例である）。

「戈」は部首としては旁に置かれることが多いため、「ほこづくり」と通称される。また「矛」との区別のために「かのほこ」とも呼ばれる。殷代～東周代には主力兵器のひとつとして使われており、部首としても戦闘や戦争に関係する文字に使用され、「単《ぜん》［單］」を声符とする「戦《せん》〔戰〕」や会意文字の「伐」（92頁）などの例がある。

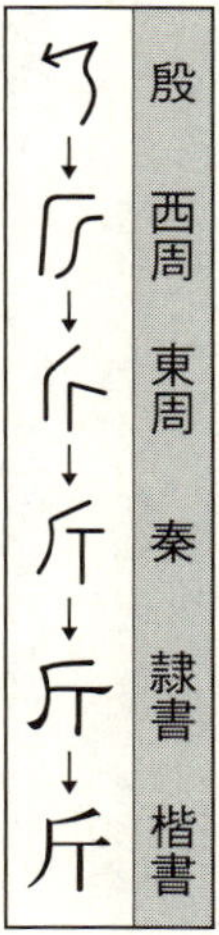

●矛〔ほこ〕　「矛《ぼう》」は槍《やり》状の武器の象形であり、柄の先に幅広の刃物をつけた「ほこ」を表している。前項の「戈」との区別のために「むのほこ」とも呼ばれる（「む」は「矛」の呉音）。殷代には「[illegible]」の系統のほか、幅広の刃を強調した「[illegible]」の系統も併用されたが、最終的には前者に統一された。部首としては矛に関係する文字に使われるが、用例は少ない。

●鼎〔かなえ〕　「鼎《てい》〔鼎〕」は、煮炊きをする器物である鼎《かなえ》の象形である。１５０頁に青銅製の鼎の例を挙げた。部首としては鼎に関係する文字に使われるが、用例がごく少ない。ただし、古代には会意文字で比較的多く使われており、例えば「具（）」は、元は鼎（）を両手（）で捧げる様子であった（楷書では「鼎」が「目」のような形になり、「廾」が「六」になっている）。

●鬲《れき》「鬲《れき》」も煮炊きの器であるが、殷代の「」が示すように、鼎よりも足が太いことが特徴である。150頁に陶製の鬲の例を挙げたが、鬲の方は足まで中空で液体が入るようになっている。部首としては鬲に関係する文字に使われるが、用例は少ない。

●豆《まめ》「豆」は、食物を盛るための高坏《たかつき》の象形である。殷代の「」のうち、上部の横線は盛った食物を抽象的に表しており、それ以外が高坏の形である（異体字に食物を示さない「」もある）。ちなみに、盛った食物を具象的に表した文字は「皀《きゅう》（）」である。「豆」は後に「まめ」の意味に転用されたため、部首名も「まめ」と通称される。部首としては高坏または豆に関係する文字に使われるが、用例は少ない。また類似形に「壴《ちゅ》」があるが、太鼓の象形であり成り立ちは全く別である（第六章で取り上げる）。

●鬯《ちょう》「鬯《ちょう》（）」は香りをつけた酒であり、字形は酒器と香草を表している（小点が香草）。現状の資料では東周代と隷書は略体しか見られないが、便宜的に表に含めた。

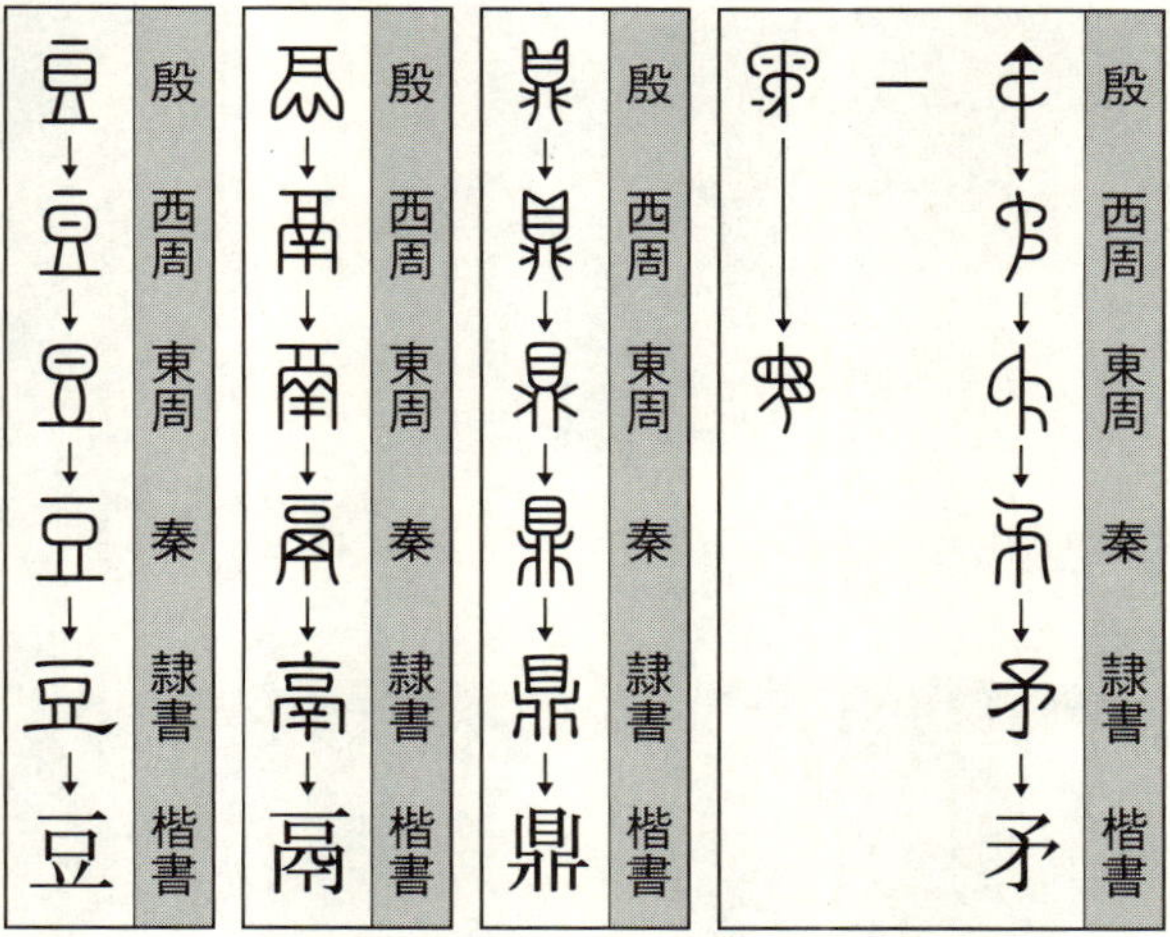

部首として香り酒に関係する文字に使われるが、用例は少ない。現在使われている文字としては、「鬱《うつ》」に「鬯」が含まれており、「香り酒で落ち着いた気分」が「気が塞《ふさ》がる」の意味にかかわっている。

●**斗**〔とます〕「斗《と》（ト）」は、柄杓《ひしゃく》の象形である。後に体積の単位となり、「斗」の単位をはかる枡《ます》も「斗」と呼ばれたため、「とます」と通称される。部首としては計量に関係して使用され、米（穀物の実）を量ることを表す会意文字の「料」などに見られる。字形は東周代～秦代に縦横の向きが変わり、さらに楷書で一部が分離した。

ちなみに、「斗（ト）」に汲《く》んだ液体としての小点を加えた文字は「升《しょう》（ショウ）」であ

図20　発掘された人工物（左上：戈、右上：矛、左下：鼎、右下：鬲）

る。当初は同一字の異体字であったが、後に分化し、単位としては10升が1斗とされた。中国と日本では体積が異なり、1斗は現代日本で約18リットル、古代中国で約2リットル、現代中国で10リットルである。

●**龠**〔やく〕　「龠《やく》」は、笛の象形である。穴を指で塞ぐ笛ではなく、音階ごとの笛を束ねたもので、ハーモニカに近い使用法だった。古代には祭祀儀礼のひとつとして音楽の演奏もおこなわれた。部首としては音楽に関連して使われるが、用例は少ない。殷代の「〓」が龠の象形であり、西周代の「〓」では覆いの形の「亼（〓）」が加えられたが、その意義は明らかになっていない。楷書の「龠」は、部首として最も画数が多い17画である。

●卜〔ぼく〕「卜《ぼく》（〓）」は、甲骨による占い（16頁）で出現したひび割れの象形である。部首としては「占」など占いに関係する文字に使用される。なお、甲骨による占いは、当初は純粋な占いだったようだが、殷代には一種の儀礼として定形化した。具体的には、甲骨の背面にあらかじめ加工をすることで、意図的に「吉」を出せるようになったのであり、吉兆の形が「卜」であった（厳密には、縦画の部分が出現すると「吉（〓）」で、長い縦画であれば「大吉（〓）」とされた）。

第五章　自然や建築などを元にした部首

――「崇」は高い山、「町」は田のあぜ

漢字のうち、単独の対象を表した象形文字は「字素《じそ》」と呼称される（「単体字《たんたいじ》」とも）。本章では、第四章までに取り上げられなかった字素の部首について解説する。

具体的には、自然に関係する部首と建築・土木に関係する部首がある。自然に関係する部首として、例えば太陽の象形の「日」や土盛りの象形の「土」などがある。建築や土木（土木工事）に関係する部首としては、家屋の象形の「宀」や道路の四つ辻《つじ》の象形の「行」などが見られる。

そのほか、部首には抽象的な記号表現に基づくものもあり、コラムではこれも含めて解説する。

なお、字素であっても分化あるいは同化した部首は第七章で取り上げ、成り立ちに諸説ある部首、および便宜的に設定された部首については第八章で述べる。

●日〔にち・にちへん〕 いくつもの太陽の解釈

「日」は太陽の象形である。部首としてもその意味で使われており、例えば、「央《おう》」を声符とする形声文字の「映《えい》」は、「日光が映《は》える」の意味で作られた。また、「晴《せい》〔晴〕」は太陽が出ている晴天を表し、声符の「青《せい》〔靑〕」は「青い空」の意味も表す亦声《えきせい》である。

同様に、「昇《しょう》」は「太陽が昇る」が原義であり、そこから一般に上昇の意味で使われている。また「景《けい》」は「日光」が原義で、派生して「景色」の意味が出現した。そのほか、「暗《あん》」は「太陽が隠れる」という解釈で「日」を意符として使っている（それぞれ升《しょう》・京《けい》・音《おん》を声符とする形声文字）。

また、「太陽の熱」の意味で「日」を意符とするのが「暑《しょ》〔暑〕」や「暖《だん》〔暖〕」で、それぞれ「者《しゃ》〔者〕・爰《えん》」が声符の形声文字である。

文字としての「日」は、太陽から派生して「日数」や「日中」の意味でも使われており、部首としてもそれらの用法が見られる。日数に関連する文字や太陽の位置から時間を表した文字として「日」を意符とするものには「昨《さく》・時《じ》・昧《まい》・晩《ばん》」などがあり、それぞれ「乍《さ》・寺《じ》・未《み》・免《めん》」を声符とする形声文字である。なお、「昧」は「早朝（昧爽《まいそう》）」が原義であり、そこから「くらい（蒙昧《もうまい》など）」の意味になり、また没頭する意味（三昧《さんまい》など）になった。また「晩」は、原義が日暮れの時間帯であるが、日本では夜間の意味でも使用される。

「早」も早朝を表す文字であるが、かつては成り立ちが分からなかった。近年の発掘で、東周代の竹簡から、日を意符、棗《そう》を声符とする形が発見され、「早」の下部の「十」が極端な省声であることが判明した。意味は後に一般化して「はやい」として使われている。

「星《せい》」は複雑な経緯である。本来は「晶《しょう》」が「ほし」の意味を表しており、多数の「日」を並べることで多くの星を表していた。当時、星も太陽と同じ恒星であるという知識はなかったはずだが、結果として科学的に正しい表現になっている。そして声符として「生《せい》」が加えられ、「曐」の形になった。そこから初文の「晶」を「日」に簡略化したのが「星」であり、結果として日を意符、生を声符とする形声文字になっている。

字形について、最も太陽の形に近いのは殷代の「⊖」であるが、円形は書いたり彫刻したりするのが難しいため、「⊟」の方が多く使われた。そして中央の点が長くなった「⊖」が継承されて楷書《かいしょ》の「日」になった。中央の点が何を指すのかについては、「太陽の黒点」とする説や「空虚ではなく中身があることを示す記号」とする説があるが、いずれが正しいかは明らかになっていない。

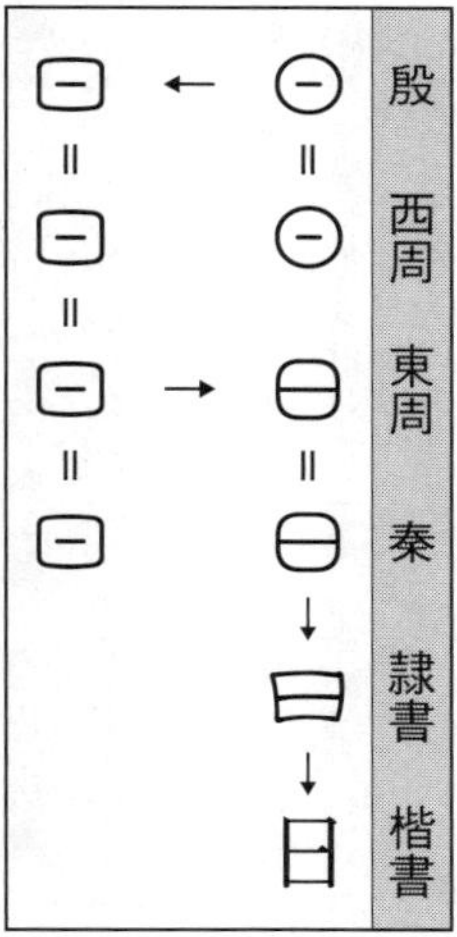

●雨〔あめ・あめかんむり〕「零」も「震」も元は気象

「雨」は、空から雨が降ってくる様子である。殷代には「〓」の使用例が多く、長い横線が天空、短い縦線が雨粒を表している。異体字のうち、複雑化した「〓」が後代に継承され、篆書《てんしょ》の「雨」などを経て楷書の「雨」になった。部首としては文字の上部に置かれ、楷書ではやや変形して「⻗（あめかんむり）」になる。

降雨に関係して使われることが多く、例えば「零《れい》」は、雨（⻗）が意符、令《れい》が声符の形声文字で、本来は「小雨が降る」の意味であった。そこから転じて「おちぶれる」や「わずか」の意味になり、さらに「ゼロ」の訳語にも使われている。

また、雷鳴が原義の「雷《らい》」は、元は「畾《らい》」を声符とする「靁」の形であり、その後「畾」の部分が略体の「田」になった。楷書の「雷」は、雨（⻗）が意符、畾の省声の形声文字である。「電《でん》」は電光（いなびかり）が原義で、楷書では声符の「申《しん》」が変形している。「申」は元は電光を表す「〓」の形であり、意味も表す亦声である。

その後、「雨（⻗）」は部首として広く天候に関係して使用されており、「雲《うん》・霜《そう》・霧《む》・露《ろ》」などの例がある（それぞれ云《うん》・相《そう》・務《む》・路《ろ》が声符の形声文字で、云は雲の象形に由来しており意味も表す亦声）。

珍しい天候現象として、砂嵐を表す「霾《ばい》」があり、黄砂が発生する中国ならではの文字である。殷代には「」などの形であり、上部が「雨」、下部が貍《り》（たぬき）の象形であるが、なぜ「砂嵐」の表現に貍を使ったのかは諸説あって明らかではない。その後、貍を表す象形文字が使われなくなり、代わって「里《り》」を声符とする「貍」が使われた。

また「震《しん》」は、殷代には足の形の「止（）」を意符とする「」の形で、「震動（人々のパニック）」を表していた（辰《しん》（）が声符）。その後、「大気が震える」の意味に使われたため、意符が「雨（）」に代えられ、さらに一般化して「ふるえる」として使われている。

「霊《れい》［靈］」については、「雨（）」ではなく、巫者《ふしゃ》（シャーマン）を表す「巫」が意符であり、神祇《じんぎ》や精霊を表している。楷書では「巫」が部首とされていないので、『康熙字典』では便宜的に「雨」の部首に配列している。なお、上部の「霝《れい》」が声符（亦声）であり、これは雨乞《あまご》いの儀式を表した会意文字である。

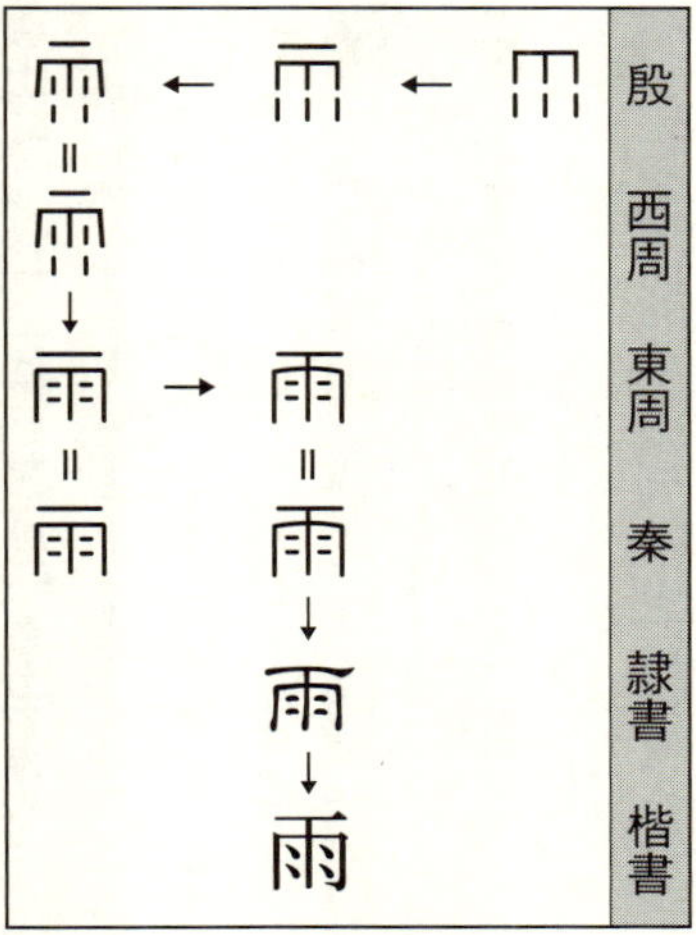

●土〔つち・つちへん〕「城」も「壁」も土で作る

「土」は、土盛りの象形である。殷代には「Ω」の形であり、横線が地面、その上の楕円《だえん》形が土盛りを表している。その後、上部を簡略化した「土」が作られ、楷書の「土」に継承された。楷書では偏の位置でやや変形して「土(つちへん)」になる。

「土」についても、部首として多様な解釈が見られる。まず物質としての「土」の意味で使われたものとして、例えば「塊《かい》」は「土塊《どかい》(つちくれ)」が原義であり、そこから一般に「かたまり」として使用された。「型《けい》」は「土で作った鋳型」が原義であり、これも一般化して「かた」として使われる(それぞれ鬼《き》・刑《けい》が声符の形声文字)。

また「地面」に関係して意符に使うことも多く、「地《ち》」や「坂《はん》」などがある。「均《きん》」は「地面をならす」が原義で、そこから一般に「ひとしい」の意味で使われた(それぞれ也《や》・反《はん》・匀《いん》が声符の形声文字)。地面を掘ることに関係する「掘《くつ》」や「埋《まい》」などもあり、前者は「屈《くつ》」が声符、後者は「霾《ばい》」(前項参照)の省声の形声文字である。

「土地」の意味として部首に使うこともあり、「場《じょう》」や「境《きょう》」などの例がある。また、「墾《こん》」は土地を開墾する意味で作られた文字であり、やはり「土」を部首としている(それぞれ昜《よう》・竟《きょう》・貇《こん》が声符の形声文字)。

古代中国では、土木建築で土が多用されており、黄河《こうが》が運んでくる目の細かい泥を突き固めることで、堅牢《けんろう》な構造物ができた。こうした工法を「版築《はんちく》」というが、版築工法で作られた城壁は何百年も、ときには何千年も残った。地上に現存する最古の版築城壁は、殷代前期の都であった鄭州《ていしゅう》のもので、今から3千5百年ほど前に作られたものである（左図参照）。

この意味で部首に使われたものとして、「城《じょう》［城］」や「壁《へき》」があり、それぞれ「成《せい》」・「辟《へき》」が声符である。なお、「城」は日本では防御施設を指すことが多いが、古代中国では都市の周囲全体を版築城壁で囲んだため、都市を指して使うことが多い。また、「基《き》」は「版築で作った土台」を表しており、その上に建てられた大きな建物は「堂《どう》」と呼ばれた（それぞれ其《き》・尚《しょう》が声符の形声文字）。

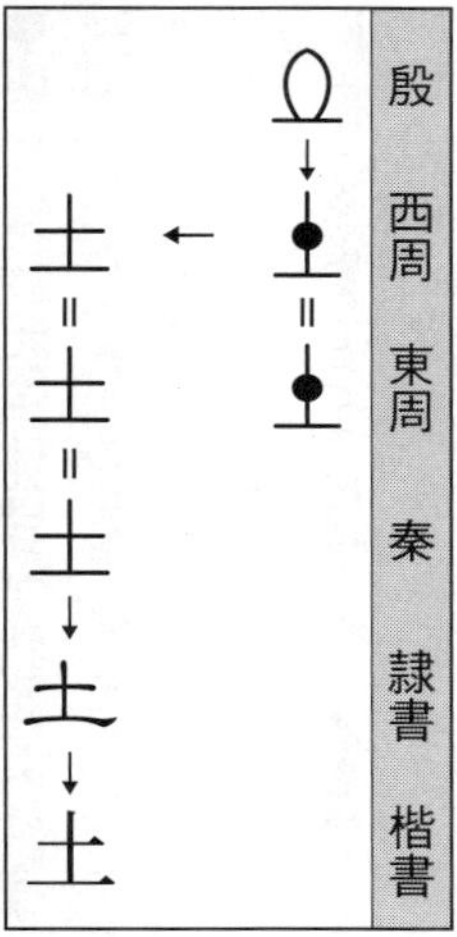

図21　鄭州に残る殷代の城壁

●山〔やま・やまへん〕「岐」は枝分かれした山が起源

「山」は連なった山の象形で、それによって「やま」の意味を表している。部首としては、山や山地に関係して使われ、「嶺《れい》」や「峰《ほう》」などの形声文字がある（それぞれ領《りょう》・夆《ほう》が声符）。また「岡《こう》」は、字形中で大きく表示された「网（円）」が意符に見えるが、実際は山を意符、网《もう》（円）を声符とする形声文字である。

そのほか、「厳《げん》［嚴］」を声符とする「巌《がん》［巖］」は「山にある石」、つまり「いわ」を表しており、会意文字として「岩」も作られている。また「島《とう》」は「鳥《ちょう》」の省声であるが、「渡り鳥がとまる海中の山」の意味もある亦声である。異体字として、省声ではない「嶋」や「嶌」も使われている。

意味が変化した文字も多く、例えば「朋《ほう》」を声符とする「崩《ほう》」は、「山崩れ」が原義であるが、一般に「くずれる」として使用される。「峡《きょう》［峽］」は、原義としては「山に挟まれた土地（峡谷など）」であるが、現在では「海峡」として使われることが多い。なお、声符の「夾《きょう》」は「挟［挾］」の初文であり、亦声にあたる。

「崇《すう》」は「高い山」を表すが、これも一般化して「たかい（崇高など）」の意味になり、さらに「たっとぶ（崇拝など）」の意味になった。声符の「宗《そう》」は祖先を祀《まつ》る宗廟《そうびょう》を表すので、「たっとぶ」の意味では亦声に該当する。

「密《みつ》」は「木々の茂った山の奥深く」を意味するが、転じて「あつまる（密集など）」や「ひそか（密談など）」として使用される。「崎《き》」は本来は「山の険しいこと」を意味していたが、そこから「川岸」の意味になり、さらに日本では「みさき」の意味で使用されている。「岬《こう》」も同様に、「山の間」が原義だが、日本では「みさき」として使われる（それぞれ宓《びっ》・奇《き》・甲《こう》が声符の形声文字）。

「岐《き》」は岐山《きざん》という山の名が起源であり、周王朝の創業の地である。日本の地名の「岐阜」はここからとられている。また、岐山は二つの峰に分かれた形状であるため、そこから「分岐」の意味にもなった。声符の「支《し》」は「枝分かれ」を意味するので亦声である。

字形について、殷代の「」は山脈の形であることが分かりやすい。ただ、後代には略体の「」が継承されて「」となり、並行してより簡略化した「」も作られた。この二系統は隷書（・山）まで併用されたが、最終的に楷書で後者に統一されて「山」になっている。

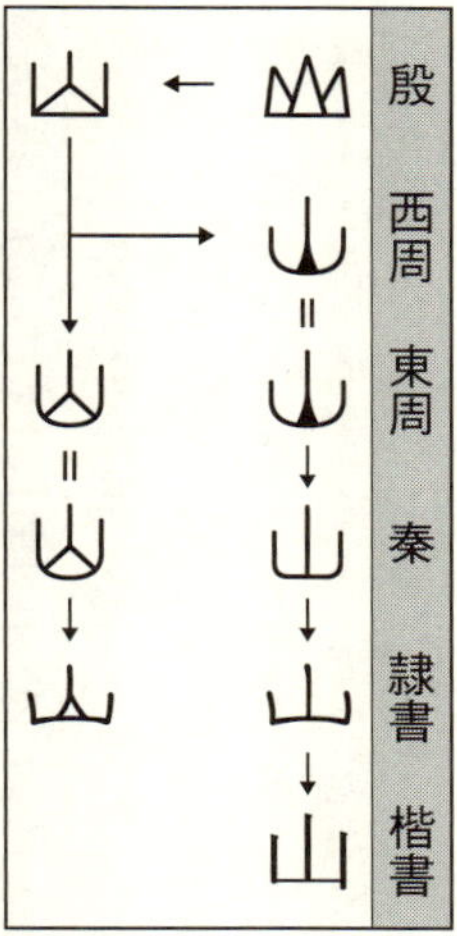

●火（灬）〔ひ・ひへん・れんが〕「熊」は「火（灬）」の正しい使い方

「火」は、火が燃える様子を表している。殷代の「[illegible]」は火が燃えていることを分かりやすく表しているが、略体の「业」が後代に継承された。その後もやや変形し、篆書の「[illegible]」などを経て楷書の「火」になった。楷書では偏で「火（ひへん）」の形になる。

文字の下部に置かれると「灬（れんが）」の形になることが多いが、これは隷書で4画全てを点に略した「灬」に起源がある。

部首としては火や熱に関係して使われ、「焼《しょう》［燒］・煮《しゃ》［煮］・熱《ねつ》・炉《ろ》［炉］」などの例がある（それぞれ尭《ぎょう》［堯］・者《しゃ》［者］・埶《げい》・戸《こ》［戶］が声符の形声文字）。また「燃《ねん》」も「火」が意符の形声文字であるが、声符の「然《ねん》」は「犬の肉（月＝にくづき）を火（灬）で燃やす」という意味で亦声である。古代中国では食用犬が広く飼育されており、それを食べたり神に捧《ささ》げたりしていた。

意味が変化した文字もあり、「孰《じゅく》」を声符とする「熟《じゅく》」は、「煮込む」という意味から転じて「成熟」や「熟語」などとして使われる。また「焦《しょう》」は、「雥《そう》」の省声として「隹」が用いられており、「こげる」を表すが、そこから「こがれる（焦心など）」や「あせる（焦躁など）」としても使われるようになった。

特殊な例が「庶《しょ》」であり、殷代には火（灬）（[illegible]）を意符、石《せき》の初文（[illegible]）を声符とする形

（〓）で、本来は火を使った儀礼を表す文字だった。殷代には、それとは別に三つの人（〓）を意符、庶（〓）の異体字を声符とする「〓」があり、こちらが「庶民」を表す文字であった。その後、「〓」は使われなくなり、代わって「庶」の方が「庶民」を表す文字として使用されたのである。なお、後に石の初文（〓）が石の異体字の「厈」に代わって「庶」の字形になった。

「灬」は、火に関係なく別の形が同化することもあり、「魚」（62頁）や「鳥」（60頁）などの例がある。それでは「熊《ゆう》」はどうかというと、これは本来は「火が盛んに燃える」の意味を表した形声文字で、火（灬）を意符、能《のう》を声符としている。一方、本来の動物のクマを表した象形文字が「能」であり、殷代には「〓」の形だった。楷書では向きが変わっており、「月」のような形が熊の頭部、「匕《ひ》」のような形が熊の前足・後足である。その後、「能」が「可能」や「能力」などの意味に使われたため、「熊」を動物のクマを表す文字として転用したという経緯である。

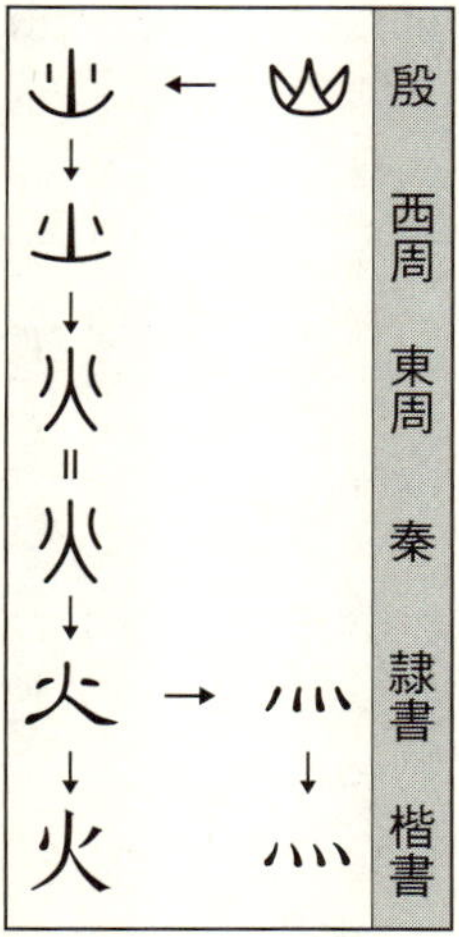

●宀〔うかんむり〕「寶」も分解すれば納得

ここからは建築・土木に関係する部首を取り上げる。まず「宀《べん》」であるが、殷代には「宀」の形であり、家屋を表していた。左右の縦線が壁であり、上部の「ヘ」が屋根である。その後、東周代に棟《むね》（屋根の頂上部）を強調した「宀」となり、隷書の「宀」で上下方向に縮められて楷書の「宀」になった。カタカナの「ウ」に形が近く（厳密には「ウ」が「宀」を変形したもの）、また文字の上部に置かれるため「うかんむり」と呼ばれる。

部首としては家屋に関係して使われ、「宅《たく》」や「室《しつ》」などの例がある（それぞれ乇《たく》・至《し》が声符の形声文字）。

意味が変わった文字も多く、例えば「容《よう》」は、原義が「建物に収容する」であるが、一般に「いれる」として使用され、さらに「なかみ（内容など）」や「かたち（容貌《ようぼう》など）」の意味にもなっている。また「寄《き》」は「建物に身を寄せる」の意味であり、そこから一般に「よる」や「よせる」として使われる（それぞれ谷《こく》・奇《き》が声符の形声文字）。

また「宇《う》」と「宙《ちゅう》」は、「宇」が「のき」や「やね」を意味して用いられ、「宙」は「屋根に使われる木材」が原義とされる。いずれも家屋の上部にあることから、高くにある「宇宙」として使用された（それぞれ于《う》・由《ゆう》が声符の形声文字）。

「寮《りょう》」は「尞《りょう》」が声符の形声文字であり、本来は役所を意味していたが、現代日本では学生や社員の宿舎の意味で使われている。また「写《しゃ》」は旧字体が「寫」であり、意符の宀と声符の舄《せき》から成る。「家屋の中に物を移して置く」が原義であり、そこから「書き写す」の意味で使用された。

会意文字の用例も多く、例えば「安」は家屋の中で女性が安静にしている様子であり、「やすらか」の意味を表す。また「字」は、家屋の中に子供がいる様子から「子孫繁栄」を表している。漢字は既存の文字を組み合わせて新しい文字が作られることから、子孫繁栄になぞらえて「字」が文字の意味で使われた。

そのほか、「宗」は家屋を表す「宀」と祭祀に関係することを表す「示」から成り、祖先を祀る宗廟を表している。また「宿」は、「宀」と「人（亻）」、および敷物の形から成り、人が宿泊する様子を表している（楷書では敷物の形が「百」に同化している）。「宝《ほう》」は旧字体が「寶」であり、複雑な字形である。これは、家屋（宀）の中に貴重品である「貝」や「玉（王）」を納めた状態を表しており、そこに声符としての「缶《ふ》」を加えた構造である。缶（141頁）は土器の象形なので、これも含めて「宝物」ということであれば亦声に該当する。

●广《げん》〔まだれ〕　右が建物の南側

「广」も家屋の象形である。「麻〔麻〕」に使われることから「まだれ」と呼ばれる（ただし「麻〔麻〕」は独立した部首とされており、第六章で取り上げる）。

殷代には「」の形であり、「宀〔〕」のうち片方の壁がない状態を表している。片方の壁がないことから質素な建物と見る説もあるが、後述するように「広」や「庁」に使われているので、むしろ大きな建物の形が起源と考えられる。

古代中国では、王と臣下の儀礼は「天子南面《てんしなんめん》」でおこなわれ、王は北にある大きな殿堂（「大室」などと呼ばれる）の中から南を向き、中庭にいる臣下に接見した。そのため、殿堂の南側には壁がなかったのであり、「」の形はそれを反映している。

ただし、「宀〔〕」とは字形や意味が近いこともあり、相互に入れ替わることもある。例えば「広い建物」を表す「広《こう》〔廣〕」は、殷代には「」の形であり、宀〔〕を意符、黄《こう》〔黃〕〔〕を声符とする形声文字であった。その後、西周代に「广〔〕」を使った「」が作られ、楷書の旧字体の「廣」に継承された（新字体の「広」は略字）。意味にも変化があり、一般化して「ひろい」として使われる。なお「黄〔黃〕」の字形については第六章で取り上げる。

そのほかの形声文字の例として「店《てん》」や「廊《ろう》〔廊〕」などがあり、いずれも建物に関係して「广」が使用されている（それぞれ占《せん》・郎《ろう》［郎］が声符）。

「广」を部首とする文字には、声符が亦声のものも見られる。例えば「庁《ちょう》［廳］」は、王が政務をおこなう庁舎を表すが、声符の「聴《ちょう》［聽］」は「王が政務を聴く」の意味も表す亦声である。また「座《ざ》」は、本来は「建物の中の座るところ」を意味しており、声符の「坐《ざ》」は本来は「すわる」を意味していたので亦声である。現在では、「坐」に代わって「座」が「すわる」の意味として多く使用されている。

意味が変化した文字もあり、例えば「府《ふ》」は、本来は倉庫の意味であったが、その後、役所の意味になり、さらに行政区画の呼称に転用された。また「廃《はい》［廢］」は、「家屋が壊れる（廃屋など）」が原義であるが、そこから「すたれる（興廃など）」や「やめる（廃止など）」として用いられた。「序《じょ》」は、元は「かき（家の囲い）」が原義であるが、仮借《かしゃ》（当て字）で「順序」などの意味になった。（それぞれ付《ふ》・発《はつ》［發］・予《よ》が声符の形声文字）。

字形について、後代にも家屋の形のうち片方の壁がない状態が継承された。そして、隷書（广）では「宀（宀）」とは違って上下方向に縮められなかったため、楷書の「广」は冠ではなく垂れの形状になっている。

●戸（戶）と門〔と・とだれ／もんがまえ〕　古代中国の建築文化

「戸［戶］」は、片開きの扉の象形である。古代には蝶番《ちょうつがい》が発明されておらず、扉に軸をつけて回転させていたようである。殷代には「戸［戶］」が「日」の形であり、左の縦画が長いのは軸の表現であろう。

その後、秦代に大きく変形して「戸」となり、楷書の旧字体の「戶」になった。また新字体とされる「戸」も隷書の「戸」に起源があり、こちらも長い歴史のある形である。

部首としては、扉のほか家屋の構造に関係する文字に使われ、「扉《ひ》［扉］」や「房《ぼう》［房］」などの形声文字がある（それぞれ非《ひ》・方《ほう》が声符）。

会意文字の使用例もあり、例えば「扇［扇］」は、扉が鳥の羽のように開閉することを意味していたが、そこからの連想で「おうぎ」として使われたとされる。また、「戻」は旧字体が「戾」であり、戸（扉）の下をくぐって犬が戻ってくる様子と言われる。

そして、「戸［戶］（日）」とその左右反転形を並べたのが「門（門）」であり、「両開きの扉がある門」を表している。中国では、古代から宮殿の南側に大きな門（南大門《なんだいもん》）を設置する慣習があり、日本にも仏教建築として伝わっている。

字形についいては、「戸［戶］」とは違い、古い形（門）を残したまま楷書の「門」になっている。なお、西周代の異体字にやや変形した「門」があり、これを継承した秦代の「門」

は篆書とされているが、この系統は楷書には残っていない。

部首としては門に関係し、例えば「各《かく》」を声符とする「閣《かく》」は、本来は門の扉を固定する木材の意味だったが、転じて高楼建築や役所の意味になり、さらに「内閣」として使用された。また「伐《ばつ》」を声符とする「閥《ばつ》」は、自らの功績を書いた柱を門の脇に立てたものを指していたが、そこから「門閥」の意味になり、日本では「派閥」としても使われる。

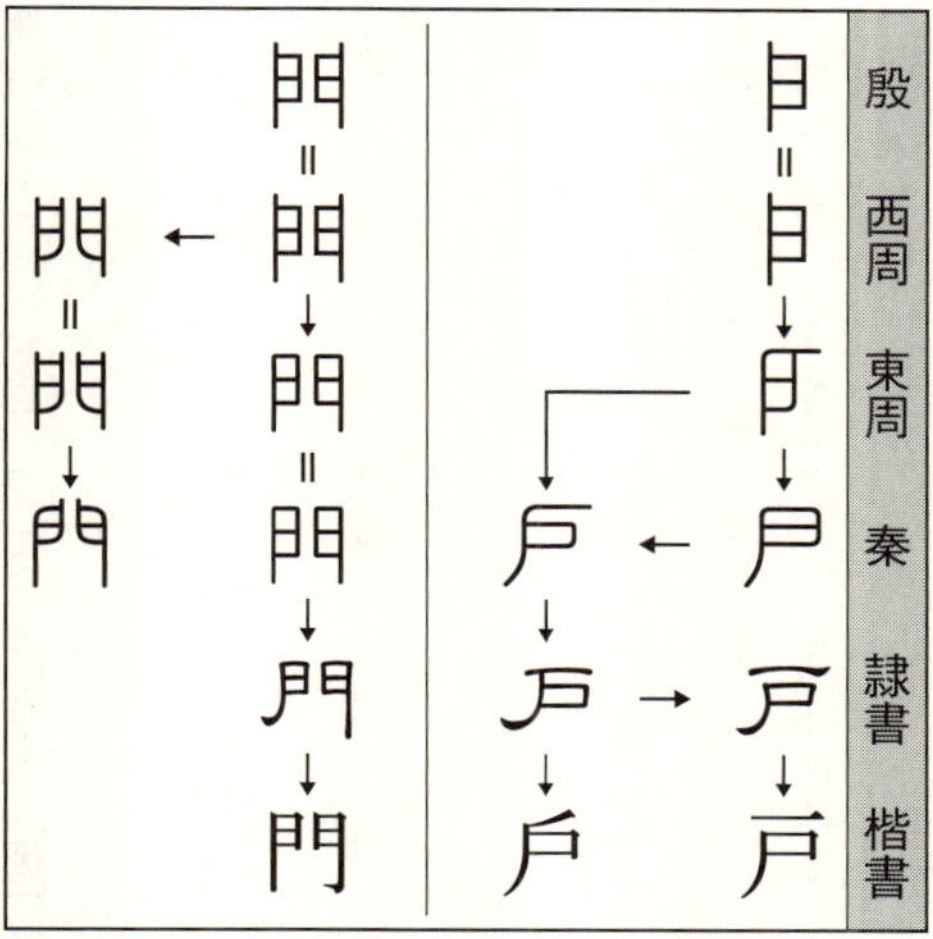

会意文字の用例もあり、例えば「開」は、「門」と閂《かんぬき》を表す横線、および両手の形の「廾《きょう》」から成り、「手で閂をはずして門を開く様子」を表している。楷書では横線と廾が重なって「开」の部分になっている。また「間」は旧字体が「閒」であり、夜間に閉じた門の隙間から月光が見えている様子である。新字体の「間」も東周代から使われており、こちらは太陽の光が差している様子を表す。

●行と彳〔ぎょうがまえ／ぎょうにんべん〕「径」は近く、「彼」は遠く

「行《ぎょう》」は、殷代には「卝」や「朩」の形であり、道路の四つ辻を表していた。楷書では部首の形として左右に分割して置かれることが多いため、「ぎょうがまえ」と通称される。

文字の意味としては「ゆく」であるが、部首としては字源である道路に関係して使われることが多い。例えば「街《がい》」は、行を意符、圭《けい》を声符とする形声文字で、本来は「四つ辻の交差点」を表したようだが、転じて「大通り」や「まち」の意味になった。また「術《じゅつ》〔術〕」は、「朮《じゅつ》」を声符とし、「都市の中を通る道」が原義であるが、転じて「技術」や「方術」の意味で使われた。

「行（朩）」の片方だけを残したのが「彳《てき》（亻）」であり、「道路」のほか「ゆく」の意味でも部首として使用される。「彳」は、「行《ぎょう》」に由来し、また形が「イ（にんべん）」に近いことから、「ぎょうにんべん」と通称される。例えば「徐《じょ》」は、「余《よ》」を声符とする形声文字で、「ゆっくり行く（徐行）」を表している。また「循《じゅん》」は、「盾《じゅん》」が声符であり、「従って行く」が原義であるが、転じて「めぐる（循環）」の意味になった。

また、「径《けい》［徑］」は「細い道」が原義であるが、そこから「近道」の意味になり、さらに「直径」の意味にもなっている。「彼《ひ》」は「遠くへ行く」が原義であるが、そこから遠称代名詞の「かれ」として使われる（それぞれ巠《けい》・皮《ひ》を声符とする形声文字）。

「彳」は抽象的に進行を象徴する用法があり、初文に付加して繁文化する例も見られる。例えば「征《せい》」は、「征伐」を意味する文字であるが、声符の「正《せい》」が本来その意味であった。殷代には「」の形であり、都市を囲む城壁を表す「丁（口）」に足の形の「止（）」を向けることで、都市を攻撃することを表していた。しかし、「正」は転じて「正義」や「正月」などの意味に使われたため、あらためて進行を象徴する「彳」を加えた「征」が作られた。「征」は、彳を意符、正を声符（亦声）とする形声文字の構造である。

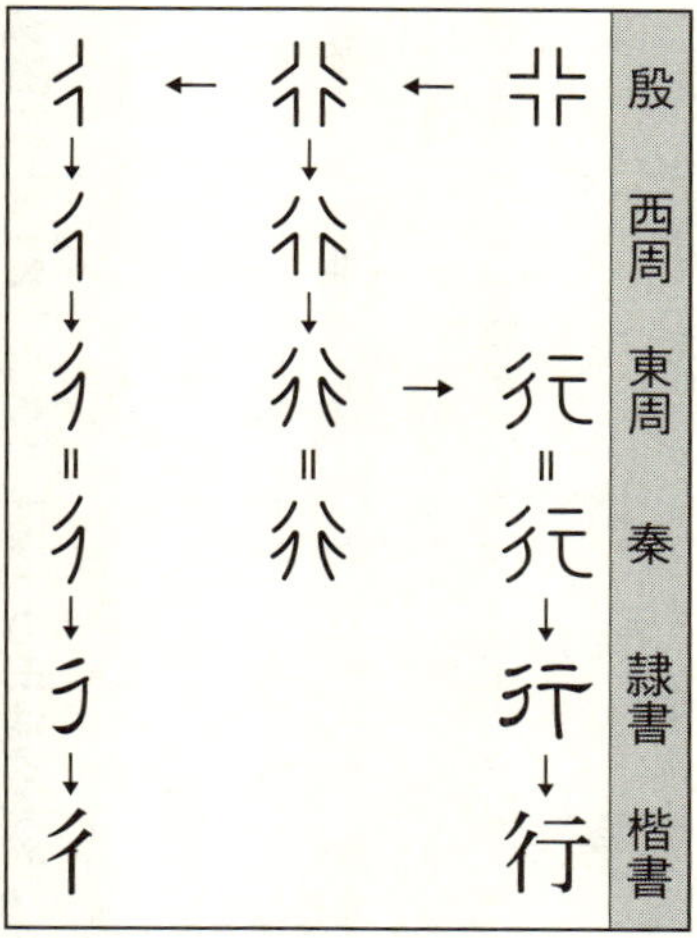

同様に、「復《ふく》」は声符の「复《ふく》（）」が本来の形であり、酒樽《さかだる》の一種の形と足を下に向けた「夂《ち》（）」から成っていた。字源には諸説あるが、神への捧げ物を下げることから転じて「かえす」や「かえる」の意味になったと考えると整合的である。それに意符として「彳」を増し加えたのが「復」であり、声符の「复」は亦声にあたる。

●田〔た〕「界」・「畜」・「思」の田は全て成り立ちが違う

「田（田）」は、四角形に区画された耕作地の象形である。殷代の「田」から楷書の「田」まで、字形の変化がほとんどない。西周代～秦代には丸みを帯びた「田」も併用されたが、隷書の筆法では曲線が排除されたため、楷書には残っていない。また殷代の異体字の「田」も後代に継承されなかった。

日本では「田（水田）」と「畑」を区別するが、中国ではいずれも「田」と呼ばれた。そのため、「田」は部首として耕作地や耕作に関係して広く使用される。ちなみに、「畑」は日本で作られた国字で、焼き畑の表現と言われる。

「田」を部首とする文字には、意味が変化したものが多い。例えば、「畔《はん》〔畔〕」は「田と田の間のあぜ」が原義であるが、そこから「ほとり（湖畔など）」の意味にもなっている。また「町《ちょう》」は原義が「田を区切るあぜ道」であるが、日本では長さや面積の単位として転用され、さらに「まち」の意味になった（それぞれ半《はん》〔半〕・丁《ちょう》が声符の形声文字）。

声符が分かりにくいものもあり、例えば「界《かい》」は下部にある「介《かい》」が声符の形声文字である。「田と田の境界」が原義であり、そこから一般に「さかい」として使われた。また「当《とう》」の旧字体の「當」は、「尚《しょう》」が声符であり、楷書ではやや変形している。元は「田の価値が釣り合う」という意味だったが、そこから「あたる」の意味になった。

王の直轄地を表す「畿《き》」も「田」を意符としており、この場合には耕作地ではなく「領地」を表す意符として使われている。「幾《き》」の省声であり、本来より2画少ない。

「田（田）」は単純な形状であるため、別の起源の形が同化することもある。例えば「魚」（62頁）は、「田」のような部分が魚の鱗《うろこ》の表現である。また、「雷」（156頁）は声符の「畾」が簡略化されて「田」になっている。そのほか、「畜」は殷代には「」の形であり、下部が物を入れた袋の形、上部が糸束の象形の「幺《よう》（）」で、袋の口を紐《ひも》で縛って物を蓄えた様子を表した。後に、幺が同源字の「玄」になり、また下部が「田」に簡略化されて楷書の「畜」になった。本来の意味は「たくわえる」だが、「家畜」の意味に転用されたため、「艸（艹）」を加えた繁文の「蓄」が現在では「たくわえる」として使われている。

「思」は比較的新しく作られた文字で、本来は人の頭部を表す「囟《しん》」と「心」を合わせた会意文字であり、例えば篆書では「」の形であった。その後、囟が変形して「田」になり、楷書の「思」になった。

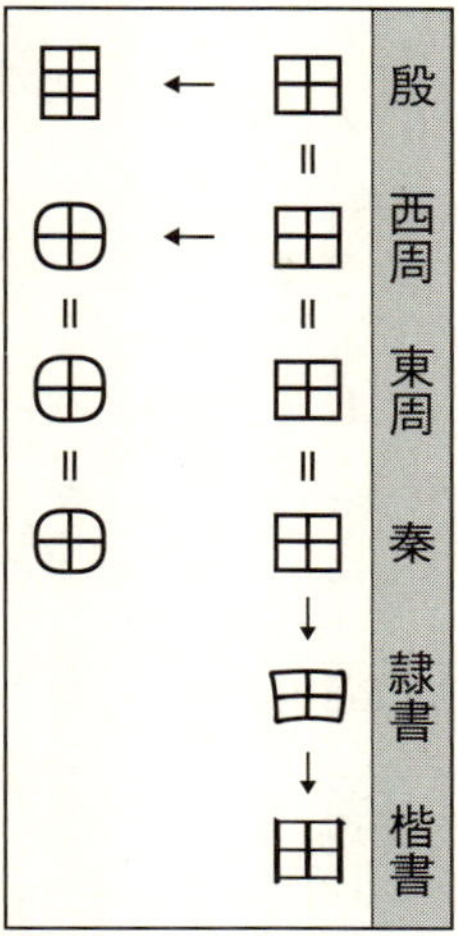

□コラム　そのほかの字素の部首

本章では自然や建築・土木に関係する部首を取り上げた。コラムでもその順番でそのほかの部首を紹介し、その後、記号表現に由来する部首について述べる。

●冫（仌）〔にすい〕「冫《ひょう》（二）」は氷の象形である「仌《ひょう》（仌）」の略体である。「仌（仌）」は氷の象形であるが、氷の結晶の形とも、氷にひびが入った様子とも言われる。三点の「氵」が「さんずい（三水）」と呼ばれることからの連想で、二点の「冫」は「にすい」と呼ばれるが、河川の流れを表した「水（氵）」とは成り立ちが全く異なる。氷や冷たいことに関係する文字の部首に使われ、「凍《とう》」や「冷《れい》」などの例がある（それぞれ東《とう》・令《れい》が声符の形声文字）。

殷代の資料には「こおり」を表す文字が見られないが、当時は黄河流域に象（16頁）が生息するほど温暖な気候だったため、必要とされなかったのであろう。なお、「氷」の旧字体の「冰」は「仌（冫）」の繁文であり、水を意符、冫を声符（亦声）とする形である。新字体の「氷」は「冰」の略体で、点を一つにしている。

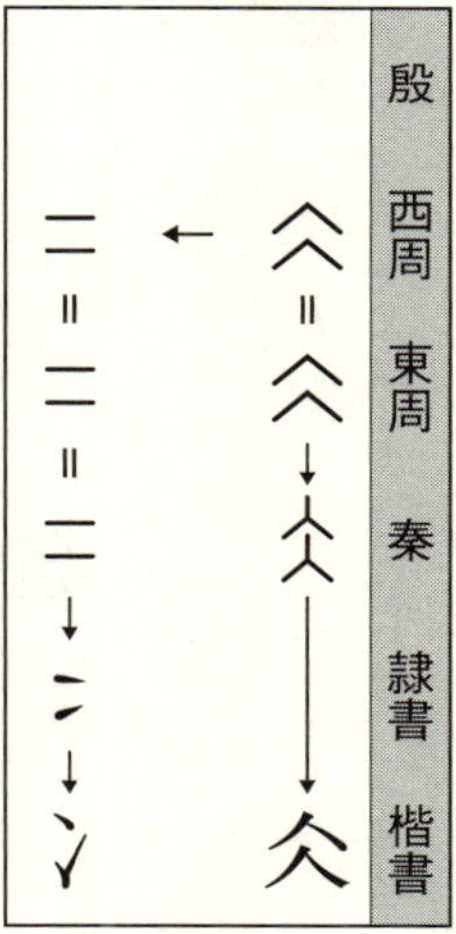

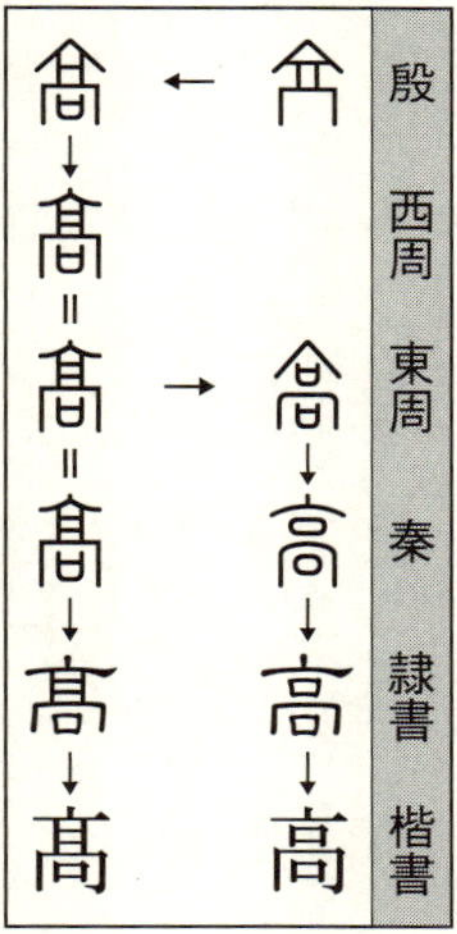

●**入**〔にゅう〕 「入《にゅう》（𠆢）」は、屋根や蓋《ふた》の象形の「亼（亼）」（93頁）のうち、上部のみを残した形である。文字の上部に置かれることが多いため「いりやね」とも呼ばれる。用例は多くないが、「全（仝）」は古くは「仝」の形で、上部が「入」、下部が工業を象徴する「工」であり、「建物の完成」を表していた。

●**高**〔たかい〕 「高」は、二階建ての高い建物を表す文字であり、初文の「𠆢冂」のうち「冂」が一階部分である。異体字では建物に収容する器物の形として口（𠙵）が加えられた。部首としては高いことに関係する文字に使われるが、用例はごく少ない。

なお、「高」の異体字の「髙」の方が古い形（髙）をよく残している。

●凵（うけばこ）　「凵《かん》（凵）」は地面に掘った穴の象形である。ただし、「あな」の意味としては西周代に作られた「穴」（第六章で取り上げる）が主に使われるようになったため、部首としての用例は少ない。なお、「凵」は単純な形であるため、起源の異なる形が同化することもある。「凵」は「函《はこ》」に使われていることから「うけばこ」と呼ばれるが、「函」は本来は入れ物に矢（矢）を入れた形（函）であり、成り立ちに関連はない。

●一（いち）　ここからは記号表現を元にした部首を取り上げる。「一」は一本の横線で数字の「いち」を表す記号であり、殷代から「一」の形であった。そのほか、楷書の部首としては長い横画がある文字が便宜的に編入されており、例えば「不」は元は花の萼《がく》の形（不）で、また「且《しや》」は元は俎《まないた》の象形（且）である。

●八（はち）　「八（八）」は、分かれたものを抽象的に表した記号であり、数字の用法は仮借である。例えば「分（分）」は、「刀（刀）」の刃の部分に「八（八）」を置くことで、「刀で切り分ける」を表現している。そのほか、楷書では両手の形の「廾」の一部が分離して「八」のような形になることもある。例えば「兵」（１０３頁）は、『康熙字典』は便宜的に「八」の部分を部首とするが、本来は「斤」と「廾」から成る形（）だった。同様に、「具」（１４８頁）も楷書では「八」が部首とされるが、元は「鼎」を両手で捧げる様子（）である。

●十〔じゅう〕「十」は、数字の「じゅう」を表す記号である。当初は縦線のみの「|」の

形だったが、後に丸印を加えた「ϕ」となり、それが横線になって楷書の「十」に継承された。意符としては「多数」を意味して使われ、「博《はく》〔博〕」や「協《きょう》」などの例がある（それぞれ尃《ふ》・劦《きょう》が声符の形声文字で、協は多人数の協力を表す）。

「十」は単純な形であるため、別の形が同化することもある。例えば「午」は、元は糸束の象形の「幺《よう》（8）」からの分化字であり、また「升」は、元は柄杓《ひしゃく》で液体を汲《く》んだ様子（𢆉）（149頁）である。

●小〔しょう〕　「小」は、殷代には「小」の形であり、小点を並べることで「相対的に小さなもの」を抽象的に表現していた。「少」は同源の文字であり、「小」は部首として「ちいさい」のほか「すくない」の意味でも使われるが、用例はごく僅《わず》かである。

●囗〔くにがまえ〕　「囗《い》（□）」は、抽象的に領域を表現した記号である。例えば「図〔圖〕」は、領域を表す「囗」の中に都市を表す「啚《ひ》」があり、合わせて「版図」を表している。「囗」は「国〔國〕」に使われていることから「くにがまえ」と通称されており、これも初文の「或《わく》」に国家の領域としての「囗」を加えて作られた文字である。そのほか、「囗」は囲いの表示（「囲〔圍〕」などに使用）や丸いことの表示（「団〔團〕」などに使用）として使われ

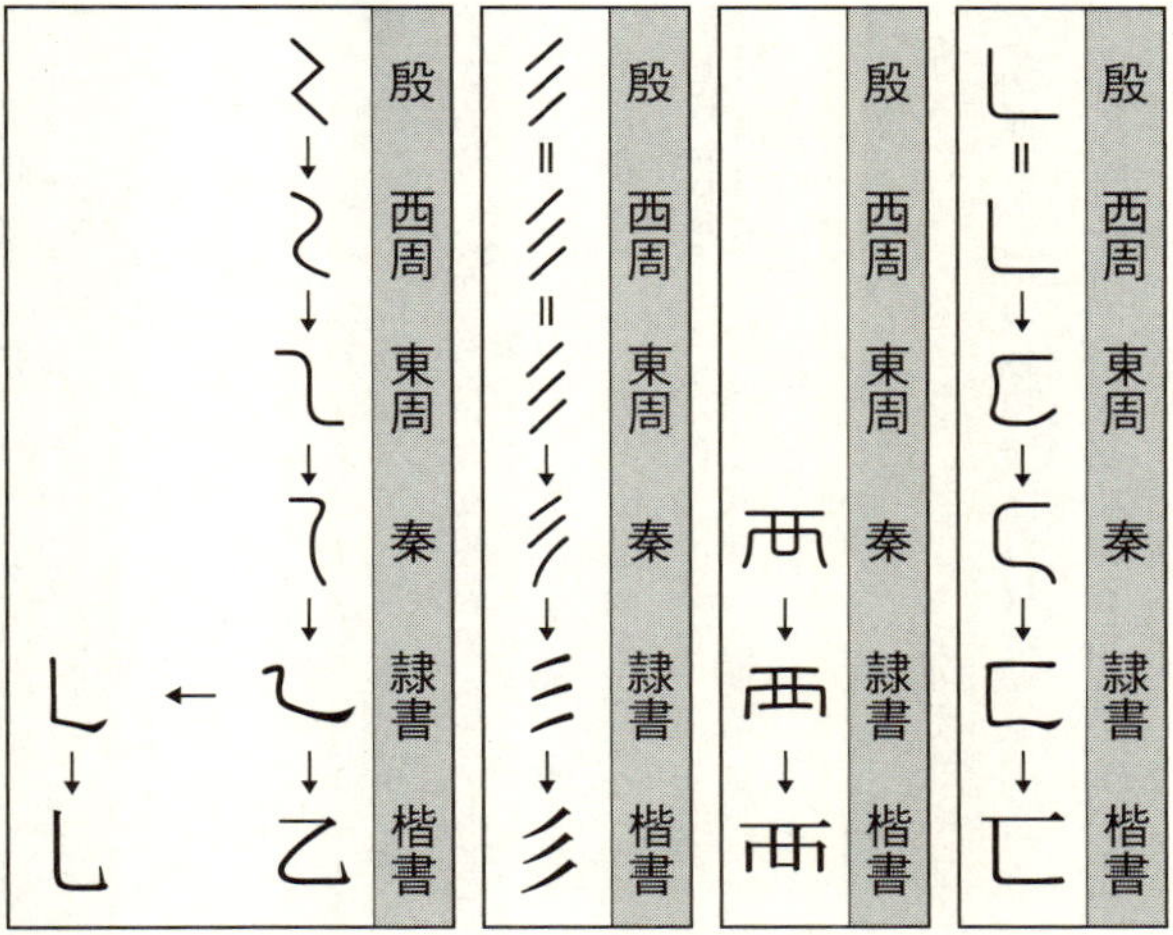

ることもある。

●匸（かくしがまえ）「匸《けい》（乚）」は、後に「隠すことを表す部首」として使われたため「かくしがまえ」と通称されるが、本来は「区分け」を表す記号であった。例えば「区（區）」は、本来は多くの器物（口）を並べたうえで区分けした様子（品）を表した。字形は後に「匚（はこがまえ）」に近くなり、隷書で一旦《いったん》同化したが、楷書の旧字体では「匸」として意図的に区別している（新字体では区別がない）。

●襾（覀）（おおいかんむり）「襾《あ》（襾）」は、「覆うもの」を表す部首で、「復《ふく》」を声符とする「覆《ふく》（覆）」などに使われている。秦代に出現する部首で、用例はごく少ない。新字体では「西」に近い形（襾）になっている。『康熙字典』は、そのほか類似形の「西」や「要〔要〕」などを便宜的に編入するが、それぞれ殷代には「・」の形であり、成り立ちは全く異なる（前者は袋の形、後者は腰を強調した人体）。

●彡〔さんづくり〕「彡《さん》（）」は、本来は、音・光や香りなどを表す記号表現であり、太鼓の音を表す「彭《ほう》」や日光が原義の「影《えい》」などに使われた。旁《つくり》の位置に置かれることが多いため、「さんづくり」と通称される。その後、髪の毛や飾りの表現として転用され、長い髪の毛を表す「髟《ひょう》」や文様を表す「彣《もん》」などに使われている（「髟」は独立した部首とされる。第七章参照）。

●乙（乚）〔おつ・おつにょう〕「乙（）」は、曲がった物を表現した記号で、異体字の「乚（おつにょう）」になることもある。例えば「乱〔亂〕」は、「乙（乚）」が糸を表し、「乱れた糸を整理する」の意味で作られた文字である。そこから「おさめる」と「みだれる」の二つの意味が出現し、後者のみが現在に残った。

第六章　複合字の部首——より多様な概念の表示

漢字のうち、複数の象形文字を組み合わせた会意文字は「複合字《ふくごうじ》」に分類される（「合成《ごうせい》字《じ》」とも）。意符と声符を組み合わせた形声文字も複合字であり、そのほか象形文字に記号を組み合わせた指事文字も広い意味で複合字に含まれる。

複合字によって初めて表示可能になった概念もあり、部首としても使われた。例えば「疒」は、寝台と人を合わせた形であり、病気に関係することを表示した。

そのほか、本来の字素ではなく、結果的に複合字の方が部首として残った例も少なくない。例えば、金属の意味として、その象形である「呂《りょ》」ではなく複合字の「金」が楷書《かいしょ》の部首になっている。ただし、複合字といっても楷書では不可分な形状になっている場合が多い。

本章では、こうした複合字として作られた部首について取り上げる。構成は第五章までと同じく、動植物・人体・人工物・自然・建築・土木の順とする。なお、「艸（艹）」や「門（門）」のように同一形を並べた複合字の部首は、それぞれの章で取り上げている。

●黍と麦［麥］（きび／むぎ・ばくにょう）上層階層の好物が部首に

「禾《か》（）」（74頁）は穀物全般の意味で使われたが、個別の穀物の種類を表した文字もある。そのうち楷書の部首になっているのが「黍《しょ》」と「麦《ばく》［麥］」である。漢字が作られた黄河流域は降水量が少ないため、水稲栽培が難しく、黍《きび》や粟《あわ》などの畑作が中心だった。殷代において上層階層に好まれたのが黍であり、当時の甲骨文字にも黍に関係する記述が多い。

「黍」の字形は、象形文字としては「（）」であり、穂が枝分かれして垂れるという黍の形状を分かりやすく示している。黍は夏（雨季）に栽培されるため、殷代の異体字には「水（）」を加えた会意文字の「（）」もあり、こちらが後代に継承された。そして、西周代（）に黍の象形が「禾（）」に代えられ、また篆書《てんしょ》（）で「禾」の部分が複雑化し、楷書の「黍」に継承された。そのほか、東周代や隷書には「水」を小点にした略体が見られる。

そして、黍や粟よりも遅れて導入されたのが麦である。馬（58頁）と同じく西方の原産であり、同じ頃に中国に入ってきたようだ。殷代には栽培が少なかったが、西周代以降に広まり、夏作物の黍・粟と並んで冬作物の麦が多く生産された。春秋時代になると、麦の方が上層階層に好まれるようになり、資料上の記述が増える。

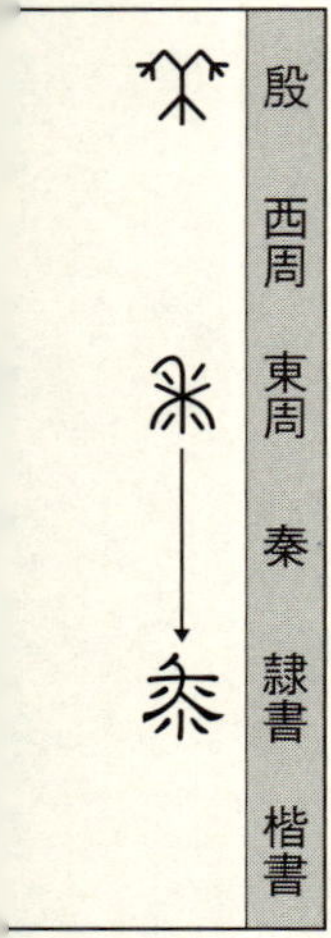

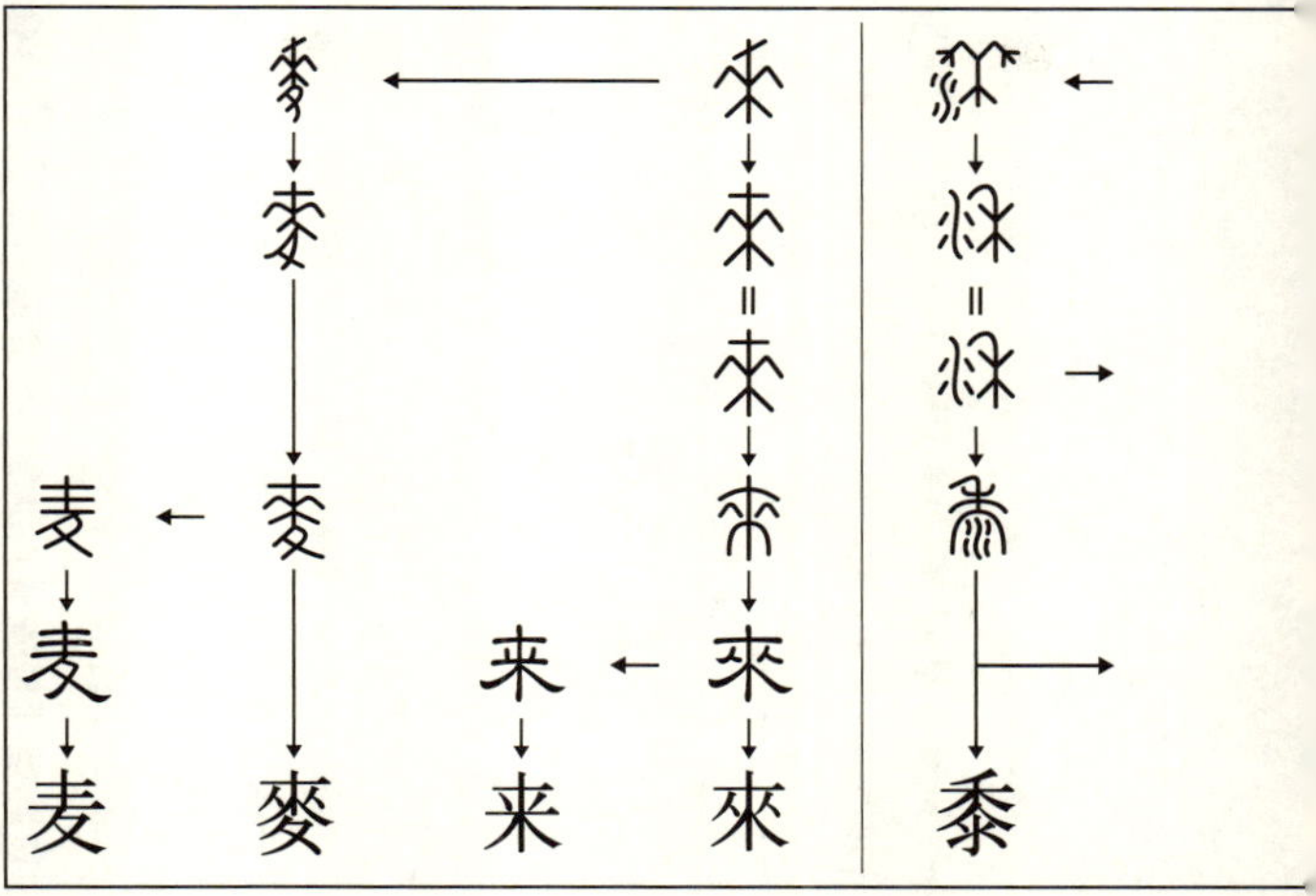

麦の象形にあたるのが「来〔來〕」であり、殷代には「〓」の形であった。上部が穂で、曲がった線は麦の葉を表現している。ただし、文字の意味としては「くる」として使われ、「むぎ」の意味では下部に下向きの足の形である「夂《ち》（〓）」を加えた「麦〔麥〕（〓）」が使われた（理由は諸説あり）。

　字形について、殷代の「〓」を反映したのが楷書の旧字体の「來」であり、新字体の「来」は隷書で作られた略体（来）を継承している。また「〓」の形を残したのが旧字体の「麥」であり、新字体の「麦」は秦代の略体の「〓」を反映している。部首として繞《にょう》の位置（左から下にかけて）につくと、やや変形して「麦〔〓〕（ばくにょう）」の形になる。

●疒〔やまいだれ〕　疲れも痛みも「やまい」が元に

「疒《だく》」は、寝台の象形の「爿《しょう》（丬）」と「人（亻）」の左右反転形から成る「𤕫」の形が起源であり、人が病気で寝台に寝ている様子を表した会意文字である（「爿」については144頁）。異体字として、汗か血液を表した小点を加えたもの（𤕫）もあり、西周代の「𤕫」まで使用されたが、楷書には残っていない。

その後、東周代に「爿」と「人」が融合して「𤕫」の形になり、これが簡略化されて楷書に継承された。楷書の「疒」のうち、「亠」の部分が人の頭部と手で、それ以外が人の胴部・足と爿（丬）が融合したものである。楷書では、部首として病気に関係して用いられ、また垂《た》れの位置（上から左にかけて）につくため、「やまいだれ」と通称される。なお、秦代に篆書とされたのは、より簡略化された「𤕫」であるが、楷書には残っていない。

「疒」を部首とする文字として、病気に関係する「疲《ひ》・痛《つう》・痩《そう》〔瘦〕・症《しょう》」などの例がある（それぞれ皮《ひ》・甬《よう》・叟《そう》・正《しょう》を声符とする形声文字）。また、疫病（流行病）を表す「疫《えき》」は、「役《えき》」の省声の形声文字である。具体的な病名や症状を表す文字としても、「痘《とう》（天然痘）・疹《しん》（はしか）・痢《り》（下痢）・瘤《りゅう》（こぶ）」などがあり、それぞれ「豆《とう》・㐱《しん》・利《り》・留《りゅう》」が声符である。

意味が変わった文字もあり、「癖《へき》」は、本来は腹部の病気を意味していたが、「くせ」の意味に転用された。また、「疾《しつ》」は疾病の汎称《はんしょう》であったが、仮借《かしゃ》（当て字）で「はやい（疾風など）」としても使用された。「病《びょう》」は、本来は「疾病が重くなる」の意味だったが、現在では「疾」に代わって疾病の汎称とされている（それぞれ辟《へき》・矢《し》・丙《へい》が声符の形声文字）。

「療」は特殊な経緯をたどった文字である。殷代には「〓」の形であり、「爿（〓）」と治療する手の形の「又《ゆう》（〓）」、および「楽［樂］」の初文の「〓」（「⿱絲木」にあたる）から成っていた。「楽［樂］」については、投与される「薬［藥］」の意味か、それとも治療を受けて人が「楽になる」の意味かは不明である。異体字として、「⿱絲木（〓）」のうち「木（〓）」の部分を人（〓）の左右反転形にした「〓」があり、爿と人の反転形は「疒（〓）」にあたる。

その後、西周代・東周代の資料には全く見えないため詳しい経緯は不明であるが、秦代の篆書で「疒（〓）」と「樂（〓）」から成る会意文字の「癳《りょう》（〓）」になっている。そこから「樂」を声符の「尞《りょう》」に代えたのが楷書の「療《りょう》」であり、結果として形声文字に転換している（楷書の異体字として「癳」も残っている）。

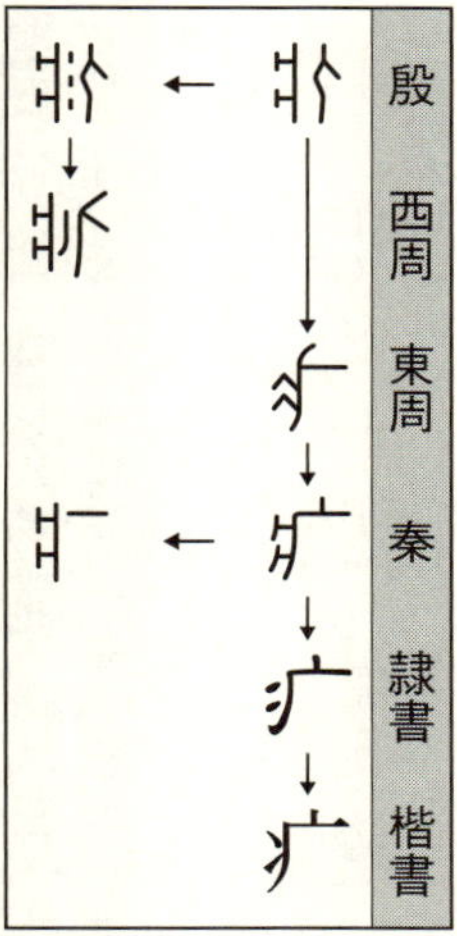

療（癳）

●鬼〔おに・き にょう〕 魂は天へ魄は地へ

「鬼」は、本来は「死者の霊魂」を表した文字である。殷代の「」は、上部の「田」が耕作地の「田」ではなく死者の顔を表現したもので、下部の「儿《じん》（）」と合わせて死者の全身像を表している。異体字には座った様子として「卩《せつ》（）」を用いた「」もある。

西周代には上部を「甶《ふつ》（）」に代えた「」が作られた。それとは別に、東周代に背中に記号をつけた「」も作られており、霊魂であることを表現した記号と考えられている。この両者を合わせたのが秦代の「」である。そして、記号を類似形の「厶《し》（）」にしたのが秦代の篆書の「」で、楷書の「鬼」も「甶・儿・厶」の三者から成り立っている。楷書では、部首として繞《にょう》の位置につくと、やや変形して「鬼《きにょう》」になる。

「鬼」は、後に「異形の怪物」とも解釈されるようになった。そのため、部首としての「鬼」は、霊魂のほか怪物に関係して使われることもある。

まず霊魂に関係する文字として、「魂《こん》」や「魄《はく》」があり、それぞれ「云《うん》・白《はく》」を声符とする形声文字である。「魂」は精神を司《つかさど》る「陽気《ようき》」、「魄」は肉体を司る「陰気《いんき》」とされ、死ぬと魂は天に帰し、魄は地に帰するという信仰があった。魂が複数に分かれるというのは、古代エジプトにも見られた信仰である。

怪物に関係する文字として、「魑魅魍魎《ちみもうりょう》」の熟語があり、すべて鬼（）を意符としてい

る（それぞれ离《ち》・未《み》・罔《もう》・両《りょう》〔兩〕が声符の形声文字）。このうち、「魑・魍・魎」は元々怪物の意味で作られた文字であるが、「魅」は本来は「鬽」という形で、「鬼の毛」を表していたと考えられている。そこから怪物を表す文字に転用され、また毛を表す「彡」が声符の「未」に代えられた。そのほか、「魔《ま》〔魔〕」は上部の「麻《ま》〔麻〕」が声符であり、比較的新しく、仏教用語で悪魔を意味する「マーラ“māra”」の音訳字として作られた。

「醜」にも「鬼」が入っているが、本来は「」の形で、「鬼（霊魂）（）」に酒の入った「酉（酒樽《さかだる》）（）」を捧《ささ》げる祭祀《さいし》の様子を表していた（小点は酒が入っていることを表している）。後に鬼が怪物として解釈された結果、「醜《しゅう》」についても鬼を意符、酉《ゆう》を声符とする形声文字と解釈され、「にくむ」の意味、さらに「みにくい」の意味として使われるようになった（本来の意味での発音は不明）。

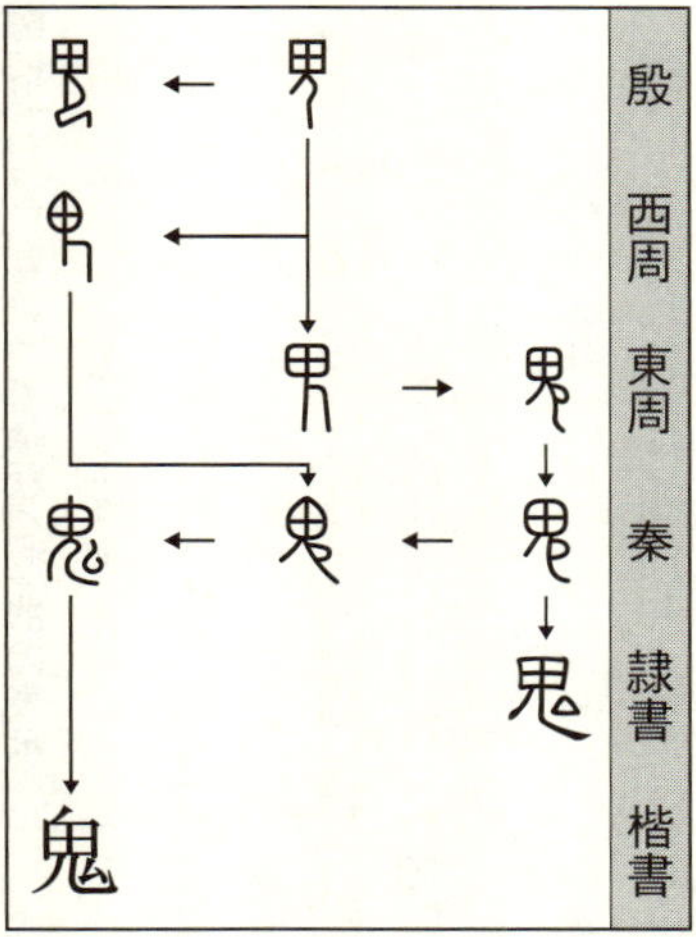

醜

●頁（おおがい）「貝」ではなく頭部の表示

「頁《けつ》」は、人の頭部を強調した形である。殷代の「」は、「首（）」と座った人の姿の「卩《せつ》（）」から成り、座った人の頭部を強調表示した状態である。並行して首の異体字の「百《しゅ》（）」（116頁）を使った「」があり、こちらが後代に継承された。

その後、秦代の篆書の「」で「卩」が立った人を表す「儿」に代わり、さらに隷書の「頁」で「儿」が類似形の「八」になって楷書の「頁」へ継承された。楷書の「頁」は下部が「貝」に見えるため「おおがい」と通称されるが、それは「百」の一部と「儿」の略体にあたる部分であり、「貝（）」（66頁）とは全く別の成り立ちである。

部首としては頭部に関係して使用され、頭部やその一部を表示した文字として、「頭《とう》・顔《がん》［顏］・頬《きょう》［頰］（ほお）・顎《がく》（あご）」などの例がある（それぞれ豆《とう》・彦《げん》［彥］・夾《きょう》・咢《がく》が声符の形声文字）。

また、頭部を使った行為や頭で考えることに関係する文字にも使用された。例えば、「顧《こ》［顧］」は「雇《こ》［雇］」が声符の形声文字で「振り返って見る」を表し、「回顧」や「顧問」などとして使用される。また「頑《がん》」は「元《がん》」が声符で、頑固なことを表している。

意味が変わった文字も多く、例えば「頓《とん》」は、「頓首《とんしゅ》（頭を地につけて礼をすること）」が原義であるが、そこから「つまずく（頓挫《とんざ》など）」や「ととのえる（整頓など）」として使われる。また「頂《ちょう》」は、「頭頂部」を表す文字であるが、一般に「いただき（最も高いところ）」として使用され、また日本では「いただく」としても使われる（それぞれ屯《とん》・丁《ちょう》を声符とする形声文字）。

「原《げん》」を声符とする「願《がん》」は、「大きな頭」が原義であるが、仮借で「ねがう」として用いられる。なお、本来「ねがう」の意味だったのは、心を意符、元《がん》を声符とする「忨」という文字で、東周代に使われていたが、後代に残らず、「願」によって代用された。

そのほか、「額《がく》」は「ひたい」が原義であり、そこから転じて「がく（書画などを掲げたもの）」としても使用され、また「金額」の意味にもなっている。同様に、「題《だい》」も「ひたい」の意味だったが、こちらも変化して「表題」などの意味になった（それぞれ客《きゃく》・是《ぜ》が声符の形声文字）。

殷　西周　東周　秦　隷書　楷書

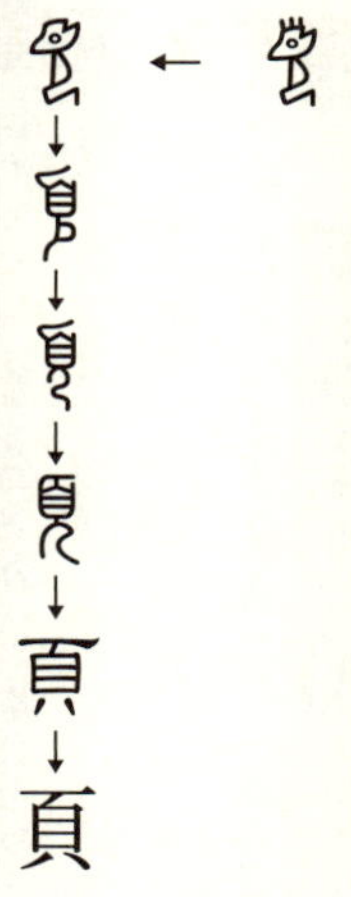

なお、漢字には、こうした異字同義（異音同義）があり、異なる方言に由来したり、別の成り立ちの文字を転用したりすることで発生する。ただし、「額」と「題」については作られた経緯が明らかではなく、原因を特定することは難しい。

●見と艮〔みる／こん〕　前を見るか後ろを見るか

「見」は、「目」と人の形の「儿」から成り、人が対象を見ている様子を表している。殷代から「目（）」と「儿（）」を合わせた「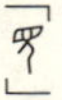」の形であり、これが楷書まで継承された。意味としては、「見る」から転じて「まみえる（謁見など）」としても使われる。

部首としては、主に見ることに関係する文字に使われ、旁《つくり》の位置につくことが多い。形声文字の例として、「雚《かん》」を声符とする「観《かん》［觀］」や、「監《かん》」の省声の「覧《らん》［覽］」などがある。また「視《し》［視］」は、「示（ネ）」が意符に思われるかもしれないが、実際には見が意符、示《し》（ネ）が声符の構造である。

そのほか、「覚《かく》［覺］」は「𦥯《かく》」が声符で「目を覚ます」が原義であり、そこから「おぼえる（感覚など）」や「さとる（自覚など）」の意味でも使われた。日本では記憶する意味での「おぼえる」としても使用される。「親《しん》」は「亲《しん》」が声符で、「みずから見る」が原義だったようである。そこから「みずから（親展など）」の意味になり、さらに転じて「したしむ」や「おや」の意味にもなっている。

変わったところでは、「童」も本来は「見（）」を使った文字であり、冠をかぶった人が土（土盛り）（）に乗って遠くを見る様子を表した会意文字の形（）であった。その後、意味が転じて「奴隷」として使われたため、袋の象形の「東（）」を加えて荷物を運ぶ様

子の「〓」となった。そこから「目」が省かれ、それ以外の部分も簡略化されたのが楷書の「童」である。ちなみに「児童」を表す文字は、本来は「童《どう》」を声符とする「僮《どう》」という文字であったが、現在では「童」で代用されることが多い。

「見」とよく似た成り立ちの部首が「艮《こん》」である。東周代に作られたもの（〓）で、「人」の左右反転形の「匕《ひ》（〓）」の背後に「目（〓）」があり、「後ろを見ている人」を表している。そこから「そむく」の意味に使われた。「艮」は、部首としての用例は僅《わず》かであるが、声符として「眼《がん》・根《こん》・銀《ぎん》」などに使われている（それぞれ目・木・金が意符の形声文字）。「艮」については字形の変化が大きく、秦代の篆書の「〓」で目と匕が上下に並び、隷書の「〓」で目が「日」に略され、さらに楷書の「艮」で匕も変形した。

なお、楷書の類似形の「良」は、便宜的に「艮」の部首とされるが、全く別の成り立ちで、殷代には「〓」などの形である。ただし、何を表したものかは諸説あって明らかではない。

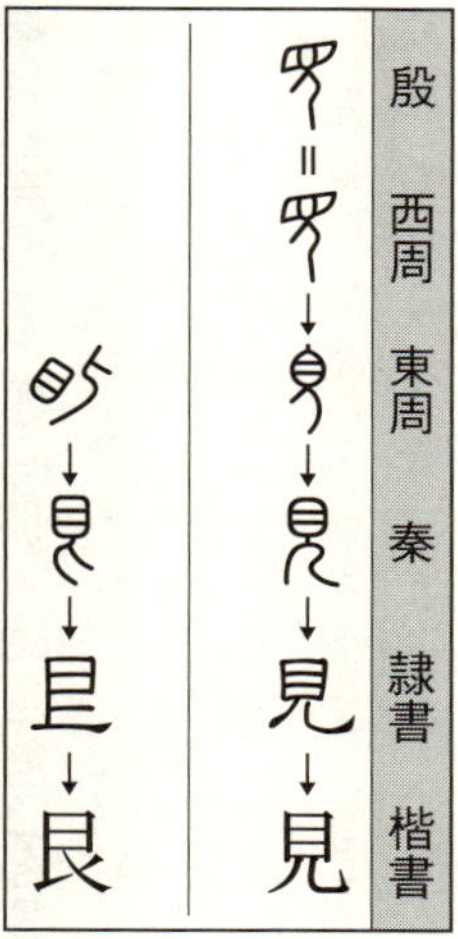

●食［食］（飠・𩙿）〔しょく・しょくへん〕「館」では食事が大切

「食」は、本来は下部が「皀《きゅう》」という文字だった。「皀（〓）」は、高坏《たかつき》の象形の「豆（〓）」（148頁）に食物を山盛りにした様子である。それに蓋の形の「亼（〓）」を加えたのが「食［食］（〓）」であり、食事の様子を表している。

後代には皀の略体（〓）を使った「〓」が継承され、さらに皀の下部が変形した。秦代に篆書とされたのは「〓」であるが、当時の簡牘《かんとく》文字には異体字の「〓」があり、これが楷書（旧字体）の「食」に継承された。結果として下部が「艮」のような形になっているが、前項で取り上げた「艮（〓）」とは成り立ちが全く別である。新字体の「食」は、「亼」の部分を崩したものであり、結果として下部が「良」のようになっているが、「良（〓）」とも成り立ちには関連がない。

楷書では、偏の位置（しょくへん）でやや変形するが、旧字体は「飠」で、篆書の「〓」を受けている。新字体は「𩙿」であり、こちらは簡牘文字の「〓」の系統である。

「食」は、部首としては食事に関係して使われ、「飯《はん》［飯］」や「餅《へい》［餠］」などの例がある（それぞれ反《はん》・并《へい》が声符の形声文字）。また、「館《かん》［館］」は「宿泊所」を表すが、「食事を提供する所」という意味で「食（飠）」が意符になっている。声符の「官《かん》」は、元は軍隊の宿泊所を表していたので、意味に関与する亦声《えきせい》にあたる。ちなみに、現代中国ではホテルを「飯《はん》店《てん》」と呼称しており、やはり提供される食事の方に重点が置かれている。
そのほか「食事が食べられない」という意味でも部首に使用され、「飢《き》［飢］・餓《が》［餓］・饑《き》・饉《きん》」といった形声文字がある（それぞれ几《き》・我《が》・幾《き》・菫《きん》が声符）。

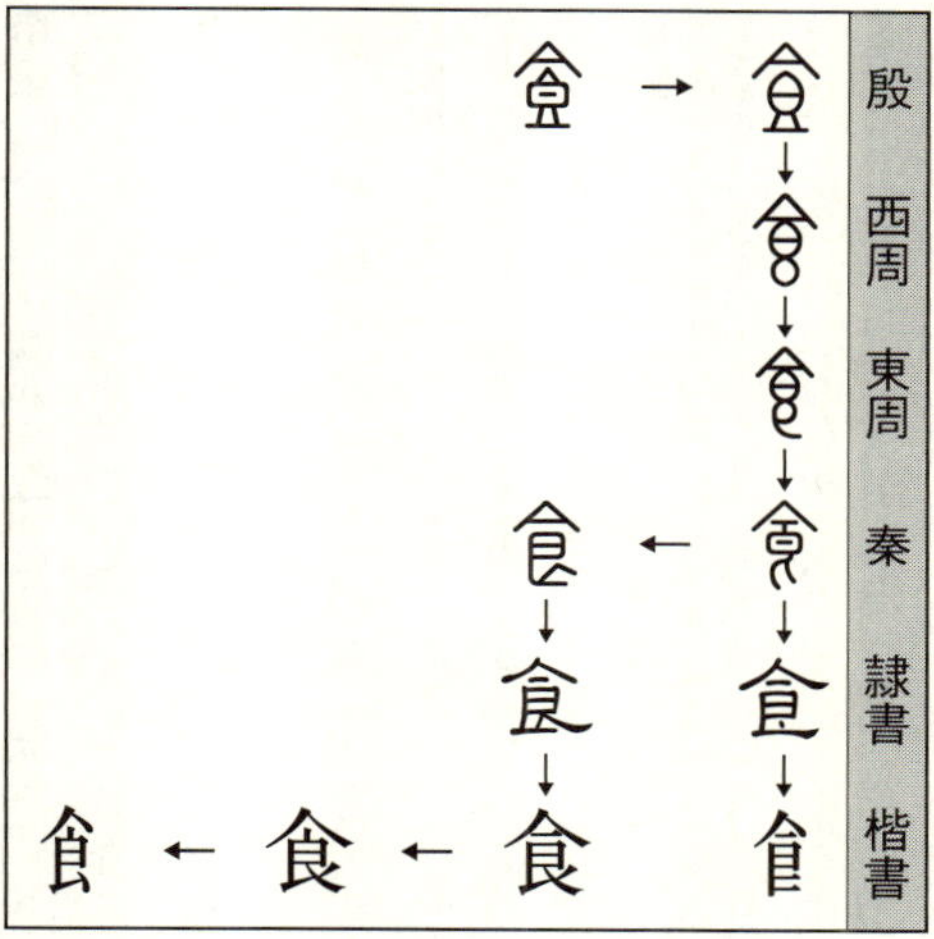

意味が変化した文字として、例えば「餌《じ》」があり、本来は穀物の粉で作った団子を意味したが、転じて「家畜のえさ」として使われる。また「飽《ほう》［飽］」は、原義が「食べ飽きる」だが、一般に「あきる（満足する）」として使われる（それぞれ耳《じ》・包《ほう》［包］が声符の形声文字）。なお、「嫌気がさす」の意味での「あきる」は「倦《けん》」や「厭《えん》」で表示される。

ちなみに、「飾［飾］」も「食［𩙿］」が意符に見えるが、実は布の形の巾《きん》を意符、飼［飼］の初文の飤《し》を声符とする形声文字であり、「布でぬぐう」から転じて「かざる」の意味になっている。

●金〔かねへん・か〕　銅から金、さらに金属へ

「金《きん》」は、今で言う「金（gold）」ではなく、本来は銅を表す文字だった。古代中国では、紀元前2千年ごろに青銅器の大量生産が始まり、紀元前5百年ごろまでは最も貴重な金属とされていた。

より古い時代に「銅」の意味を表していたのが「呂（〇〇）」であり、二つの銅塊《どうかい》を表現した象形文字である。その後、西周代に、「〇〇」の略体としての二つの小点に、意符としての「土（土）」と声符としての「今《きん》（今）」の略体（省声）の「亼（亼）」を重ねて加えた「金」が作られた。その異体字には、点の配置を変えた「全」があり、これが楷書の「金」に継承されている。楷書では、偏の位置でやや変形して「釒（かねへん）」になる。

意味にも変化があり、戦国時代になると最も高価な金属として金（gold）の加工技術が普及し、「金」はその意味に使用されるようになった。そして「銅」については呼称が変わり、「同《どう》」を声符とする「銅《どう》」が作られた。

なお、初文の「呂」は「背骨」の意味に転用され、「銅」の意味では使われなくなった。経緯は明らかではないが、「背骨の並んだ形」と解釈されたようである（用法は借形）。

「金」は、部首として広く金属に関係して用いられており、「鉱《こう》［鑛］・鋳《ちゅう》［鑄］・錬《れん》［鍊］・錆《しょう》（さび）」などの例がある（それぞれ広《こう》［廣］・寿《じゅ》［壽］・柬《かん》・青《せい》［靑］が声符の形声文字）。

金属の名を表す文字にも使われ、「銅」のほか「銀《ぎん》」や「鉛《えん》」などがある（それぞれ艮《こん》・㕣《えん》が声符の形声文字）。また、「鉄《てつ》〔鐵〕」は「䥫《ちつ》」の省声の形声文字である。そして金属製品を表す文字にも多く見られ、「鍋《か》・鏡《きょう》・鈴《れい》・鐘《しょう》」などがある（それぞれ咼《か》・竟《きょう》・令《れい》・童《どう》が声符の形声文字）。

意味が変わった文字として、例えば「鎮《ちん》〔鎭〕」があり、「金属製のおもし（文鎮など）」が原義だが、そこからの連想で「しずめる（鎮圧など）」の意味になった。また「銭《せん》〔錢〕」は、「金属製の耒《すき》（農具の一種）」が原義だが、戦国時代に銅貨が普及し、黄河中流域では農具を模した形が流行したため、「ぜに」の意味になった（それぞれ真《しん》〔眞〕・戔《せん》が声符）。「鋭《えい》〔銳〕」と「鈍《どん》」は、「切れ味が鋭い刃物」と「切れ味が鈍《にぶ》い刃物」の意味であり、いずれも一般化して「するどい」と「にぶい」の意味になった（それぞれ兌《えつ》・屯《とん》が声符の形声文字）。意味が変わっても対義語の関係が残っている珍しい例である。

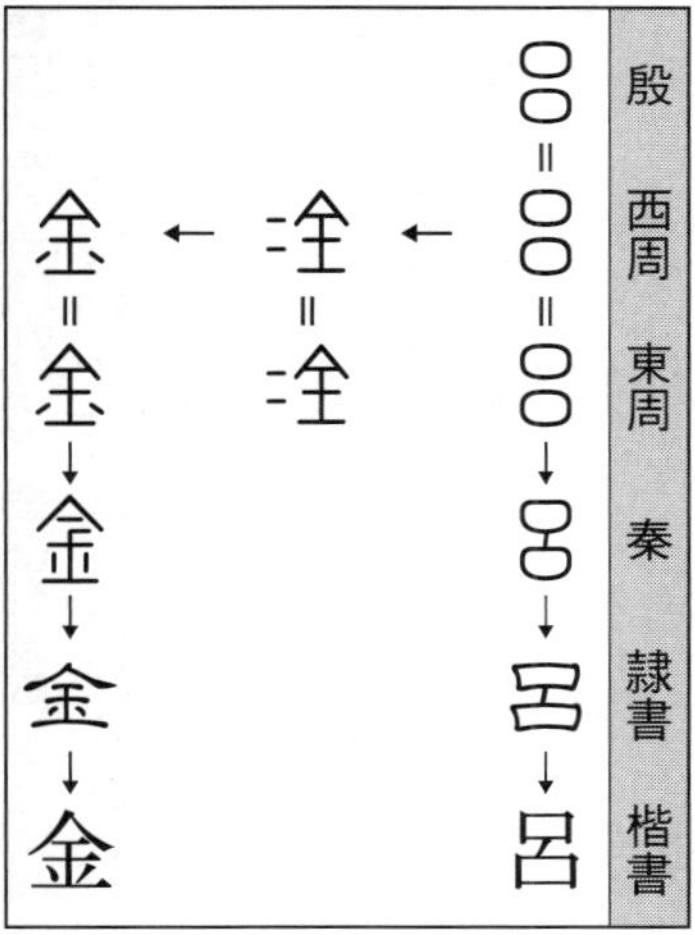

●穴（宀）〔あな・あなかんむり〕 洞窟も窓も「穴」

「穴」は、建物に穴があいた様子を表している。西周代に作られた文字で、「宀」は家屋の象形の「宀《べん》」（冂）に穴を示す八の字（八）状の記号をつけた形である。

その後も「宀」と「八」から成る構造が継承され、楷書の「穴」になった。楷書では上部に置かれることが多く、やや変形して「穴（あなかんむり）」になる（厳密には「穴」よりも「宂」の方が原形の「宀」に近い）。

「あな」に関係する文字の部首としては、殷代には地面に掘った穴の象形の「凵《かん》（凵）」（176頁）が使われていたが、西周代以降には「穴（宂）」が使用されるようになった。「穴（宂）」を意符とする形声文字の例として、「窟《くつ》（ほらあな）」や「窯《よう》（かま）」などがある（それぞれ屈《くつ》・羔《こう》が声符）。また、「竈《そう》（かまど）」は「鼀《しゅく》」の省声である。

「まど」を意味する文字としては、その象形の「囱《そう》」が初文であり、意符の「穴（宂）」を加えた「窗」が繁文である（「窗《そう》」においては「囱《そう》」が亦声の声符）。さらに、声符の「囱」を「悤《そう》」に代えたのが「窻」である。「悤」は「いそぐ」の意味なので、この場合は亦声には該当しない。なお、新字体は「窻」の略体の「窓」であるが、『康熙字典』に記載された正字体は「窻」ではなく「窗」である。

意味が変わった文字もあり、例えば「至《し》」を声符とする「窒《ちつ》」は「穴が塞《ふさ》がる」が原義だが、一般に「ふさがる（窒息など）」として使用された。また、「工《こう》」を声符とする「空《くう》」は「穴をあける」が原義であり、そこから転じて「から（空洞など）」や「そら（天空など）」の意味になっている。なお、「工」は工具（鑿《のみ》の象形）であり、「穴をあける」という意味にも関与する亦声である。

そのほか、「究《きゅう》」は「穴に手がつかえる」の意味から一般に「きわまる」や「きわめる」として使用された。声符の「九《きゅう》」は手を曲げた形に由来し、意味も表す亦声である。そして、「究」から声符を「躬《きゅう》」に代えたものが「窮《きゅう》」であり、本来は同一字の異体関係であるが、現在では別字と見なされることが多く、後者は主に「きわまる」として使用される。

形声文字の異体字には、意符を取り替えたものが多く、例えば「坂《はん》」と「阪《はん》」、「鶏《けい》〔鷄〕」と「雞《けい》」などの例があるが、声符を取り替えたものもある。本項で挙げた「究《きゅう》」と「窮《きゅう》」、あるいは「窗《そう》」と「窓《そう》〔窻〕」のほか、「梅《ばい》〔梅〕」と「楳《ばい》」（植物の「うめ」の意味）、あるいは「糧《りょう》」と「粮《りょう》」（いずれも「食糧（食粮）」や「兵糧（兵粮）」などとして使用）のような例がある。

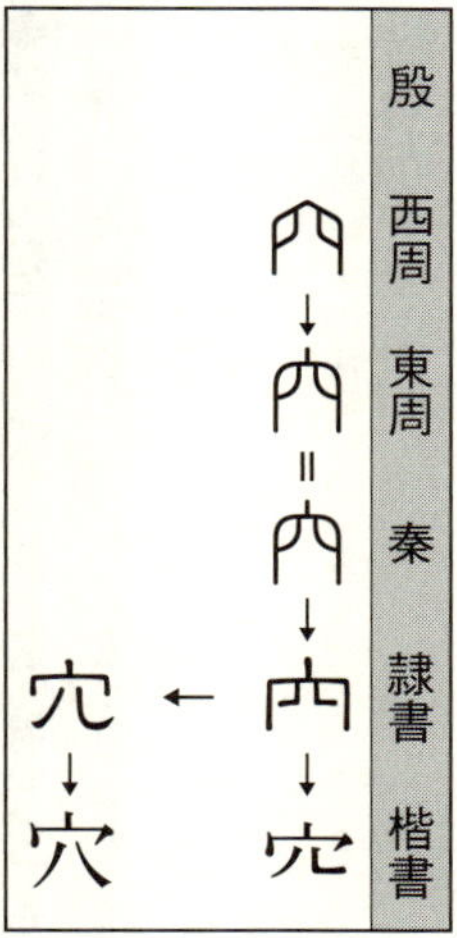

●辵（⻌［⻍］）〔ちゃく・しんにょう〕「適」も「述」も「ゆく」の意味だった

進むことに関係する部首として使われる「⻌（しんにょう）」は、文字としては「辵《ちゃく》」にあたる。さらにさかのぼると、いずれも進行を象徴する「彳《てき》（彳）」と「止（止）」に分けられ、殷代には「彳止」の形であった。

その後、東周代（辵）までは、「彳（彳）」と「止（止）」を分離した形が維持されたが、秦代に、両者を上下に接着した「辵（辵）」と、左と下に接着した「⻌（⻌）」に分かれた。篆書とされたのは「辵」の方であるが、簡牘文字では「⻌」が主に使われた。そして、隷書で部首としては「⻌」に統一されたため、現在では「辵」は単独の文字としてのみ扱われている。新字体では、「⻍」ではなく1画少ない「⻌」が用いられる。

進行を象徴する「⻌［⻍］」を部首とする文字として、最も明解なのが「進《しん》［進］」（隹《とり》が飛び進む意味の会意文字）であり、そのため部首の名として「しんにょう」と呼ばれる。そのほか、「通《つう》［通］・追《つい》［追］・過《か》［過］・達《たつ》［達］」などは進行に関係する意味が分かりやすい（それぞれ甬《よう》・𠂤《たい》・咼《か》・羍《たつ》の省声が声符の形声文字）。

派生して、戻る意味にも使われ、「逆《ぎゃく》［逆］」や「返《へん》［返］」などがある。また、距離や速度に関係する文字にも使われ、「近《きん》［近］」や「速《そく》［速］」などの例がある（それぞれ屰《げき》・反《はん》・斤《きん》・束《そく》が声符の形声文字）。

意味が変わった文字として、例えば「商《てき》」を声符とする「適《てき》［適］」は、「ゆく」が原義であるが、転じて「かなう（適合）」として用いられる。また「朮《じゅつ》」を声符とする「述《じゅつ》［述］」は、「人に従ってゆく」が原義であり、そこから一般に「したがう」の意味になり、さらに「先人の教えに従ってそれを引用する」という意味で多く使われた結果、「のべる（陳述・記述など）」として使われるようになった。

なお、「彳」と「止」はいずれも進行を象徴するため、片方だけでも意符として機能した。そのため、例えば殷代には「逆［逆］（〓）」を「〓」（「𢓜」の形）としたり「〓」（「〓」の形）としたりすることもあった。

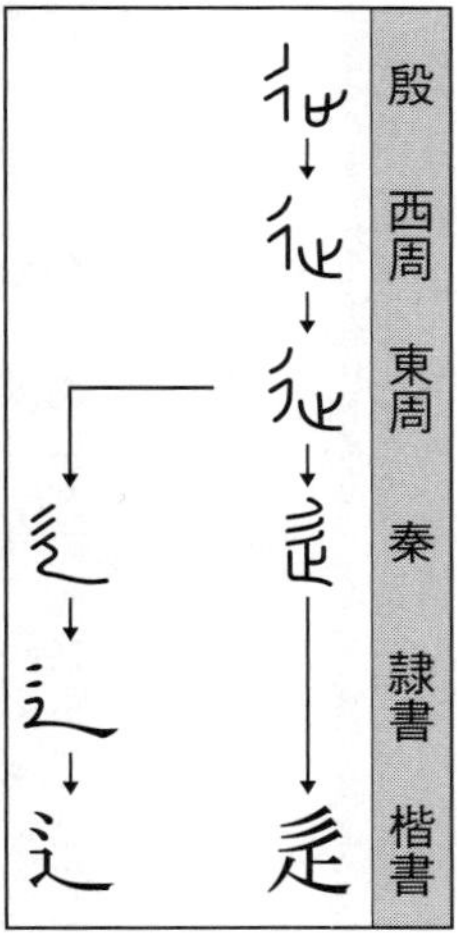

楷書には、例外的に「彳」と「止」が分かれた状態が残った文字もあり、その場合には「彳」の部首とされる。例えば「徒《と》」は、右上の「土《と》」が声符であり、「彳」と「止（やや変形）」が意符にあたる。また「従《じゅう》」の旧字体の「從」も同様に、右上の「从《じゅう》」が声符である。なお、「从」は「人が人に従う様子」を表しており、意味も表す亦声（厳密には「従［從］」の初文）である。

□コラム　そのほかの複合字を元にした部首

複合字の部首は、頻用されるものは少ないが、種類は多い。ここでは、そのほかの複合字を元にした部首をまとめて紹介する。

●風〔かぜ〕　本来、「かぜ」の意味を表していたのは「」である。これは羽の長い鳥が冠（）をかぶった様子であり、神格化された鳥である鳳凰《ほうおう》を表している。当時は鳳凰が風を起こすという信仰があったため、「かぜ」の意味に「」が使われた。

異体字として、声符の「凡《はん》（）」を加えた繁文の「」があり、これが後代に継承された。篆書で初文の部分が「鳥（）」に代えられ、「凡」と「鳥」で楷書の「鳳」になった。また、「かぜ」の意味としては、東周代に鳥の形を蛇の形の「虫（）」（64頁）に代えた「」があり、「凡」と「虫」で楷書の「風」になっている。楷書の部首としては「風」が使われ、風に関係する文字に使用される。なお、「鳥」を「虫」に代えた理由については、何らかの信仰の変化があったと思われるが、詳しい経緯は判明していない。

●**皮**〔かわ〕「皮（）」は、元は動物の皮の側面形である「克《こく》（）」と手の形の「又（）」から成る形であった。動物から皮を剝《は》ぐ様子によって、「かわ」の意味を表したのである。後に「克」の部分が変形して楷書の「皮」になった（「又」以外が「克」の変形したもの）。別の部首である「革」との区別のために「ひのかわ」とも呼ばれる。部首としては、動物ではなく人間の皮膚の状態を表す文字に使われるが、用例は少ない。なお、秦代に篆書とされたのは変形した「」であるが、この系統は楷書に残っていない。

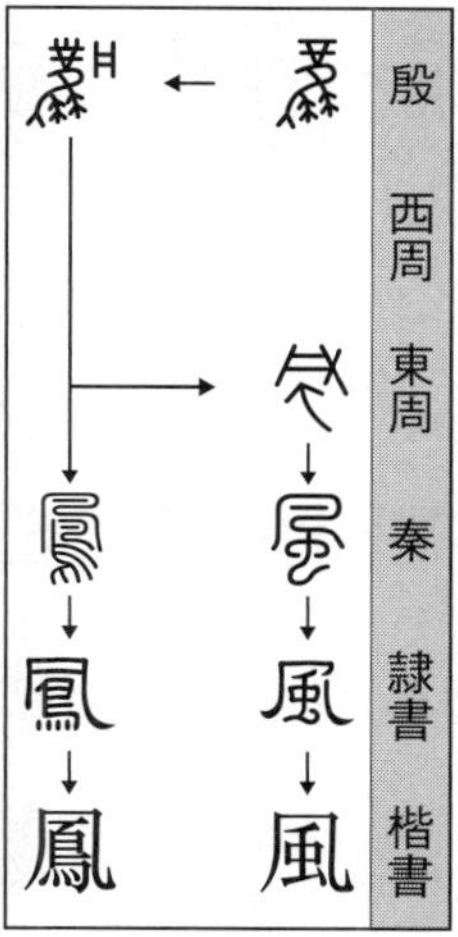

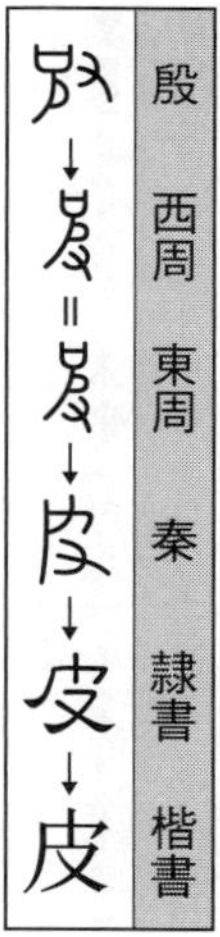

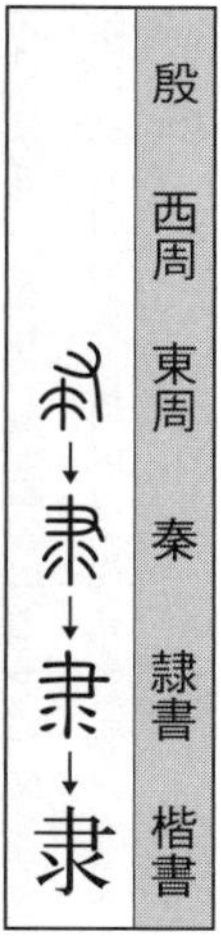

●**隶**〔たい〕「隶《たい》（）」は、動物の尻尾《しっぽ》の象形である「毛（）」を下に向けた形と手の形の「又（）」から成る会意文字であり、動物を捕らえることを表していた。後に尻尾の毛が分離し、また「又」が

「ヨ」の形になり、楷書の「隶」になっている。部首としては捕らえることを意味する文字に使われるが、用例はごく少ない。また原義の「とらえる」についても、現在では意符として「辵（辶）」を加えた繁文の「逮［逮］」によって表されている。

●**骨**〔ほね・ほねへん〕　本来「ほね」の意味を表していたのは「冎《か》（[illegible]）」という文字で、動物の肩甲骨の象形である。その略体に「[illegible]」があり、これが後代に継承された。「冎」に意符としての「月（にくづき）」を加えた繁文が「骨」である。「冎」は「肉と骨を切り分ける」の意味に転用されたため、現在では「ほね」の意味として「骨」だけが使われている。部首としては骨や身体に関係する文字に使用され、「体《たい》」の旧字体の「體」（醴《れい》〈あまざけ〉の初文の豊《れい》が声符の形声文字）などの例がある。

●**生**〔うまれる〕　「生」は、地面から草が生える様子である。殷代には「㞢」の形で、地面を表す横線の上に草の象形の「屮《てつ》（[illegible]）」を加えている。その後、草の茎の部分が強調表示され、また左右対称が崩れて楷書の「生」になった。「はえる」から転じて「うまれる」として用いられ、そのほか「なま」や「いきる」など多様な意味に使用されている。部首としての用例は少ないが「産《さん》［產］」（彦《げん》［彥］の省声の形声文字）などに使われている。

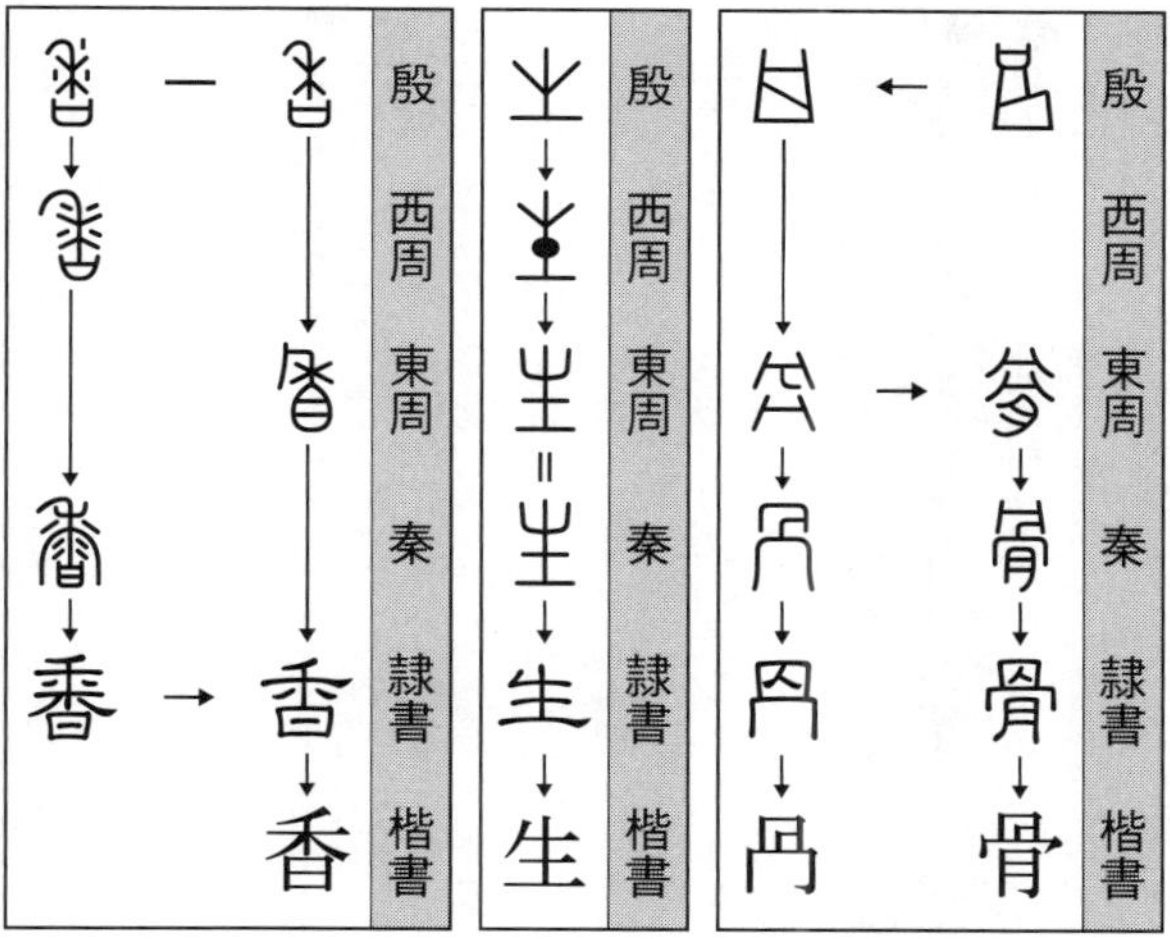

●香〔かおり〕「香」は、殷代には「〓」の形であり、上部が穀物の象形の「禾《か》（〓）」、下部が口の形の「口（〓）」で、「穀物を口に含んだときの良い香り」を表している。そこから一般に「かおり」として使われた。部首としても香りに関係して使われるが、用例は少ない。

殷代の異体字には、穀物の実を小点で表した「〓」もあり、それぞれ後代に継承されたようである。秦代に篆書とされた「〓」は、上部が複雑化し、また下部は「甘（〓）」になっており、「穀物の甘い香り」の表現になっている。その後、隷書の「香」では上部が「禾」、下部が「甘」から変わった「曰《えつ》」になっており、楷書の

「香」は下部が「日」とほぼ同化している。

●支〔し〕「支」は、殷代には「」の形で、上部は「竹（）」の枝を表現したもののようであり、下部は手の形の「又（）」である。「枝を持つ様子」から「えだ」の意味を表した。転じて「わかれたもの（支部など）」や「ささえる（支点など）」として使用される。後に枝の形が「十」に簡略化され、手の形の「又」と合わせて楷書の「支」の形になった。部首としての用例はほとんどない。ただし、類似形の「攴《ほく》（攵）」と入れ替わることがある（後述の「鼓」を参照）。なお、原義の「えだ」については、意符の「木（）」を加えた「枝」が現在では主に用いられている。

●麻【麻】〔あさ〕「麻【麻】」は、建物の形の「广《げん》」と草を切る様子の「𣏟《はい》」から成る会意文字で、屋内で麻の加工をする様子を表している。ただし、初文の「」は「厂《かん》」を用いた形なので、崖《がけ》の下で麻を採集する様子かもしれない。麻に関係する文字の部首として使われるが、用例はほとんどない。

●比〔ひ〕「比（）」は、人が人に従うことを表す从《じゅう》（）（199頁）の左右反転形が起

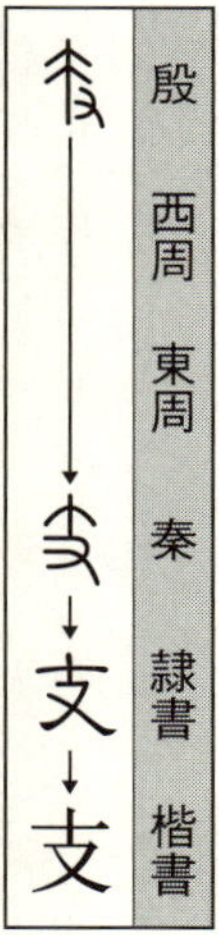

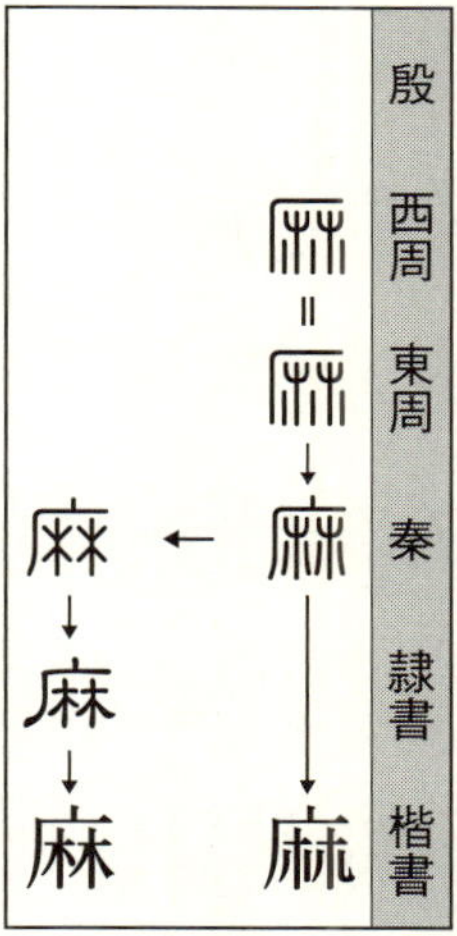

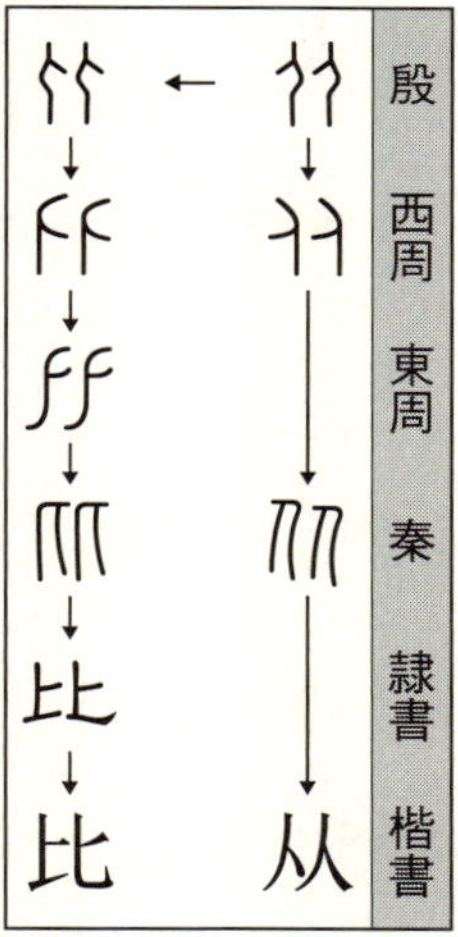

源である。殷代には从（繁文は「従〔從〕」）の異体字として使われたが、後に、人が並んだ様子から「ならぶ（比肩など）」や「くらべる（比較など）」の意味で独立して用いられた。部首としての用例はほとんどなく、『康熙字典』は類似形や「比」を声符とする文字を便宜的に編入している。

●**鬥**〔とうがまえ〕「鬥《とう》」は、二人の人が闘っている様子である。「鬪」の旧字体の「鬭《とう》」（斲《たく》が声符）に使われ、またその初文にあたるため、「とうがまえ」と呼称される。殷代の「」は、向かい合った人（）が手を組み合わせて闘っている様子である。その後、秦代には、単に人が手を前に出した様子の「丮《けき》」を用いた形（）になり、

さらに楷書までに変形した。字形の近似から「門」で代用されることが多く、現存の後漢代の隷書には「鬥」が見られない。部首として闘うことに関係する文字に使われるが、用例は少ない。

●立〔たつ・たつへん〕　「立」は、人が地上に立っている様子である。殷代には「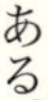」の形で、地面を表す横線の上に人の正面形の「大（）」がある。その後、「大」とは違って篆書（）以降に両足が離れ、楷書の「立」になった。楷書では偏の位置でやや変形して「立（たつへん）」になる。部首としては立つことに関係して用いられ、例えば「耑《たん》」を声符とする「端《たん》」は、「まっすぐ立つ」が原義で、そこから「ただしい（端正など）」の意味になった（「はし」は仮借の用法）。そのほか、冠の形（）などが「立」に同化することがある（竜［龍］（）（85頁）など）。

●走〔はしる・そうにょう〕　本来「はしる」の意味を表していたのは「夭《よう》（）」という文字であり、人の正面形の「大（）」のうち手の部分を上下に曲げることで人が走る様子を表していた。その後、「夭」は転じて「わかじに（夭折など）」の意味になり、「はしる」の意味では使われなくなった。

一方、「はしる」の意味としては、西周代に意符として足の形の「止（）」を加えた「」が作られた。そして隷書の「」で「夭」が「土」に簡略化され、楷書の「走」になった。楷書では、部首として繞《にょう》の位置（左から下にかけて）に置かれることが多く、やや変形して「走（そうにょう）」になる。

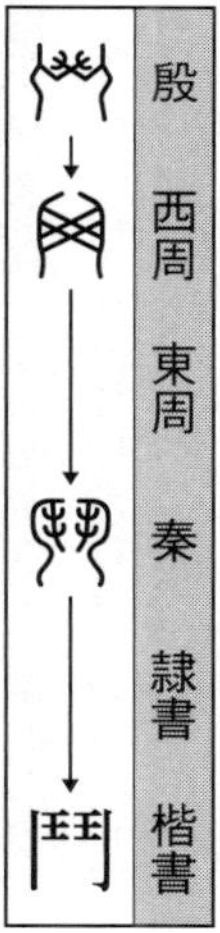

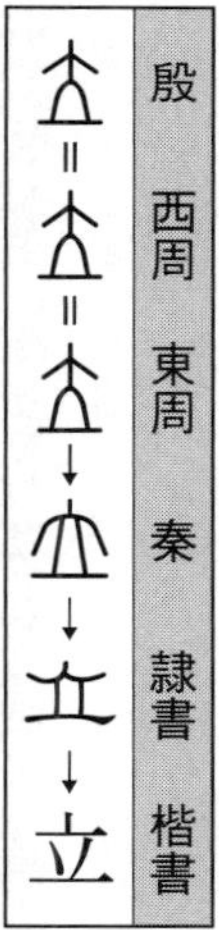

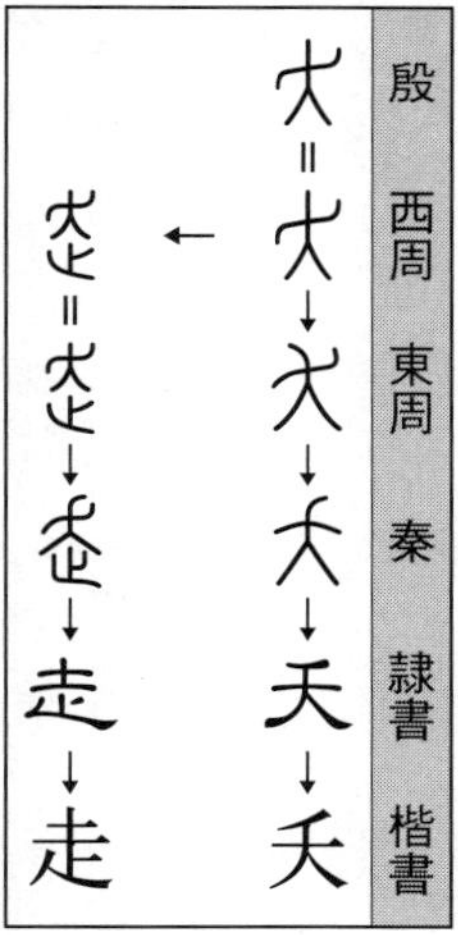

部首としては、走ることやそれに近い動作に関係する文字に使われる。例えば「取《しゅ》」を声符とする「趣《しゅ》」は、「おもむく」が原義であるが、転じて「おもむき」の意味になっている。

●**黄［黃］**〔き〕「黄［黃］」は、殷代には「」の形であり、人の正面形の「大（）」が佩玉《はいぎょく》（腰につける玉器）を帯《お》びた様子である。殷代の玉器には黄色いものが多く、そのため「きいろ」の意味に使われたようである。殷代の異体字には人の頭部を「口（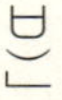）」で強調表示した「」があり、これが後代に継承された。旧字体は「口」を「廿」の形にした「黃」であるが、新字体とされる「黄」も秦代の略体の「黄」に起源があり、こちらも長い歴史がある。部首としては黄色に関係して使われるが、用例はごく少ない。

●**无**（む）　「无《む》」は、「舞」の同源字にあたる「無」の略体である。いずれも、人の正面形（）が手に飾りをつけて舞っている様子であり、足を強調したもの（）が後に「舞」になり、そうでないもの（）が「無」になった。ただし、「无」は秦代の篆書（）で突然に出現しており、「無」をどのように略して作られたのかは判然としない。部首としてはほとんど使われず、類似形の「旡《き》（人が振り向いた様子）」を部首とする文字がいくらか編入されている程度である。

●**面**（めん）　「面」は、人の顔面を表示した文字であるが、当初から二系統があった。ひとつは「目（）」の周りを線で囲うことで顔面の形状を表現した「」である。もうひとつは「首」の略体の「𦣻《しゅ》（）」の左側に曲線をつけて「頭部のうち顔のある側」を表示した「」である。両系統が後代に継承され、しかも篆書（）は「𦣻」の周囲を線で

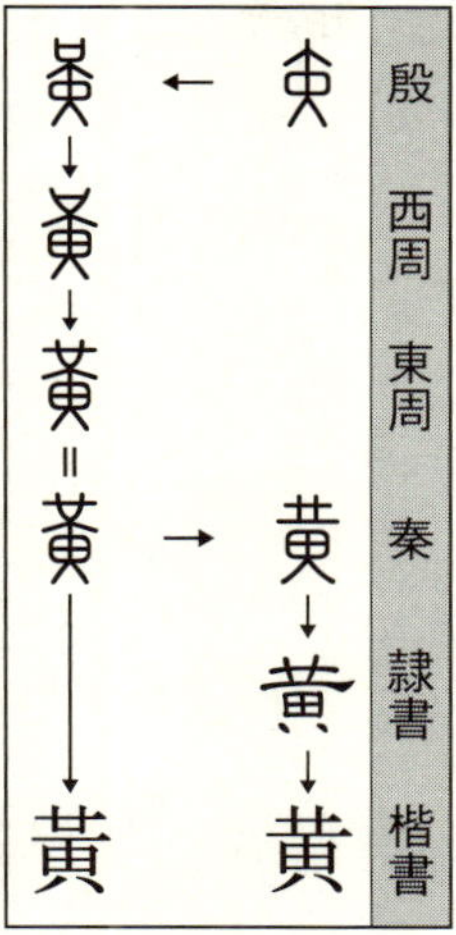

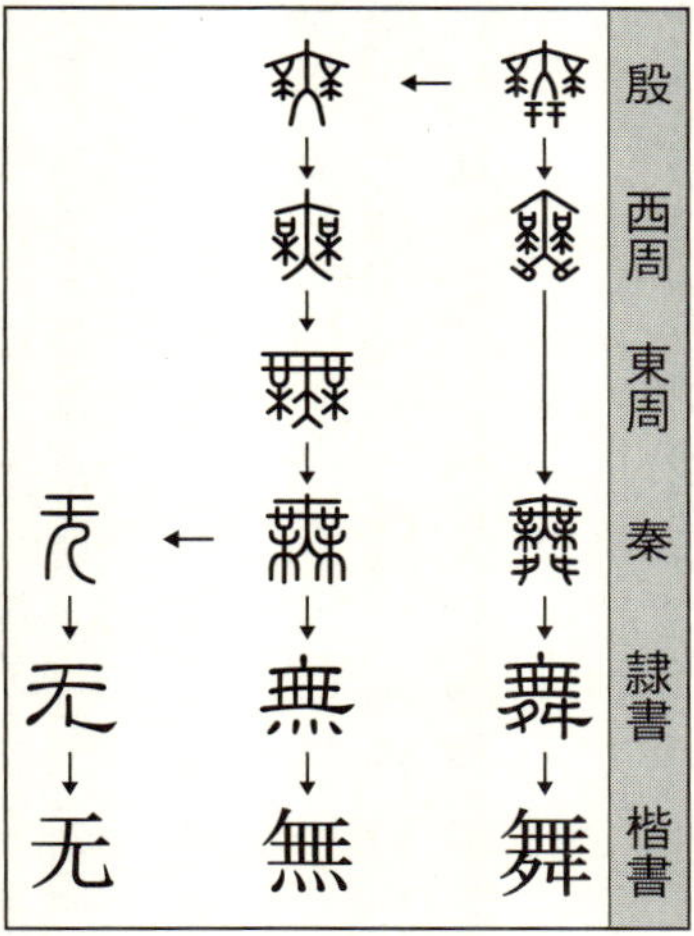

囲んでおり、両者を折衷した形になっている。ただし、隷書の「靣」に継承されたのは「目」を使った前者の系統であり、それが簡略化されて楷書の「面」になった。部首としては顔面に関係する文字に使われるが、「頁」と機能が重なるため、用例はあまり多くない。

●舌【舌】〔した〕 殷代の「舌」は、口（口）から舌を出した様子を表している。舌が枝分かれした状態になっているので、人間ではなく蛇などの舌の表現かもしれない。異体字には唾液《だえき》を表す小点を加えたもの（舌）も見られる。その後、「舌の形」が使われなくなり、東周代に類似形の「干（干）」に置き換わって「舌」となり、楷書の旧字体の「舌」に継承された。さらに新字体の「舌」では、「千」のような形になっている。部首としては舌を使った行為に関係する文字に使われるが、「口」や「言」と機能が重なるため、用例は多くない。

●**歯**［**齒**］（は）「は」を意味する文字は、殷代には「𠚕」の形であり、口（凵）の中に歯がある様子を表していた。その後、東周代に声符としての「止《し》（㞢）」が加わり、楷書の旧字体の「齒《し》」に継承された。構造としては口の中の歯を表す「𠚕」の部分が意符、「止」が声符の形声文字であるが、楷書では「𠚕」は単独では使用されない。また新字体の「歯」は歯を表していた部分を「米」に略したものである。

部首としては歯に関わる文字に使われ、「齲《く》（むしば）」や「齧《げつ》（かじる）」などがある（それぞれ禹《う》・㓞《かつ》が声符の形声文字）。また、「令《れい》」を声符とする「齢《れい》［齡］」は、歯の状態によって年齢が分かることから「歯［齒］」を意符としている。

●**寸**（すん）「寸」は、元は腕の肘《ひじ》の部分に記号をつけた形（[illegible]）で、「ひじ」の意味を表していた。その後、「手ではかる長さ」の意味に転用され、本来の「ひじ」の意味は「月（にくづき）」を加えた「肘」で表されるようになった。転注《てんちゅう》（意味による当て字）の用法で

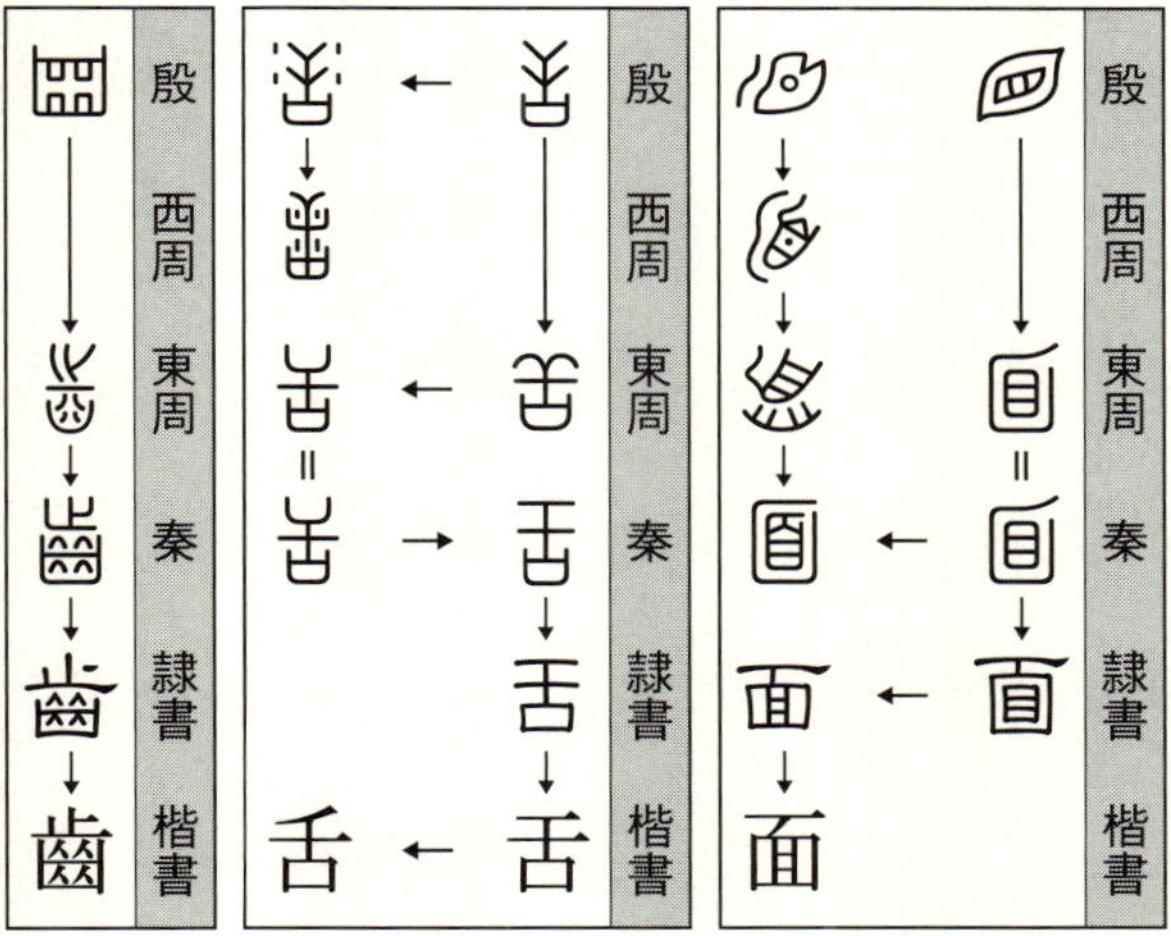

あるため発音も変化しており、「寸」を声符とする文字として、例えば「村《そん》」は発音が「寸《すん》（転注された発音）」にもとづくが、「酎《ちゅう》」は発音が「肘《ちゅう》（本来の発音）」にもとづいている。

　漢字の部首としては、形や意味が近い「又（〓）」や「廾《きょう》（〓）」から「寸」に置き換わったものが多く、例えば「尊「〓」」（138頁）がこれに該当する。

●**父**〔ちち〕「父」は、殷代には「〓」の形であり、手の形の又（〓）で何かを持った様子を表している（何を持っているのかは諸説ある）。後に「又」の部分がやや崩れて楷書の「父」になった。部首としての用例は少ないが、父親に関係して使われ、例えば「耶《や》」を声符とする「爺《や》」も元は父親の呼称であった。

●**韋**［韋］〔なめしがわ〕「韋《い》」は、殷代には「〓」の形であり、都市を表す「丁（口）」と足の形の「〓」の向きを変えたものを並べることで、都市の周囲を巡回する様子を表している。新字体の「韋」は下部がやや変形したため、旧字体の「韋」よりも1画多くなっている。

後に本来の意味で使われなくなり、仮借の用法で「なめしがわ」として使われたため、部首名もそのように呼称される。部首としても革製品に関係する文字に使われるが、「韓［韓］」以外は一般的ではない。「韓［韓］」についても、「倝《かん》」の省声であることは間違いないが、専ら氏や国の名として使われており、原義が何かは明らかになっていない。

●**鼓**〔つづみ〕 本来「つづみ（太鼓）」の意味を表していたのは「壴《ちゅ》（〓）」という文字であり、中央が叩《たた》くところ、下部が台であり、上部は吊《つ》り下げて使う場合のフックの表現である。ただし、「壴」は、後に「楽器を立てる」などの意味に転用され、本来の「つづみ」の意味では使われなくなった。

一方、殷代には太鼓を演奏する様子として、「壴（〓）」に撥《ばち》を持った手の形の「殳《しゅ》

（殳）」を加えた「鼓」があり、この系統が後代に「つづみ」の意味で使用されるようになった。その後、西周代に「殳」を「攴《ほく》」に代えた「鼔」となり、さらに東周代から秦代に「支（支）」に変えられた。「支」は手で枝を持つ形（２０４頁）なので一種の俗字であるが、これが楷書に継承されて「鼓」になった。部首としては太鼓やそれに近い楽器に関連して使用されるが、用例は少ない。

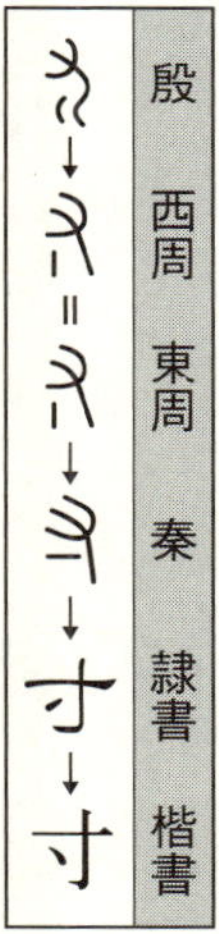

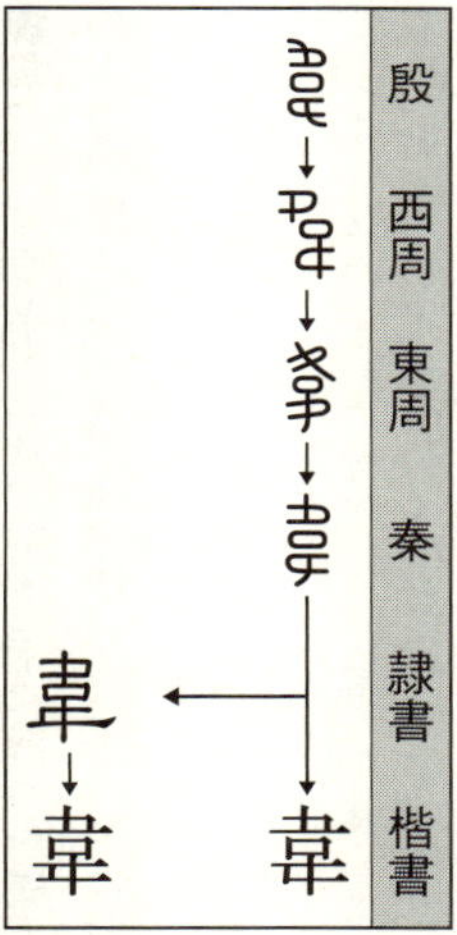

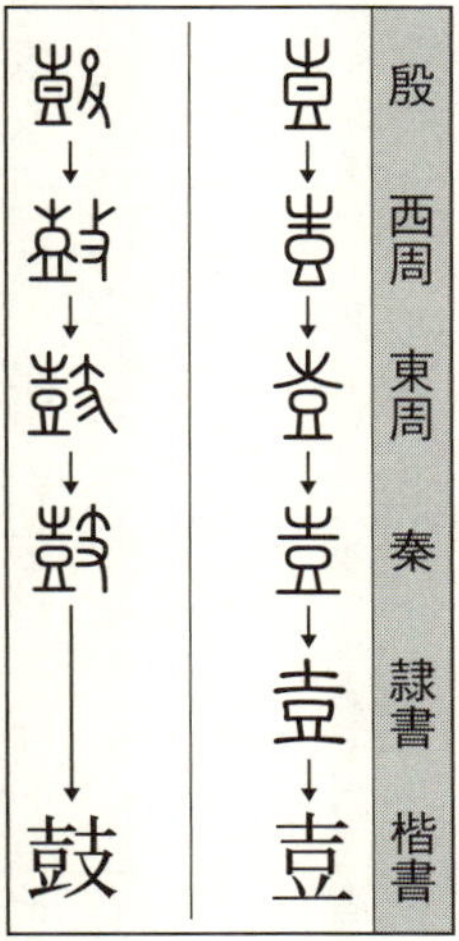

●聿〔ふでづくり〕「聿《いつ》」は、筆を手に持った様子を表しており、「筆《ひつ》」の初文にあたる。筆そのものの形（）は単独で使われず、手の形の「又（）」を加えた「聿（）」が文字としても部首としても使われた。後に筆の形も手の形も変形しており、楷書の「聿」のうち、「ヨ」が手の形、それ以外が筆の形である。

部首としては筆で書くことに関係して使われ、例えば「書《しょ》」は、本来は聿を意符、者《しゃ》「者」を声符とする形声文字だったが、楷書では聿が「⺻」に、者「者」が「日」に簡略化されている。

●至〔いたる〕「至」は、殷代には「」の形であり、地面を表す横線と矢（）の上下逆向きから成っていた。矢が地面に到達することから「いたる」の意味を表現している。その後、矢の上下逆向きが変形して楷書の「至」になった。部首としては到達に関係して用いられ、例えば「到《とう》」は、至が意符、刀《とう》（刂）が声符の形声文字である。ただし、進行を象徴する「彳」や「辵（⻌）」と機能が重なるため、用例は少ない。

●血〔ち〕「血」は、殷代には「皿（）」と血液を表す小点から成る「」の形だった。当時は犠牲《ぎせい》（いけにえ）の血液を用いた祭祀儀礼がおこなわれており、それを表現した文字である。楷書のうち1画目の「丿」が小点に由来している。部首としては血液に関係する文字に使われるが、用例は少ない。

●赤〔あか〕「赤」は、殷代には「」の形で、上部が「大（）」、下部が「火（）」である。「大きな火」が赤く燃えることから「あかい」の意味を表している。各部分が視覚的にではなく、意味的に構成された特殊な会意文字である。その後、隷書（）で「大」が「土」に略され、また「火」が「灬（れんが）」になり、さらに楷書の「赤」で「灬」が変形した。部首としては赤色に関係して使われるが、用例は少ない。

●谷〔たに〕「谷」は、最も古い形が「八八」

であり、分かれたものを表す「八（八）」を並べることで「山々が分かれた谷」を表している。異体字に「口（口）」を加えた「谷」があり、諸説あるが谷底の表現と思われる。これが後代に継承され、さらに東周代に下の「八」をつなげた「谷」が作られ、楷書の「谷」になった（つなげていない系統も隷書の「谷」まで使われた）。そのほか、秦代に篆書とされたのは装飾性が強い「谷」であるが、こちらも楷書には残っていない。部首としては谷に関係する文字に使われるが、用例は少ない。

●青【靑】（あお）「青《せい》［靑］」は、顔料を意味する丹《たん》（丹）を意符、生《せい》（生）を声符とする形声文字であり、当初は「靑」の形だった。意符の「丹」は地中から産出する顔料を表現した指事文字で、中央の点が顔料にあたる。また声符の「生」は草が生える様子を表しており、草の色が「あおい」の意味に関与するため亦声と考えられている。その後、生・丹ともに変形して楷書の旧字体の「靑」になった。また新字体の「青」は丹を類似形の「月」に変えたものであるが、秦代の「青」から見られる構造である。そのほか東周代の「靑」は下部に「口」を加えた異体字であるが、後代には残っていない。部首としては青色に関係する文字に使われるが、用例は少ない。

●里〔さと〕「里（）」は、「田（）」と「土（）」を合わせて「ひとざと」を表した会意文字である。部首としては人里に関係する文字に使われる。例えば「野」は、本来は「原野」の意味であるため、「林（）」と「土（）」を合わせた「埜《や》（）」で表示されていたが、派生して「田舎」の意味が出現したため、あらためて里を意符、予《よ》を声符とする「野《や》」が作られた（「埜」も楷書に残っている）。

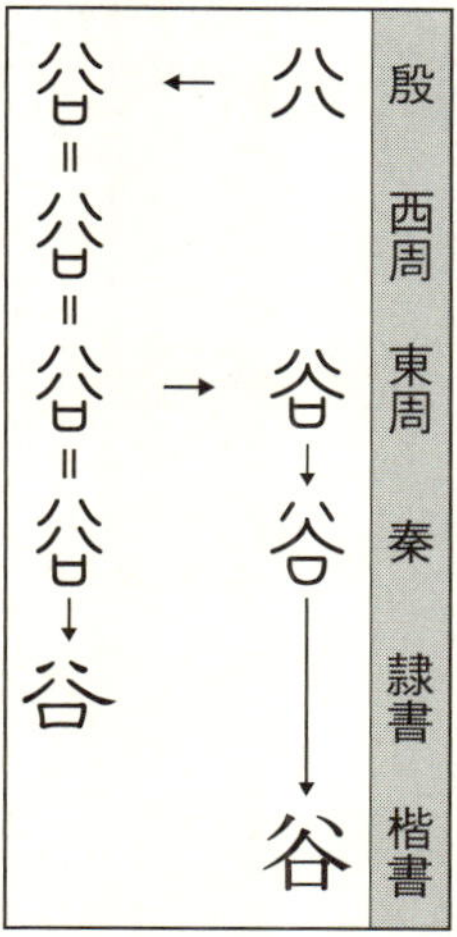

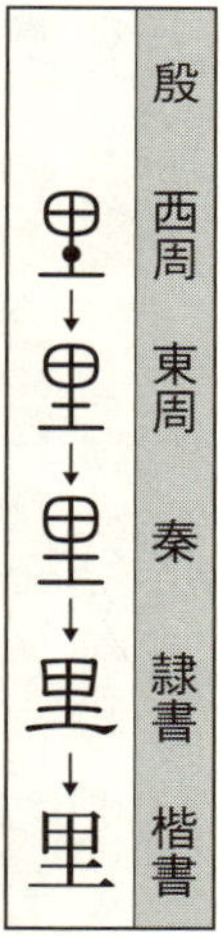

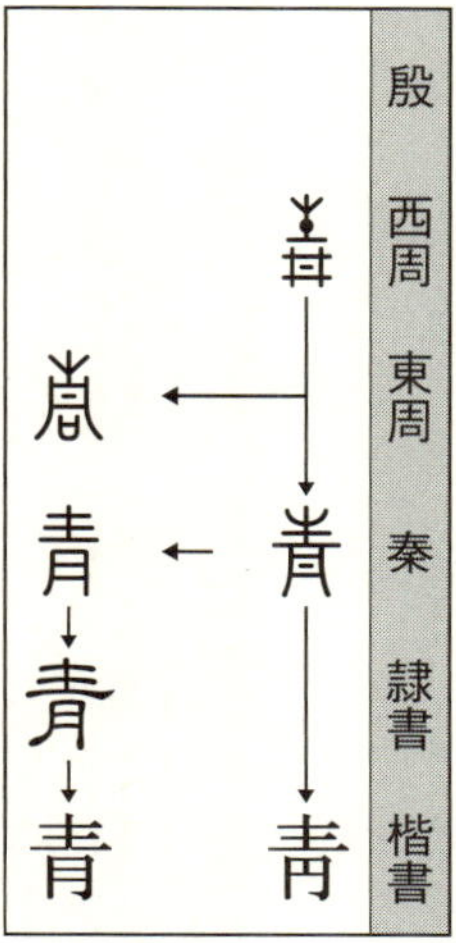

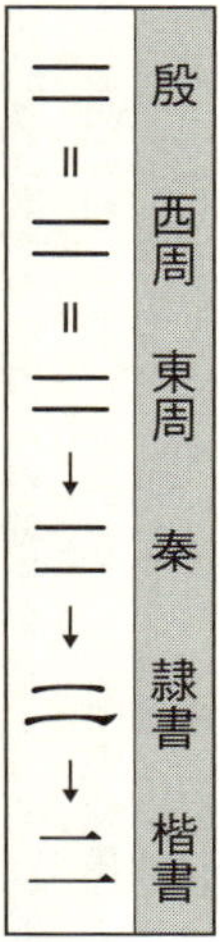

●二〔に〕「二（二）」は、「一（一）」を重ねることで数字の「に」の意味を表示している。ただし、部首としては長い横画を二本含む文字を便宜的に編入しており、「に」の意味では使われない。例えば「井」は、殷代から「井」の形で井桁《いげた》の象形であり、『説文解字』では独立した部首とされていたが、『康熙字典』では字形から便宜的に「二」の部首に編入している。

第七章　同化・分化した部首——複雑な字形の歴史

漢字は、本来は別の起源だった文字が、楷書《かいしょ》までに同一の形になるという現象がある。これを本書では「同化《どうか》」と呼ぶ。逆に、本来は同一の文字だったものが、複数の文字に分かれて使われることもある。本書ではこの現象を「分化《ぶんか》」と呼ぶ。

部首にもそうした同化・分化が見られる。ここまでに挙げた例で言えば、「亼」は屋根や覆いの形であるが、楷書では「人」と同じような形であるため、同じ部首として扱われている。しかし起源をたどると、屋根や覆いは「亼」の形、人は「[illegible]」の形であり、全く異なる形であった（93頁参照）。

また、「女・母・毋《ぶ》」の三文字は、当初は字形ごとの明確な使い分けがなかったが、後に「[illegible]」が「女」、「[illegible]」が母として分化し、さらに後者から「毋」が分化した（97頁参照）。

本章では、こうした同化・分化が起こった部首を紹介する。順番は、まず同化の例について取り上げ、その後で分化の例について述べる。

●方〔ほう〕「旅」は旗を持って

「方」は、殷代には「〓」の形であった。成り立ちには諸説あるが、人の正面形の大（〓）に首枷《くびかせ》（〓）をつけた形の央（〓）と比較すると、「首枷をつけられた人の側面形」と考えられる。首枷を表す「冂《けい》（〓）」が簡略化されて楷書の「方」になった。

意味については、殷代には敵対勢力を指して「〇方《ほう》」と呼んでいた。首枷をつけられた人は敵対勢力からの捕虜を表したのであろう。そこから転じて「地方」の意味に用いられ、また「方角」や「方法」などの意味にもなっている。

ただし、楷書で「方」の部首とされるのは、ほとんどが本来は「㫃《えん》」を部首としていた文字であり、文字の一部として「〓」の形になる。

「㫃」は、殷代には軍旗の象形の「〓」の形であり、左にある縦線が旗竿《はたざお》で、右上の曲線が旗の吹き流しである。左上の部分は旗竿の上につけられた飾りを表している。その後、東周代までは旗の形が維持されたが、秦代の「〓」で吹き流しが分離し、また旗竿が変形した。そして隷書の「〓」で「方」とほぼ同じ形になり、楷書の「〓」に継承された。

このように、「方」と「㫃（〓）」は成り立ちが全く異なり、後漢代の『説文解字』では別の部首としている。しかし、楷書で同じような形になったため、『康熙字典』では、「方」の部首として本来は「〓」が部首だった文字を編入している。

例えば「族」は、殷代の段階から「㫃（）」と「矢（）」から成る「」の形であり、軍旗と矢によって「軍隊」を表した。殷代には王が「三族」を率いて戦争をおこなっており、左翼の「左族」、中央の「中族」、右翼の「右族」で編制されていた。後に、軍隊から転じて「宗族」や「氏族」の意味で使用された。

また、「旅」も軍隊の意味であり、遠征する軍隊を指して使用された。殷代には「」の形で、軍旗（㫃）の下に多くの人（）が集《つど》った様子であった。楷書の「旅」は、左側の人（亻）の形は残っているが、右側の人の形が崩れている。また意味にも変化があり、軍隊の遠征から転じて「たび」として使用された。

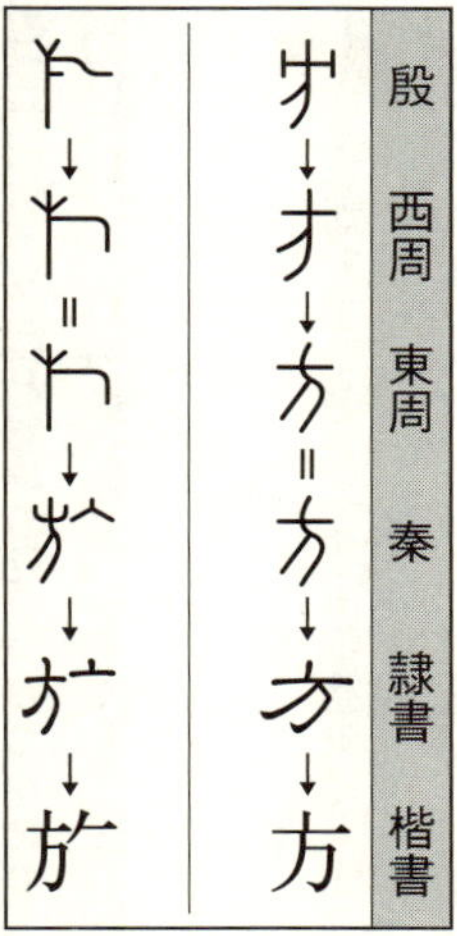

形声文字の用法もあり、例えば「旗《き》」は、㫃が意符、其《き》が声符の構造で、本来は動物を描いた旗だったようだが、一般に「はた」として使われる。また「施《し》」は「也《や》」が声符で、「旗がひるがえる」が原義であったが、仮借《かしゃ》（当て字）で「ほどこす（施術など）」や「しく（施行など）」の意味に使用される。

●口〔くち・くちへん〕　口と器物の見分けがつかない

「口」は「くちの形」を表しており、部首としても口に関係する文字に使われる。ただし、楷書の「口」には、「くちの形」だけではなく、「器物の形」に由来するものも含まれている。いずれの意味でも、殷代の段階から「口」の形が用いられていて、「くち」と「器物」が字形上で区別できない。その後の歴史でも同一形が維持されたため、字形構造や意味から成り立ちを判断するしかない。

「くち」の意味で使われたものは形声文字が多いことが特徴であり、「味《み》・唇《しん》・吸《きゅう》〔吸〕・呑《どん》」などの例がある（それぞれ未《み》・辰《しん》・及《きゅう》〔及〕・天《てん》が声符）。

また、「くち」から派生して声や言葉に関係する文字にも使われており、「唄《ばい》・嘆《たん》〔嘆〕・呼《こ》・召《しょう》」などの例がある（それぞれ貝《はい》・𦰩《かん》・乎《こ》・刀《とう》が声符）。そのほか、「問《もん》」は一見すると「門」が部首に思われるが、実際には口を意符、門《もん》を声符とする形声文字であり、「言葉で問う」を意味している。

「含《がん》」は「今《きん》」が声符であり、「口に含む」が原義であるが、一般に「ふくむ」として使われる。また「命《めい》」は命令が原義であるが、最高神である天の命令を意味する「天命《てんめい》」として使われ、さらに「いのち」の意味になった（声符の令《れい》は意味が共通する亦声《えきせい》）。

一方、「器物」の意味で使われたものは、ほとんどが会意文字である。例えば「合」は、器物を表す「口」に蓋《ふた》の形の「亼」を合わせることから「あう」や「あわせる」の意味を表した。また、「品」は多数の器物（口）を並べた様子から、「しな」を表現している。

「器物」から派生して「祭礼の器」としての用法もあり、例えば「器［器］」は、祭礼の器としての多数の「口」と祭祀《さいし》犠牲《ぎせい》としての「犬」を並べたもので、「祭祀に使う器物」が原義である。

「くち」と「器物」以外にも「口（𠙵）」には用法がある。例えば「倉（倉）」は、倉庫の形状を表したもので、上部に屋根の形の「亼（亼）」、中央に倉庫の扉を表す「戸［戶］（戸）」があり、最下部の「口（𠙵）」は倉庫の土台を表している。なお、楷書の「倉」は、「戸［戶］」（168頁）の古い形（戸）を反映している。

また、「抽象的な物体」としての用法もあり、例えば「何」は、人（亻）（亻）が荷物を持っている様子であるが、初文の「可」（「可」の部分にあたる）に抽象的な物体としての「口（𠙵）」を加えて作られた（現在では「荷」にその意味が反映されている）。

このように、「口（𠙵）」には多くの用法があり、漢字で最も多様な意味を持つ形である。

殷	西周	東周	秦	隷書	楷書
𠙵 =	𠙵 =	𠙵 =	𠙵 →	口 →	口

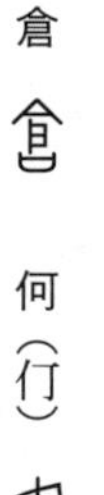

●曰と甘（いわく／あまい） 「甘《あまい》」は旨《うま》い

漢字の部首のうち、「曰《えつ》」と「甘《かん》」も、元は「口」を使った形であり、いずれも指事文字である。「曰（曰）」は、「口（口）」の上に記号を付けることで、「言葉を口から出している様子」を表している。部首の名としては、訓読みの「いわく」が使われる。また、楷書の字形として「日」をやや横長にした状態であることから、「ひらび」とも呼ばれる。

「甘（甘）」は「口（口）」の中に記号を付けることで、「口に物を含む様子」を表している。そこから転じて「うまい」となり、さらに「あまい」の意味になった。部首の名としては「あまい」が用いられる。

両者は比較的近い形であるため、歴史的に入れ替わることがあった。例えば「旨《し》（うまい）」は、作られた段階では甘（甘）を意符、匕《ひ》（匕）を声符とする「旨」の形であった。その後、「甘」は秦代の篆書《てんしょ》で「甘」になったが、「旨」については「甘」の形が維持された結果、楷書では下部が「曰」に近い「曰」になっている。さらに、「曰」と「日」の字形が近いことから、『康熙字典』は「旨」を「日」の部首に配列している。

また、前項で取り上げた「口」が「曰」に同化する例もある。「魯《ろ》」という文字は、殷代には「魯」の形の会意文字で、下部が器物としての「口（口）」、上部が供物としての「魚（魚）」で、儀礼の一種を表していた。その後、東周代に「口」が「甘」に代えられ、さらに

「旨」と同様の経緯で「曰」に変わった。意味にも変化があり、「魯」は「魯鈍《ろどん》（おろか）」として使われるようになったが、下部が「曰」になったことと関係するかもしれない。

同じような例として「香」（２０３頁）があり、殷代には下部が器物としての口（曰）の形の「[illegible]」などだったが、後に「曰」に変わっている。

そのほか、被《かぶ》り物を表す「冃《ぼう》」という形が「曰」に同化することもある。例えば「冒」は旧字体が「冐」であり、「目」の上に被り物の「冃」がある様子で、「帽〔帽〕」の初文にあたる。新字体の「冒」は「冃」を「曰」にしており、同化現象が起こっている。

傾向として、「日」や「冃」だったものは上につくことが多く、「曰」や器物としての「口」だったものは下につくことが多い。ただし、季節や時間を表す文字で「日」が部首の「春」や「昏《こん》」、あるいは疑問を呈する文字で日を意符、匃《かつ》を声符とする「曷《かつ》」などの例外もあり、字形だけから確実に見分けることはできない。

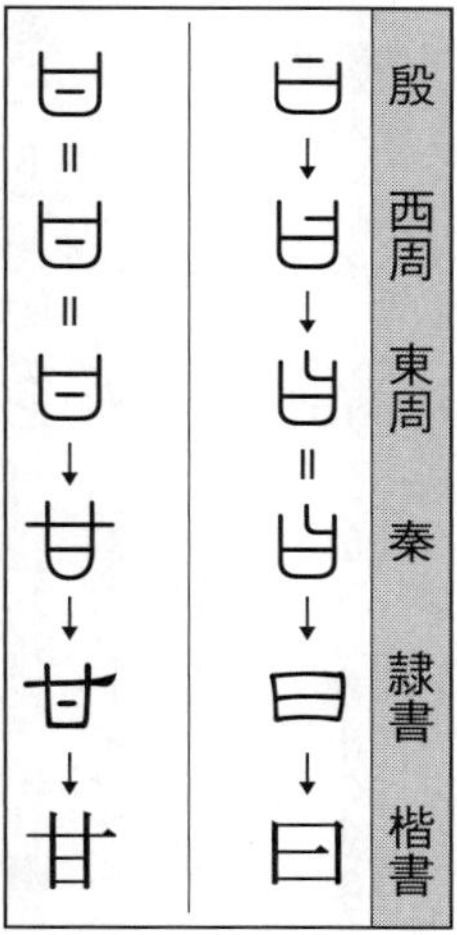

●阜《ふ》（阝）と邑《ゆう》（阝）〔おか・こざとへん／むら・おおざと〕階段と都市と山

「阜」と「邑」は楷書の部首としては同形の「阝」になっているが、成り立ちは全く異なる。

「阜」は、字形としては階段の形に由来し、殷代には「𨸏」の形であった。当時は木材に切り込みを入れることで階段として使用しており、日本でも弥生《やよい》時代ごろには同様の方法が使われていた。一方、「邑」は都市の表現であり、殷代には「[illegible]」の形であった。上部の「丁（口）」が都市の城壁を表し、下部の「卩《せつ》（㔾）」が都市の住人を表している。

その後、階段の形は秦代に略体の「阝」が出現しており、三段の階段が二段になったものである。また、「邑」については東周代に略体の「[illegible]」が出現し、これは「丁」と「卩」がつながったものである。結果として楷書の部首では両者が同形の「阝」になった。

「阜」の略体としての「阝（こざとへん）」は、部首としては階段から派生して建物の施設全般に対して使われ、例えば「隙《げき》」は「壁の隙間」が原義で、「陛《へい》」は元は「宮殿の階段」の意味だった。また、「邑」の略体としての「阝（おおざと）」は都市に関係する文字の部首に使われ、「都《と》［都］」や「郊《こう》」などがある（それぞれ𡿺《げき》・坒《ひ》・者《しゃ》［者］・交《こう》が声符の形声文字）。

楷書では右に「おおざと」、左に「こざとへん」が置かれることが多いので、おおよその見分けがつくが、「隣《りん》」のような例外もある。これは本来は「鄰」と書かれており、邑（阝）が意符、粦《りん》が声符で「近隣の都市」が原義であるが、現在では偏旁《へんぼう》を入れ替えた俗字の

「隣」が一般に使われている。

このように、2種類の形が同化したのが「阝」であるが、実はもう一つ同化したものがあり、それは山の形である。殷代には「〓」の類似形として「〓」があり、これは階段ではなく「山（〓）」の向きを変えたものである。

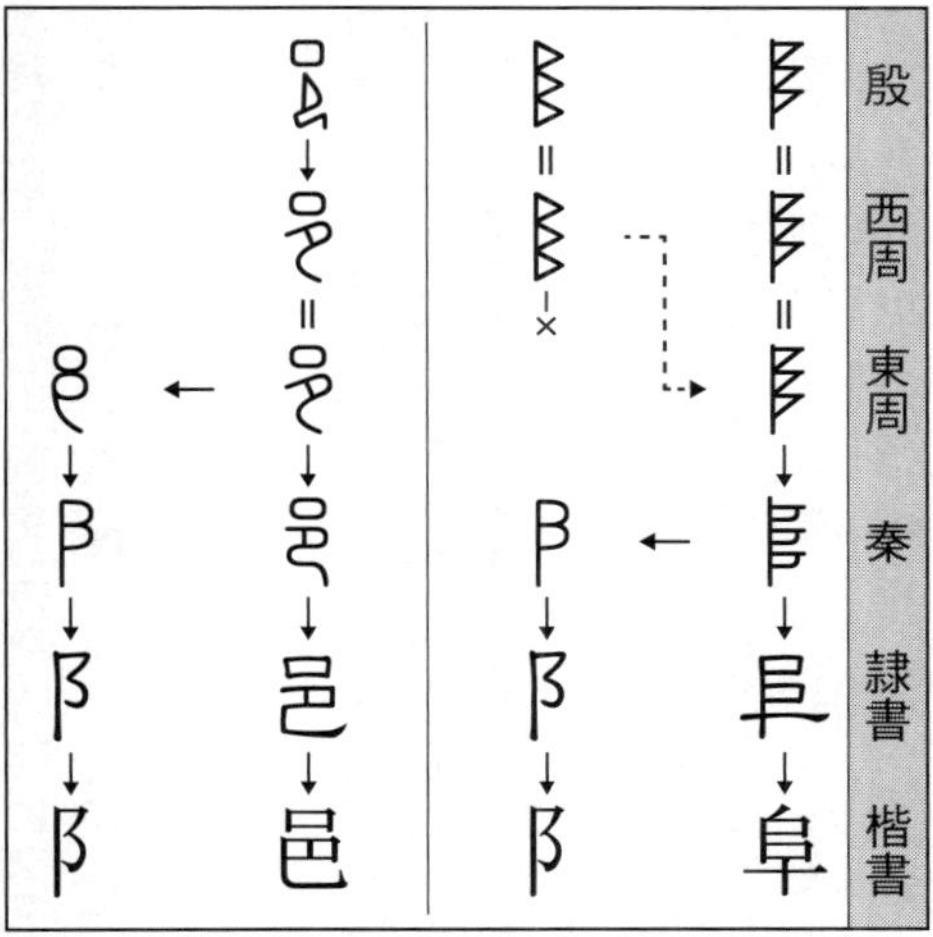

「〓」は山に関係する文字に部首として使われ、例えば「心（〓）」という土地にある山が殷代には「〓」と呼ばれている（亡失字）。
山の形の「〓」は西周代を最後に使われなくなったが、意味としては「阜（〓）」に吸収され、「建物の施設」と「山に関係」の両義で使用された（表では継承関係を点線で示した）。「阜」自体が「おか」の意味になったほか、「阜（阝）」が山に関係する文字の部首として使われた文字として、「険《けん》（險）」や「陵《りょう》」などがある（それぞれ僉《せん》・夌《りょう》が声符の形声文字）。

●月と夕〔つき／ゆう〕 1画多い方が「月」になった

ここからは分化した部首について取り上げる。その代表例として「月」と「夕」がある。

殷代には月の形として、半月の象形の「」や「」が用いられていた。「」の中央の点は、月のクレーターを表すとも、中身があることを示す記号とも言われる。いずれの字形も「つき」の意味として使用されるとともに、夜間を象徴するものとして「よる」の意味、つまり「夕」の意味でも使われた（用法としては転注にあたる）。

殷代には明確な使い分けはなく、「」も「」も、「月」と「夕」の両方の意味で使用された（厳密には時期によって傾向の違いはある）。そして、後の時代には「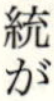」の系統が「月」、「」の系統が「夕」として使い分けられた。先に語彙《ごい》として分かれ、後に文字としても分かれたという経緯である。

「月」については、西周代の「」や篆書の「」などを経て、1画多い状態が楷書の「月」まで維持された。楷書では、「肉」が偏になった「月（にくづき）」と区別するため、横画を少し短くして「月」と表記することもある。

中国では古代から近世まで月の満ち欠けによる陰暦《いんれき》（太陰太陽暦《たいいんたいようれき》）が使われており、部首としては「つき」の意味のほか、期間を表す文字にも使用された。例えば月が明るいことを表す「朗《ろう》［郎］」や、元は陰暦の一年を表した「期《き》」などがある（それぞれ良《りょう》・其《き》が声符）。

「夕」についても、西周代の「」や秦代の「」などを経て、1画少ない状態が楷書の「夕」に残っている。秦代の篆書は「月（）」に近い「」であるが、簡牘《かんとく》文字の「夕」が継承されたため、「月」とはやや向きが異なっている。

部首としては夜間に関係して使用され、例えば「名（）」は「夕（）」と祭礼の器の「」から成る形であり、本来は夜間の祭祀を表す会意文字である。その後、「銘文」の意味になり、さらに「名付ける」や「名前」として使われた。また「夜《や》［夜］」は西周代に作られた形声文字であり、当初は夕（）を意符とし、亦《えき》（）の省声の「」の形であった。その後、「亦」が変形し、楷書（旧字体）の「夜」のうち「夕」以外の部分になった。

楷書の「月」については、「肉」が偏になった際の「月（にくづき）」（70頁）のほか、「舟」の略体の「月（ふなづき）」（144頁）と字形が近いという同化現象も起こっている（新字体では区別がない）。同化と分化が並行して起こったため、楷書の各文字は、成り立ちを知らないと部首が分からない状態になっている。

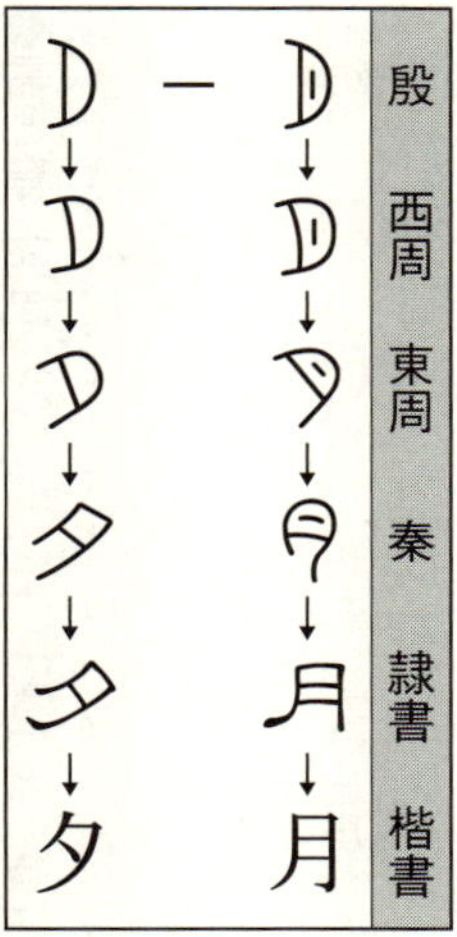

名  夜［夜］ 

●言と音［音］〔ことば・ごんべん／おと〕「言」と「音」は近い概念

「言」は、殷代には「⿱辛口」や「⿱辛口」の形であった。「⿱辛口」は上部が刃物の形の「辛（⿱丫干）」であり、これが後代に継承されたため、成り立ちを刃物と関連させる説もあるが、初期には「⿱辛口」の方が用例が多い。「⿱辛口」は上部が「辛《けん》（⿱丫干）」という文字であり、「言《げん》」と発音が近いので、「言（⿱辛口）」は口を意符、辛を声符とする形声文字と見るのが妥当であろう。

「言」の同源字として「音［音］」がある。西周代に作られたもので、「言（⿱辛口）」に短線を加えて「⿱辛曰」として字形が分化した。現在でも人の発声する言葉を「音声」と呼ぶように、「言」と「音」は近い概念である。

なお、「⿱辛曰」の下部は「甘（⿴口一）」と同形になっているが、この場合には「甘」の意味ではなく、字形を分化させる作用のみの変化である。古代にはこうした例があり、例えば「古（⿱十口）」の異体字に「⿱十曰」がある（こちらは楷書に残っていない）。

「言」を部首とする文字は、言葉に関係することが多く、「詩《し》・語《ご》・説《せつ》［說］・論《ろん》」などの例がある（それぞれ寺《じ》・吾《ご》・兌《えつ》・侖《ろん》が声符の形声文字）。また、「話《わ》」は、本来は「𠯑《かつ》」が声符の形声文字であったが、声符が類似形の「舌」になった（「活」と同様の例）。

派生して記録や面会に関係する文字にも使用され、「記《き》・試《し》・診《しん》・訪《ほう》」などの例がある（それぞれ己《き》・式《しき》・参《しん》・方《ほう》が声符の形声文字）。

意味が変化したものもあり、例えば「討《とう》」は、「言葉で問いただす」から転じて「武力による討伐」の意味でも使われた。なお、声符の「寸《すん》」（２１０頁）は本来「ひじ」の意味であり、「討」では「肘《ちゅう》」の発音で声符に使われている。

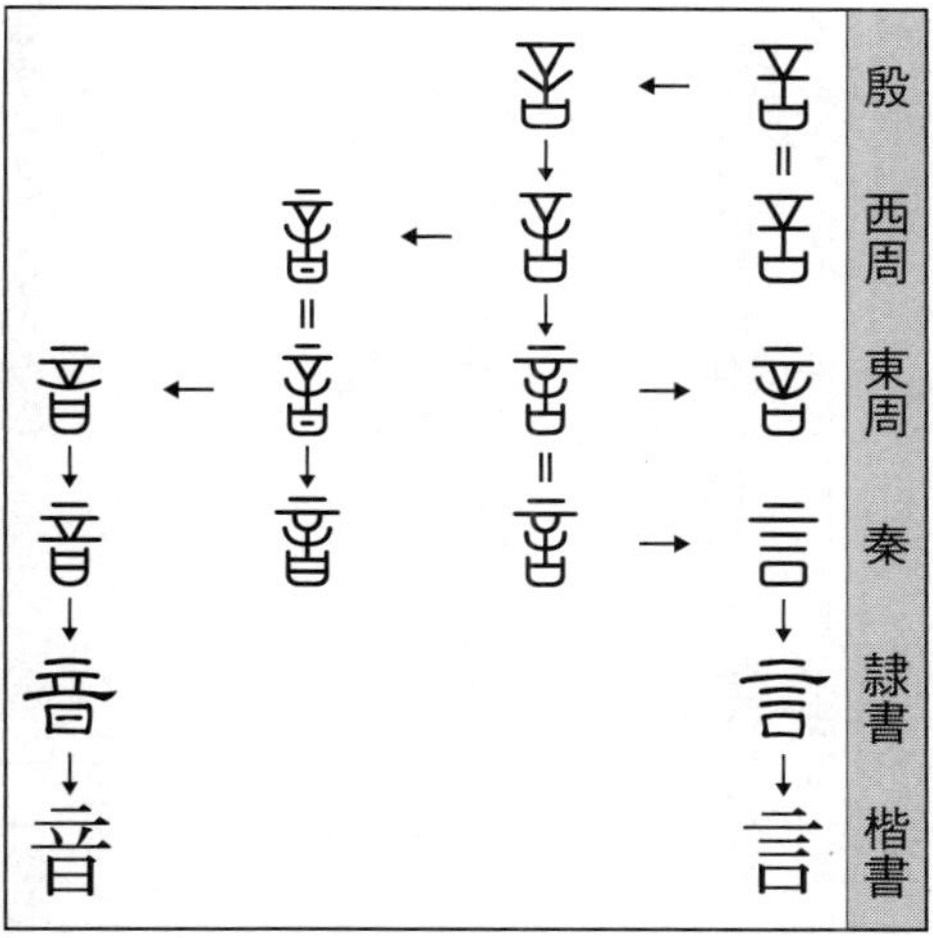

一方、「音［音］」は音に関係する文字に使われ、「響《きょう》［響］」や「韻《いん》［韻］」などがあるが、用例はあまり多くない（それぞれ郷《きょう》［鄉］・員《いん》が声符の形声文字）。

字形について、「言」と「音」はいずれも東周代によく似た略体（言・音）が作られたが、後者はそれが継承されて楷書の「音」になったものの、前者は継承されなかった。そして、あらためて秦代の簡牘文字で別の略体（言）が作られ、これが継承されて楷書の「言」になった。「言」と「音」は、いずれも略体が残ったものであるが、作られた時代の差で楷書の字形の相違が生まれている。

●水（氵）と巛（川）〔みず・さんずい／まがりがわ・かわ〕「かわ」から「みず」に

「水（氵）」と、「川」の本来の形である「巛《せん》（川）」は、いずれも河川の流れを表した象形文字である。本来はどちらも「かわ」の意味で使われていた。

そして、「水」については派生して「みず」の意味が出現し、文字としても分化した（転注の用法）。ただし、河川を「○水《すい》」と呼ぶことは後代でも続いており、例えば黄河は、本来の呼称が「河」であり、後に「河水」と呼ばれた。「長江」も同様に、本来の呼称が「江」であり、こちらも後に「江水」と呼ばれた。

字形について、「水」は「氵」が秦代まで使われたが、東周代に出現した略体の「氺」が隷書の「氺」に継承され、楷書の「水」になった。偏では「氵（さんずい）」の形になるが、これは隷書の略体の「三」に起源がある。また文字の下部では「氺」の形になることもある（「黍《しょ》」など）。「巛（川）」も東周代に略体の「川」が出現し、楷書の「川」に継承されたが、楷書にも「巛」を反映した「巛」が残っている。

部首としての「水（氵）」は、「かわ」の意味と「みず」の意味の両方で使われる。前述した「河《か》」は、河川としての水（氵）を意符、可《か》を声符とする形声文字であり、「江《こう》」も工《こう》を声符としている。また「みず」の意味で使われた形声文字として「浴《よく》・湯《とう》・湖《こ》・海《かい》［海］」などがあり、それぞれ「谷《こく》・昜《よう》・胡《こ》・毎《まい》［毎］」を声符とする。

「水（氵）」を部首とする文字には意味が変わったものが多い。例えば「測《そく》」は、「河川の水深をはかる」が原義であるが、一般化して「はかる」として使われた。「減《げん》」も、「水が少なくなる」から一般化して「へる」や「へらす」として使われる。「決《けつ》」は「河川の堤防が切れること（決壊）」が原義であるが、転じて「きめる（決定など）」として使われる（それぞれ則《そく》・咸《かん》・夬《けつ》が声符の形声文字）。

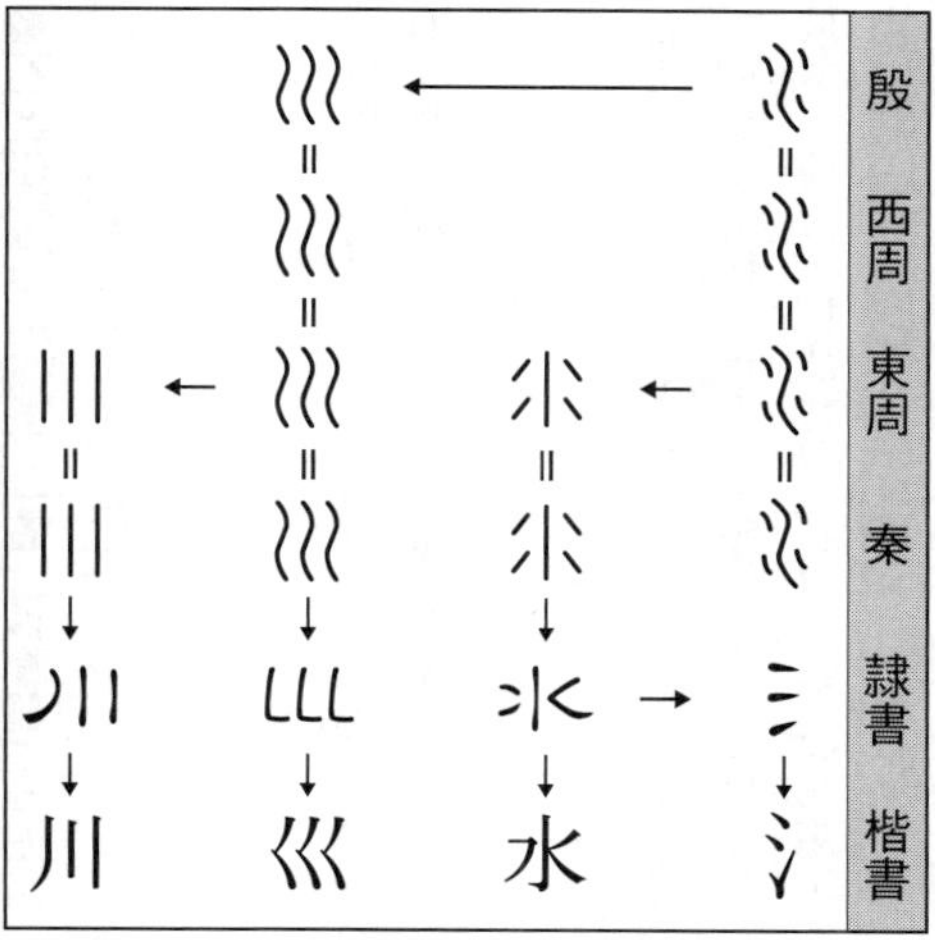

「法《ほう》」は、古くは「灋」という形であり、「河川（氵）」に「廌《たい》」という家畜を捨て「去」ることを表した会意文字である。そのうち廌を省いた略体が「法」であり、文字の意味としては「すてる」から反訓《はんくん》で逆の意味の「のっとる」になった。

一方、「巛《せん》（川）」は部首の用例が少なく、まれに会意文字で使用されるだけである。例えば「災」は、「巛」が水害、「火」が火災を表しており、合わせて災害全般を意味する。

●石と厂（いし・いしへん／がんだれ）「石」は楽器だった

「石」の意味として、殷代には「〓」と「〓」が併用されていた。このうち「〓」は、石製の打楽器である「石磬《せっけい》」の象形であり、左頁に発掘された石磬の写真を挙げた。向きがやや違うが、形状は「〓」に類似している。字源としてこれに関係するのが「声［聲］」（100頁）であり、「声」にあたる形が「〓」で石磬（〓）を吊《つる》した様子を表し、殸（〓）はそれを撥《ばち》で叩く音楽儀礼の様子である。

そして、「〓」の略体が「厂《かん》（〓）」であり、例えば「反（〓）」とその異体字の「〓」のような例がある。しかし、西周代になると、「厂（〓）」が「がけ」の意味に使用されるようになった（発音も変化）。おそらく字形が崖《がけ》の形に見えることからの転用であろう。

後漢代に作られた『説文解字』では、文字の作り方や転用法として「象形・指事・会意・形声・仮借・転注」の「六書《りくしょ》」のみを想定する。しかし、36頁などで述べたように字形による転用法（借形）も存在したのであり、「日」を「口」に代えて使ったり（224頁）、山の形の「〓」を階段の形の「〓」に合流させたり（227頁）といった例がある。

その後、「厂（〓）」は、ほとんど形状を変えずに楷書に継承されたが、部首としては西周代以降に「がけ」として使用され、例えば「崖に湧く泉」を表す「原」などに使われた。なお、「泉」は隷書に「〓」の形があり、「原」のうち「厂」を除く部分がそれを残している。

一方、殷代の「⿸厂口」については、「口」を追加したもので、これが「石」にあたる形である。「口」は「くち」ではなく、「祭礼の器」としての用法であろう。その後、西周代に「厂（𠃊）」を使った形（⿸厂口）になり、さらに楷書で「厂」が変形して「石」になった。

「石」は、部首として石に関係する文字に使用され、例えば「砕《さい》［碎］」や「礎《そ》」などがある。また、「研《けん》［硏］」は「砥石《といし》」が原義であり、そこから一般に「みがく」の意味になり、さらに「研鑽《けんさん》」や「研究」としても使われる（それぞれ卒《そつ》・楚《そ》・幵《けん》が声符の形声文字）。

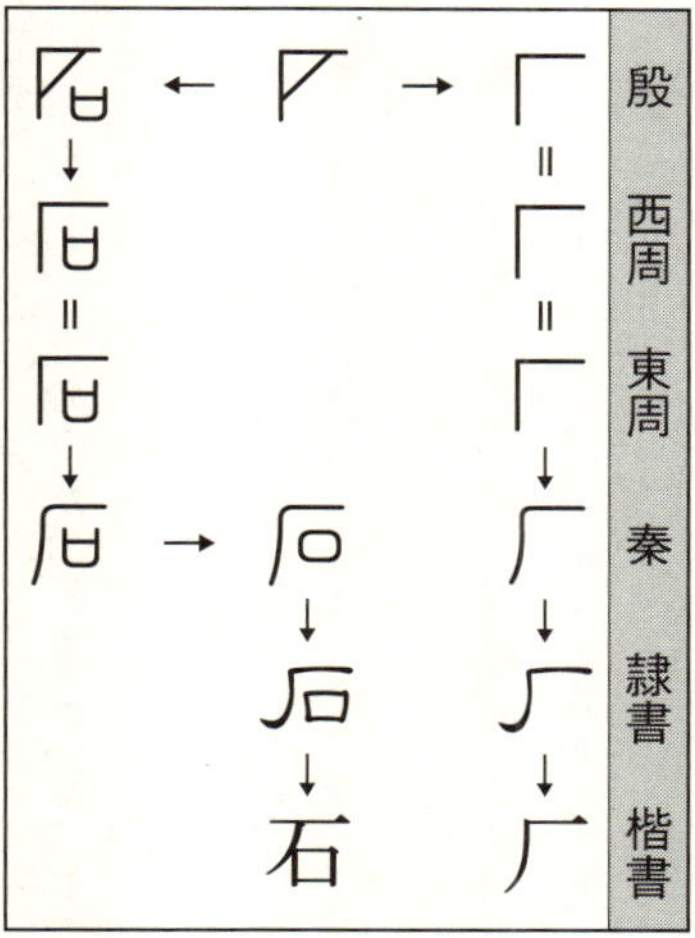

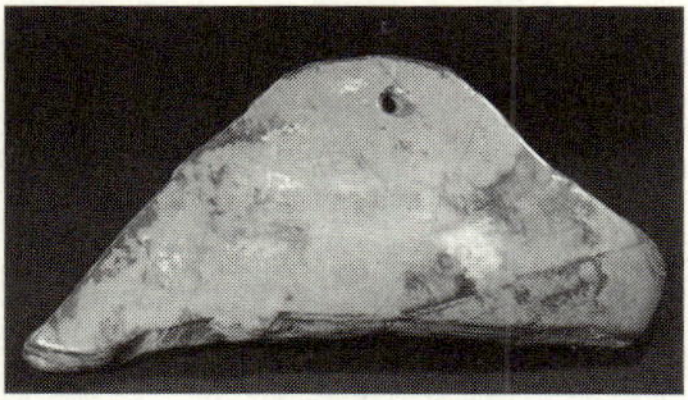

図22　発掘された殷代の石磬

□コラム　そのほかの同化・分化した部首

漢字の部首には、そのほかにも同化したり分化したりしたものがある。ここではそれらを簡単に紹介する。

●臼〔うす〕「臼《きゅう》」は、臼《うす》の象形であり、西周代に初めて作られた際には「」の形であった。それとは別に、両手の側面形である「𦥑《きょく》」（一番下の横線が離れている）という文字があり、当初は「」の形だった。両者は全く別の成り立ちであり、後漢代の『説文解字』では別の部首とされていたが、隷書以降に類似形になったため、『康熙字典』は「𦥑」を「臼」の部首に便宜的に編入している。字形としては楷書でも区別があり、例えば「臼」を用いた文字として「稲」の旧字の「稻」などがあり、「𦥑」を用いた文字として「興」などがある。ただし、一部には同化が見られ、「臼」を使った「臾《ゆ》」という文字に「𦥑」を使う例などがある。

●勹と尸〔尸〕〔つつみがまえ／しかばね〕「勹《ほう》（⺇）」は、人（）が屈《かが》んだ様子を表した文字である。

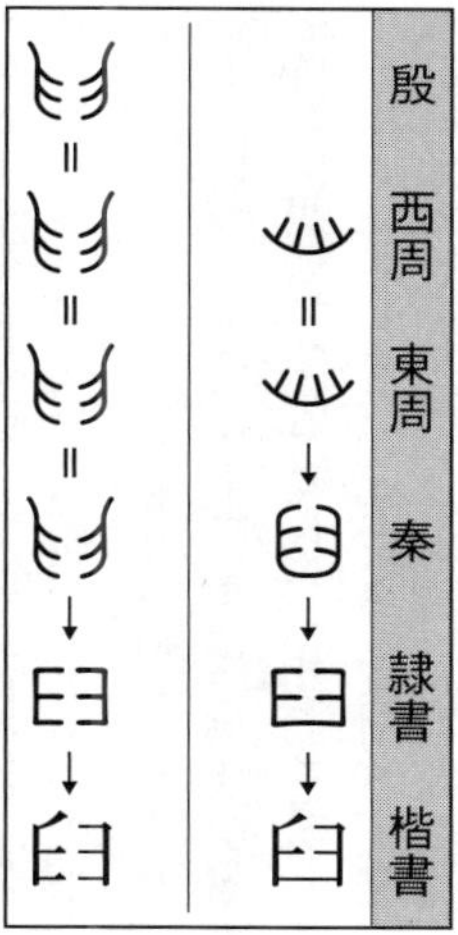

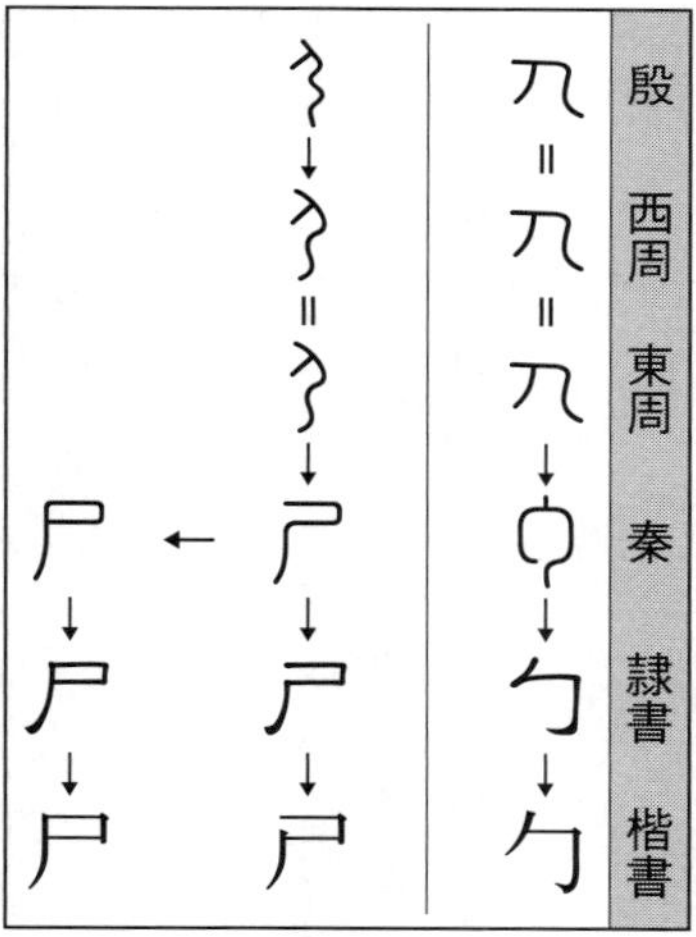

部首としては屈むことや身体に関係して使われ、例えば「包［包］」は元は子供を妊娠した女性の姿を表していた（楷書では「子」が類似形の「巳」に変わっている）。なお、「勹」は「包［包］」に使われているため「つつみがまえ」と通称される。そのほか、腕を曲げた形（[illegible]）なども楷書では「勹」に同化している。

　これに対して、「尸《し》［尸］（[illegible]）」は死者の象形であり、人（[illegible]）の足を曲げることで遺体（しかばね）であることを表現している。部首としては死者に関係して使用され、「屍《し》」などの例がある。しかし、秦代の篆書の「尸［尸］（[illegible]）」は、人の足を曲げた表現がなくなったため、東周代までの「勹（[illegible]）」とよく似た形になった。そのため、「勹」に代えて屈むことや身体に関係する部首としても使われるようになったのである（用法は借形にあたる）。

例えば「尿［尿］」は、殷代には「〓」の形で、屈んだ人が放尿する様子であったが、後に「勹（〓）」の部分が「尸［尸］」に代えられた（水滴を表す小点も「水」に代えられている）。そのほか、動物に扮《ふん》した人の様子の「尾［尾］（〓）」なども、楷書では部首が「尸［尸］」になっている。さらに、字形が「广《げん》（まだれ）」に近いことから、「家屋の形」としても使用され、「屋［屋］」などに用いられた（下部は「室」の略体）。

●耒と力〔すき／ちから〕

「耒《らい》（すき）」は、田畑を耕すための農具であり、殷代には「〓」の形であった。「力（〓）」は、その略体である。当時は牛耕（牛に犂《からすき》を牽《ひ》かせる農法）が普及していなかったので、耒を使って人力で田畑を耕しており、そのため「耒」の略体の「力」が「ちから」の意味に転用された（用法は転注）。

「耒」については、篆書（〓）で形状が複雑化した。部首としては本来の「すき」の意味で農耕に関係して使用され、「井《せい》」を声符とする「耕《こう》［耕］」などの例がある。

「力」については、一旦《いったん》篆書（〓）で複雑化したが、再び簡略化された。当初は「すき」の意味で会意文字に使われることが多く、田畑の耕作の様子を表した「男」などの例がある。その後、部首として「ちから」や「努力」の意味に専用され、「助《じょ》・勢《せい》・努《ど》・勉《べん》」などに使われた（それぞれ且《しょ》・埶《げい》・奴《ど》・免《めん》が声符の形声文字）。

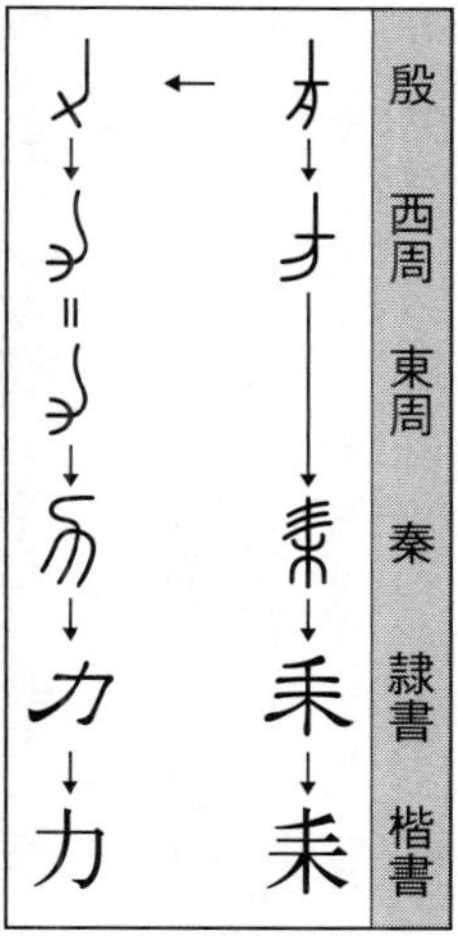

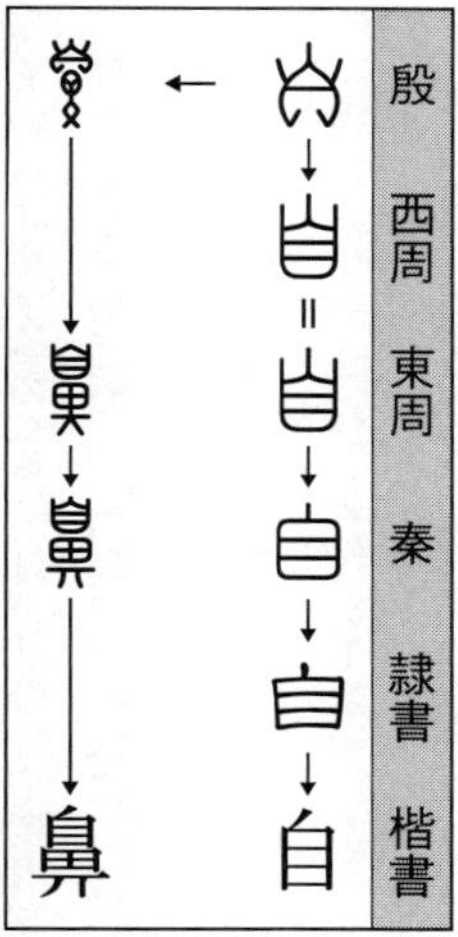

●**自と鼻［鼻］**（みずから／はな）「自」は、鼻の象形である。殷代には「」の形であり、上部の三本の線が鼻筋と鼻の両脇を表している。その後、下部の線がつながって「」となり、秦代の篆書でもほぼ同形が使われたが、その異体字に略体の「」があり、これが楷書の「自」に継承された。

ただし、「自」は「みずから」や「～より」として使われたため、すでに殷代に、「自（）」に声符の「畀《ひ》（）」を加えた「鼻《び》［鼻］（）」が作られている（「畀」は鏑《かぶら》矢《や》の象形）。これが継承され、楷書の旧字体も「自」と「畀」で「鼻」の形にな

っている（新字体の「鼻」は下部をやや変形している）。

部首としての「自」は、古い時代に「はな」の意味で会意文字として使われており、例えば「臭〔臭〕」は、「犬が鼻（自）で臭いをかぐ」を表している。また部首としての「鼻〔鼻〕」は、新しい時代に鼻に関係する形声文字の意符に使われており、「干《かん》」を声符とする「鼾《かん》（いびき）」などの例がある。

●幺と玄〔いとがしら/げん〕　「幺《よう》」は、糸束の象形であり、殷代には「」の形であった。「玄《げん》」は同源字であり、「糸束」の意味から転じて、染色した黒色の意味に用いられた（転注の用法）。殷代～西周代には明確な使い分けはなかったが、東周代に文字の上部を強調表示した「」が「玄」として分化した。楷書でも「玄」は「幺」の上部に2画を加えている。そのほか「午」も同源字であり、殷代には「」の形であったが、西周代に「」の形で分化した。東周代の「玄（）」は「」の影響を受けた可能性がある。
部首としての「幺」は糸に関係する文字に使われ、「玄」は黒色に関係して使われるが、いずれも用例は少ない。なお、「幺」は「糸」の上部に使われることから「いとがしら」と通称されるが、むしろ「糸」（122頁）の方が出現が遅い。

●**足と疋**〔あし・あしへん／ひき〕「足」は、足（脚部）全体の象形である。殷代の「[illegible]」は、足（足首より下）の形の「止（[illegible]）」だけではなく、脛《すね》や腿《もも》も表現していた。しかし、西周代には「止（[illegible]）」以外は簡略化されて楕円《だえん》形で表示され、これが楷書の「足」に継承された。偏の位置ではやや形が異なる「⻊（あしへん）」となるが、こちらの方が古い形（[illegible]）に近い。部首としての「足（⻊）」は、主に足に関係する文字や足でおこなう行動を表す文字に使用され、「跳《ちょう》」や「踊《よう》」などがある（それぞれ兆《ちょう》・甬《よう》を声符とする形声文字）。

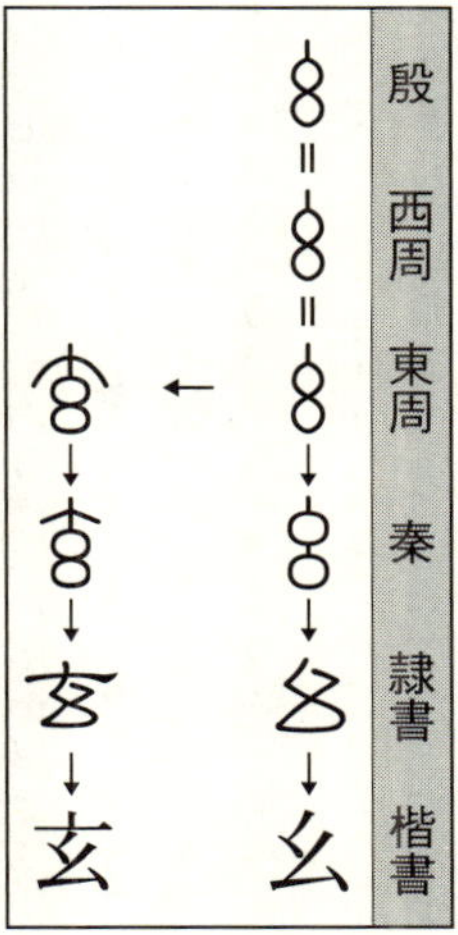

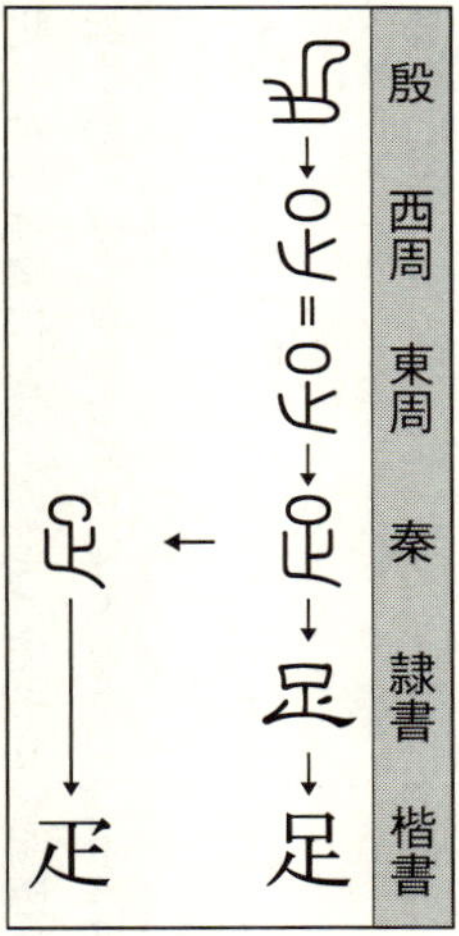

「疋」は、「足」からの分化字であり、意味としては明確な違いがなく「あし」として使用されるが、発音に変化があった。音読みは「ソ」または「ショ」であり、「疎《そ》」や「胥《しょ》」などの声符になっている。殷代から発音の分化は見られるが、字形として分

化したのは秦代の篆書（）であり、明確になったのは楷書（疋）においてである。『康熙字典』は部首として立てているが、用例はごく少ない。なお、部首名として「ひき」と通称されるが、これは日本で「匹」の代替字として使用されたという経緯からであり、本来の意味ではない。

●夂と夊（ふゆがしら／すいにょう）　「夂《ち》」は、足（足首より下）の象形の「止（）」を上下逆向きにした形の「」であり、進行を象徴する「止」とは逆に戻ることを象徴する。そのため「後」の初文の「夂（）」や「復」の初文の「复（）」などに使われている。なお、「冬（）」にも同形が使われているため「ふゆがしら」と通称されるが、「夂」にあたる部分は元は「」の形であり、糸の終端を表した別字である（「終（）」の初文にあたり、隷書で字形が「夂」に同化した）。

「夊《すい》」は、字形としては「夂」から派生したが、意味としては足の形の「止」から派生したという経緯を持つ。そのため、「ゆく」でも「もどる」でもなく単に足の形を表しており、例えば「夏（）」は、元は踊る人の足を強調した形に意符の「日」を加えた「」の形であった。そこから「日」を省いたものが楷書の「夏（）」である。

「夊」は「すいにょう」と通称されているが、繞《にょう》（左から下にかけて）ではなく脚《あし》（下部）

の位置にある。右下に長い払いがある形は位置にかかわらず「にょう」と呼称されることがあり、「夂」も別名を「ちにょう」という。

なお、「夊」は一旦隷書で「夂」に合流しており、その後、『康熙字典』などが正字として「夊」を復活させたが、新字体は「夂」のままになっている。こうした例として「夏〔夏〕」以外にも「夋《しゅん》〔夋〕」などがある。

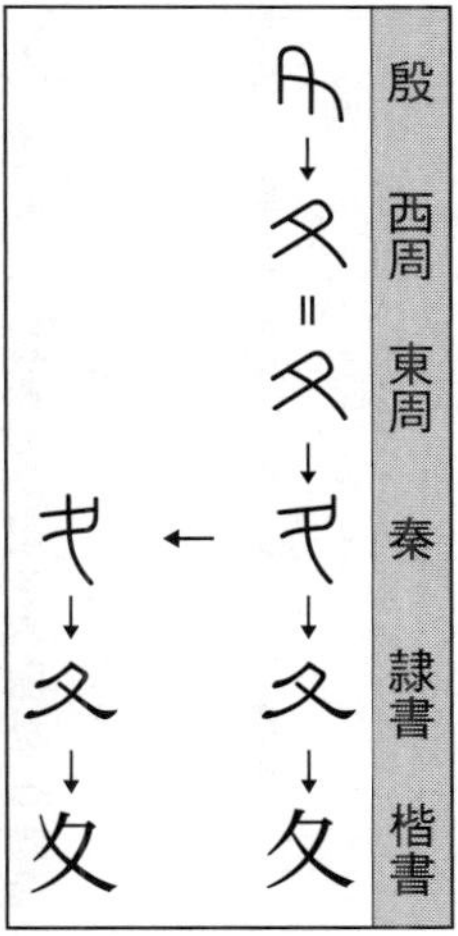

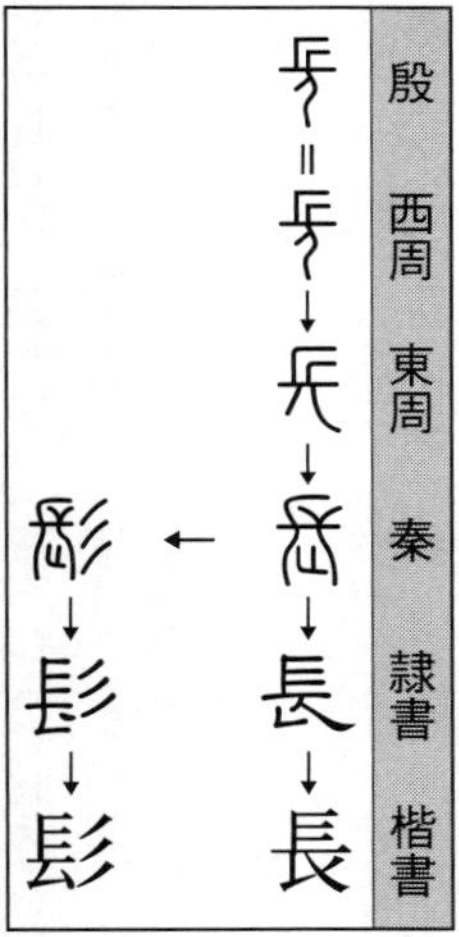

●長と髟〔ながい／かみがしら〕「長（〓）」は、「老（〓）」（110頁）と同様に長髪の人物を表している。「年長」の意味のほか、長い髪の表現から「長い」の意味になった。また部首としては、長髪から「長い」と「髪」に関係して使われた（楷書では偏で「镸」の形になる）。そして、秦代にあらためて髪を表す「髟《ひょう》」が作られ、髪に関係する文

字の部首が「長」から「髟」に入れ替えられたのである。

　部首の用例として、例えば「長（镸）」には「肆《し》」があり、元は「隶《たい》」を声符として「つらねる」を意味した（楷書は「隶」を字形が近い「聿」に変えている）。また、「犮《はつ》」を声符とする「髪《はつ》［髮］」は、元は「長」を意符としていたが、後に「髟」に入れ替えられた。

●干（かん）　「干」は、「単［單］」からの分化字である。「単［單］」は、最も古い形が「〓」であり、狩猟で使用する器具（「刺股《さすまた》」のようなもの）の象形である。それに盾《たて》の象形の「毌《かん》（〓）」を重ねたのが「〓」であり、これが楷書の「単［單］」に継承された。そして、「〓」の略体が「干（〓）」であり、「毌」の部分が横線に簡略化されている。ちなみに、「獣［獸］」の初文（狩猟の意味）として、殷代には「〓・〓・〓」が併用されていた（偏が単［單］・干、旁が犬）。
　文字の意味としては、「干」は重ねられた「毌」の意味に転換しており、「干戈《かんか》を交える」といった場合には「たて」の意味である（発音も「毌」に同化）。楷書の部首としては便宜的であり、「干」を声符として使用するものや類似形の「平［平］」などを配列するために設けられている。

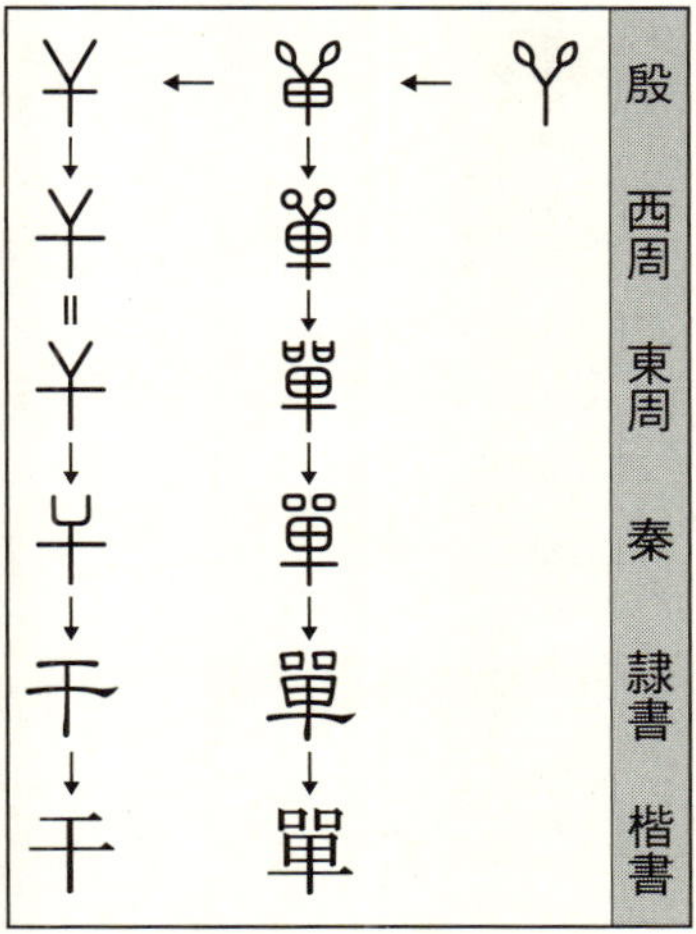

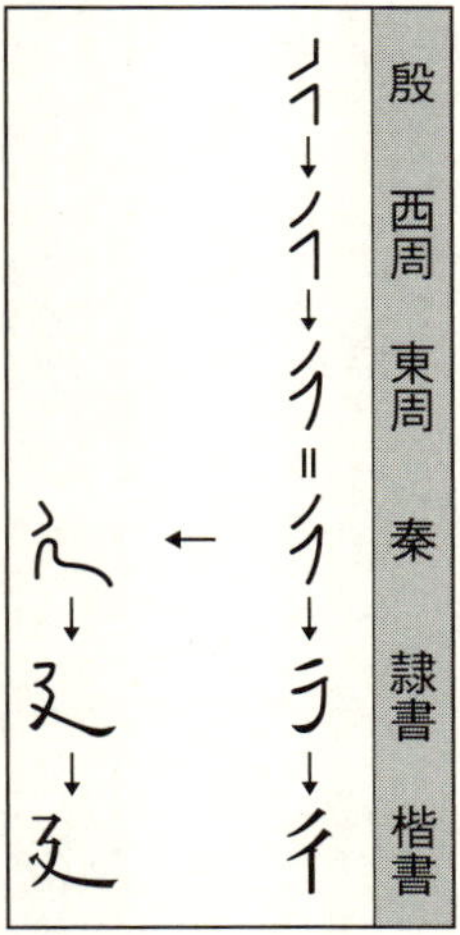

●廴〔えんにょう〕（170頁）「廴《えん》」は、「彳《てき》（ぎょうにんべん）」から分化した部首である。「延」の部首であり、またその略体としても使われることから「えんにょう」と呼称される。「延」は殷代には「𢓊」の形で、「延長して行く」の意味だったが、後に「彳（彳）」が「廴」に変わり、また「止（止）」の上部に「延長を示す記号」として「ノ」が加えられた。なお、「建」や「廷」は「匚《けい》（かくしがまえ）」が「彳」に近い形になり、さらに「廴」になったという経緯である。

第八章　成り立ちに諸説ある部首——今でも続く字源研究

序章でも述べたように、漢字の歴史は甲骨文字よりもさらに古く、おそらく約4千年の歴史を持つ。しかし、その成り立ちが最初に研究されたのは後漢代の『説文解字』であり、漢字が出現してから約2千年が経過している。そのため、それまでの間に字形が変わったり用法が変化していることも多く、『説文解字』の分析や情報は、必ずしも正確ではない。

一方、現在の我々は甲骨文字を見ることができるのだが、その段階ですでに字形が変化していたり、複数の用法があったりするために成り立ちに諸説ある文字もある。また甲骨文字よりも新しい金文や篆書《てんしょ》の方が読みやすいため、それに影響された説も見られる。

部首も同様で、本章ではそうした成り立ちに諸説ある部首を紹介する。なお、近年における研究の発達や新資料の発掘により成り立ちが判明した部首もあり、それも含めて取り扱う。諸説ある部首は、楷書《かいしょ》での用例が少ないため、見開きではなく詰めて記述する。またコラムでは、『説文解字』が整理の必要から便宜的に設定した部首（字源のない部首）を取り上げる。

●**黽**〔かえる〕「黽《べん》」は、動物の象形であることは見解が一致しているが、何を元にしたのかについて異論がある。部首名が「かえる」であるように、後代には「鼃《あい》（カエル）」の意味で使用されており、その象形とする説が有力である。しかし、「鼄《ちゅ》（クモ）」の象形、あるいは「鼈《べつ》（スッポン）」の象形とする説もあり、いずれも部首として「黽」が使われている（それぞれ圭《けい》・朱《しゅ》・敝《へい》が声符の形声文字）。

　殷代の字形（）は横線が突き抜けているので、クモが糸を張っている様子と見ることもできる。また、西周代には「」の形になっており、こちらは足の形が明瞭《めいりょう》でスッポンの象形にも見える。

「黽」は、殷代には部首としての例がなく単独でのみ使用され、しかも占いの用語として使われていて原義での用例がない。そして、西周代以降には部首としてカエル・クモ・スッポンなどに関係して使われる。そのため、正確な分析が難しいのが現状であるが、あるいは時代ごとに解釈が違い、そのため多様な動物の部首に使われたのかもしれない。「黽」には「ベン」のほか「ボウ」や「ビン」の発音もあり、そうした解釈の多様さを反映している可能性がある。

●**黒［黑］**〔くろ〕「黒［黑］」の成り立ちについて、『説文解字』は「火によって燻《くん》じられた色」とする。秦代の篆書（〓）は下部が「炎（〓）」になっていることもあり、この説が長く信じられてきた。

しかし、近代に発見された資料から言えば、「〓」は秦代の中でも特殊な字形であり、当時の標準的な字形（〓・〓）とは異なっていた。しかも、殷代には「〓」の形であり、下部が「火」に近い形になったのは、早くとも西周代の「〓」であることが判明した。したがって、「火によって燻じられた色」というのは西周代以降の解釈ということになる。

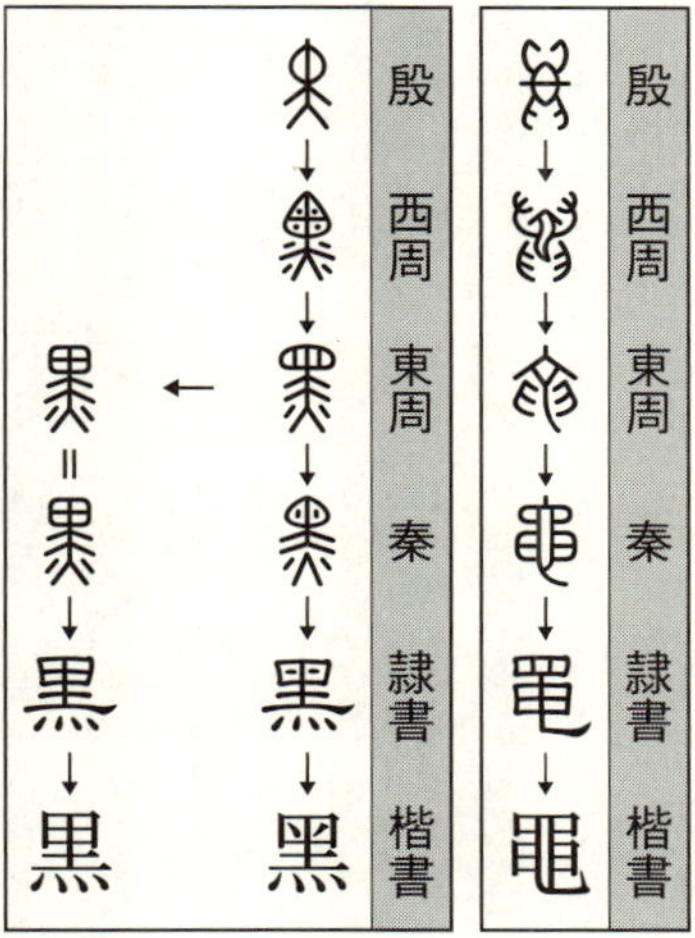

そのため、殷代の「〓」から成り立ちを考えるべきだが、現状では、これが「𦰩《かん》（〓）」という文字の下部と同形であることまでしか確実には言えない。「𦰩（〓）」の成り立ちについては、「飾りをつけた人の姿」や「顔に入れ墨をされた罪人の姿」など諸説あるが、動物の皮革を表す「革（〓）」（87頁）に近いので、筆者は皮革に関係する成り立ちではないかと考えている。

「黒［黑］」は、部首としては黒色に関係する文字に使用される。例えば「点《てん》」の旧字体の「點」は、黒［黑］を意符、占《せん》を声符とする形声文字で、「黒い点」が原義であり、そこから一般に「てん」として使用されている。字形については、「黒」は新字体とされるが、東周代の「〓」に原形があり、同じく東周代の「〓」に起源がある旧字体の「黑」と同程度の歴史がある。

●**片**〔かた・かたへん〕「片」は、秦代の篆書で「〓」の形である。かつては、それより古い時代の資料がなかったため、「〓」の形から起源の議論がおこなわれており、「木」（篆書で「〓」）を半分にすることで「木片」を表したとする説と、「爿《しょう》」（篆書で「〓」）の左右反転形で、「版築工事用の当て木の表現」とする説があった。

そして、近年に発見された戦国時代の竹簡で、部首として「〓」の形が使われていることが判明した。これは「爿（〓・〓）」とは全く違う形で、「木（〓・〓）」に近いので、「木の半分」とする説が妥当である。

「片」は、部首として木片に関係して使われており、木の札を表す「牘《とく》」や木板が原義の「版《はん》」などに見られる（それぞれ賣《いく》・反《はん》が声符の形声文字）。

●**身**〔み〕「身」は、後代には「身体」と「妊娠」の意味で使われており、どちらが原義かで議論があった。そして、近代に甲骨文字が発見されると、そこで使われた形が「」であることから、「妊娠」説が有力視された。「」を「妊娠して腹が膨らんだ人の姿」と考えたのである。

ところが、甲骨文字を文章として読んでみると、「疾歯（歯を疾《や》む）」や「疾目（目を疾む）」などと同じ構造の文章で「疾身」として記されていた。つまり、「身（）」は「身体」でも「妊娠」でもなく、人体の部位を表した文字だったのである。

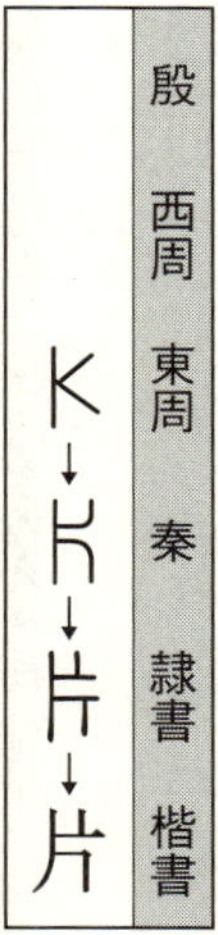

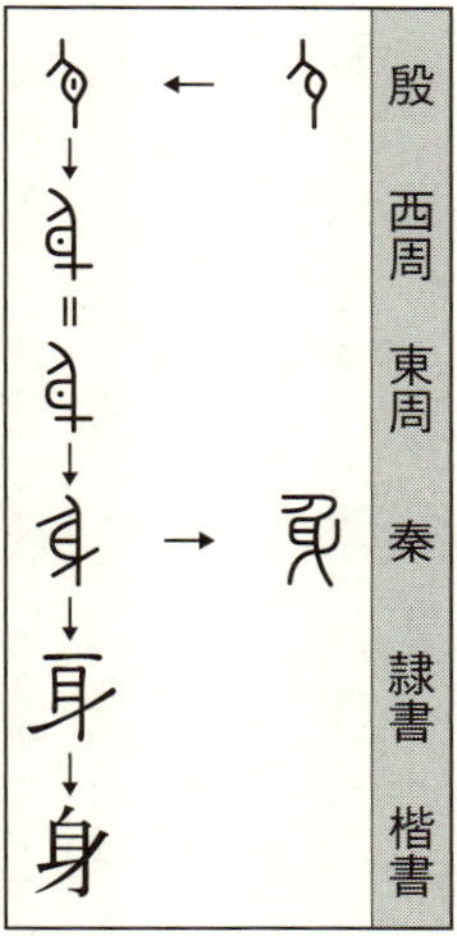

それを明らかにするのが甲骨文字の「腹」であり、当時は「」として身（）を意符、復《ふく》（）を声符とする形声文字の構造だった。つまり、「身」は「腹部」を表す文字であり、「」は人（）の腹の部分に記号を加えた指事文字だったのである。ちなみに、甲骨文字では「膝《ひざ》」が「」で表示され、「肩」が「」で示されるように、ほかにも「人（）」に指事記号を付けることで部位を示す方法が使われている。

なお、後の時代に「妊娠」の意味に使われたのは、おそらく近代の学者と同じく「妊娠して腹が膨らんだ人の姿」と誤解したためであり、用法としては借形にあたる。

字形について、殷代の異体字には腹部に点を付けてより強調した形（）があり、これが後代に継承された。秦代に篆書とされたのは曲線を強めた「」であるが、それとは別の系統が残り、楷書の「身」になっている。「身」は部首として身体に関係する文字に使われるが、機能が「肉（月）」と重なっており、用例は少ない。ちなみに「腹」も、後に意符が「月（にくづき）」に置き換えられた。

●氏〔うじ〕「氏」の字源については、「匙《さじ》の形」「ナイフの形」「槌《つち》の形」など諸説がある。しかし、最も古い用例として、殷代において「昏《こん》（）」という文字の一部に使われていて、これは「黄昏《こうこん》（夕暮れ）」の時間帯を表している。上部は人の屈《かが》んだ姿である「勹《ほう》（）」に形が近く、下部が太陽の象形の「日（）」であり、「屈んだ人が下げた手よりもさらに低い位置に太陽が来る時間帯」を表した文字である。旧来の説は、西周代の「」などから字源を考えたために誤解が生じていた。

異体字には手に強調符号を加えた「」があり、これが後代に継承され「昏」になっており、独立した文字としての「氏（）」もこの系統が残った「」の系統も東周代の「」

まで使われた）。秦代に篆書とされたのは「氏」であるが、本来の形に近い「氏」が継承され、楷書の「氏」になった。楷書のうち3画目の横画が強調符号に由来している。

文字の意味としては、「氏族」の意味に転用されたが、その経緯は不明である。また、楷書の部首としては、「民」など別の成り立ちの類似形を編入しており、便宜的な設定である。

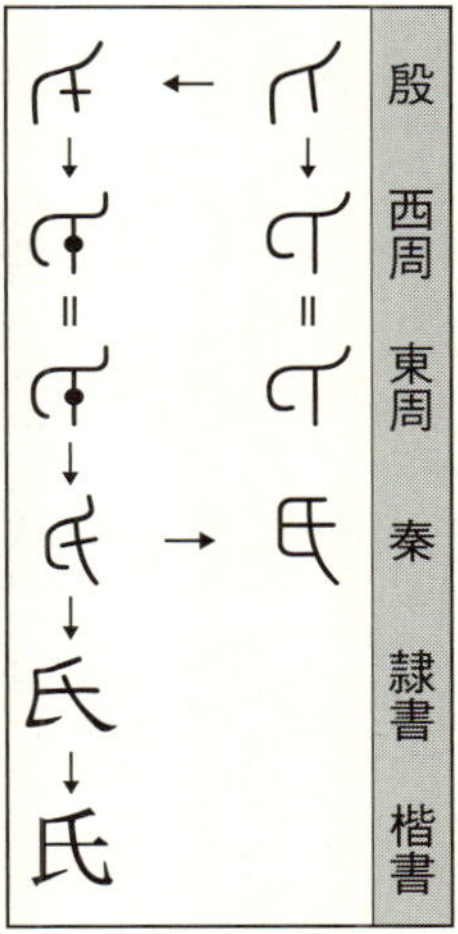

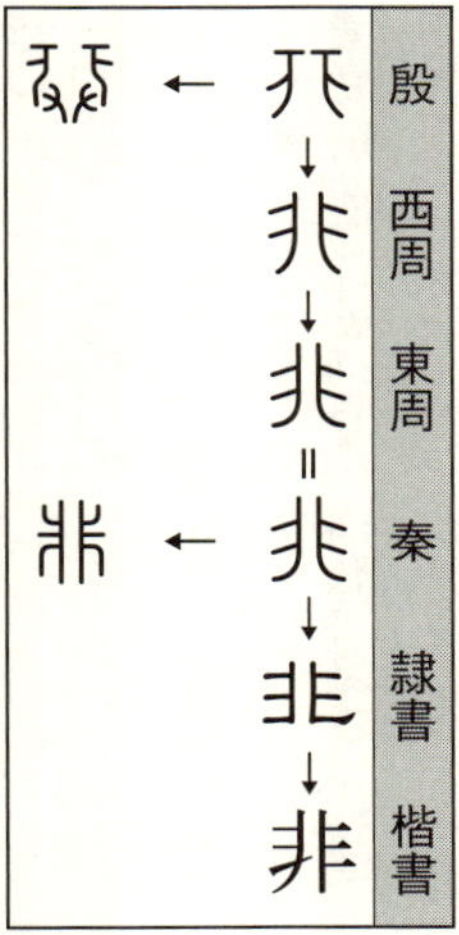

●**非**〔あらず〕「非」は、西周代に「非」の形になり、また秦代の篆書では「非」の形になっている。これらは羽根の象形の「羽（羽）」（68頁）や鳥が飛ぶ様子の「飛（飛）」（69頁）に近いことから、かつては「鳥の羽を表したもの」とする説が有力だった。

しかし、殷代には「非」などの形であり、頭部を強調した人（亻）が互いに背を向けた形のようである。異体字には人を引き離す手の形（）を加えたもの（）も見られる。したがって、人が背を向けることから否定の意味を表した会意文字であると筆者は考えている。なお、部首としては違背などの意味に関係して使用されるが、用例はごく少ない。

●色（いろ） 「色」は、秦代の篆書で「」の形であり、上部が人（）に近いことから、かつては「人が人に乗っている」と解釈して「男女の色情」を原義とする説が有力だった。しかし、その後、東周代の資料に「色（）」が発見され、「人」ではなく手の形の「（）」を使った文字だったことが判明した（それ以外は座った人の形の「卩《せつ》（㔾）」）。楷書では「」がカタカナの「ク」のような形になり、「卩（㔾）」も「巴」に変わっている。

東周代の字形の「」が、同時代の「印（）」や「抑《よく》」の古い形の「《よく》（）」に近いことから、そこからの分化字とする説もある。字形上の矛盾はないが、東周代の資料では「顔色」の意味で使われているので、「手を顔に当てた人の姿」によってその意味を表したとするのが妥当だろう。部首としては人の容貌《ようぼう》に関係して使われるが、用例はごく少ない。

●釆（のごめ） 「釆《はん》」については、『説文解字』が「動物の指の爪」と解釈しており、この説が広く知られているが、実際にその意味で使われた例がない。そのため別の字源と見なし、

「釆」が種をまく意味の「播《は》」の初文の「番」（西周代に「畨」の形）に使われていることから、「手（扌）」に播《ま》くための種を持った様子」とする説もある。「番《ばん》」においては、直接的には「釆《はん》」は声符であるが、もし意味も表す亦声《えきせい》ならば、後者の説が正しいことになる。ただし、「釆」は文字としては「区別する」の意味で使われるようになっており、いずれが正しいのかを証明することは難しい。なお、部首としてもその意味で使われ、「睪《えき》」を声符とする「釈《しゃく》〔釋〕」に使用されているが、そのほかの用例はごく少ない。

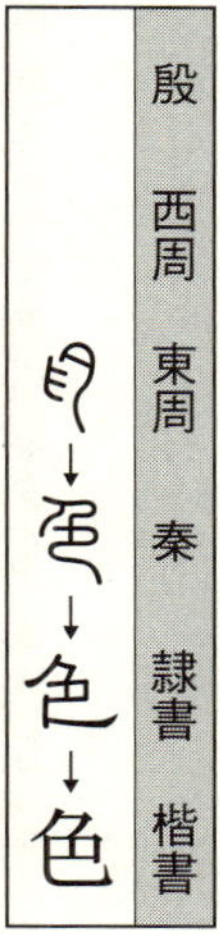

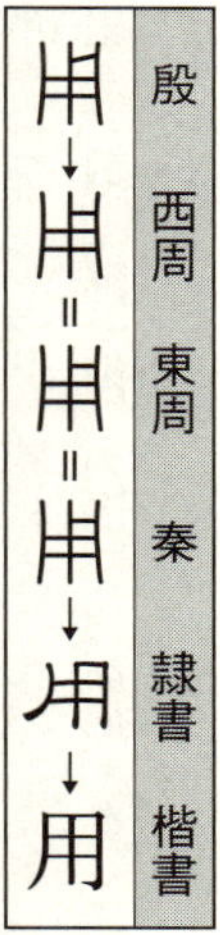

　字形は、篆書で「釆」となり、楷書で「釆」になった。上部がカタカナの「ノ」のような形、下部が「米」と同形になっているため、部首名としては「のごめ」と通称される。また、隷書などでは「米」で代用される例も見られる（例えば隷書で「番」が「畨」の形）。

●**用**〔もちいる〕「用」の字源について、会意文字とする説もあるが、殷代の段階（用）から単一の構造であり、象形文字と考えるのが妥当である。何の象形であるかについては、「木組みの柵《さく》」「鏞《かね》（鐘）の形」「桶《おけ》の形」などの説がある。

殷代から仮借《かしゃ》（当て字）の用法で「もちいる」の意味にのみ使われているので、いずれが正しいかを確実に証明することは難しいが、甲骨文字には「桶で土を運ぶ様子」を表したと思われる「」という文字があり、「桶の象形」が正しいのではないかと筆者は考えている。この場合、「桶《とう》」が繁文であり、声符の「甬《よう》」は「用」のうち上部（把手《とって》の部分）を強調した同源字なので亦声にあたる。ただし「」は後代に残っていないので、やはり確実な証明にはならない。

なお、部首としての「用」は意符として用いられず、「甫《ほ》」（甲骨文字では「」）など類似形を編入するのみである。

●己（おのれ）

「己」は、殷代の段階からきわめて単純な形であるため、かつては「糸の端」「糸巻きの象形」「屈曲を表す記号」など多数の説があった。

甲骨文字の用法を見ると、例えば矢（）に紐《ひも》を付けた「いぐるみ」が「」の形で表示されている。したがって、「己（）」は「紐を巻き付けた様子」が字源であろう。そのほか、「弟」の初文は「」の形であり、杙《くい》の象形の弋《よく》（）に紐を巻き付けた様子と考えられる

（この場合には変形して楷書で「弓」にほぼ同化している）。

「己」は、仮借で「おのれ」などの意味に使われており、部首としての「己」も、本来での用法はなく「巳《し》」や「巴《は》」などの類似形を編入するのみである。字形については、殷代の「己」から楷書の「己」まで同様の形状である。また、秦代に篆書とされたのは「[illegible]」であり、楷書には残っていないが、「弟」などの字形に影響を与えている。

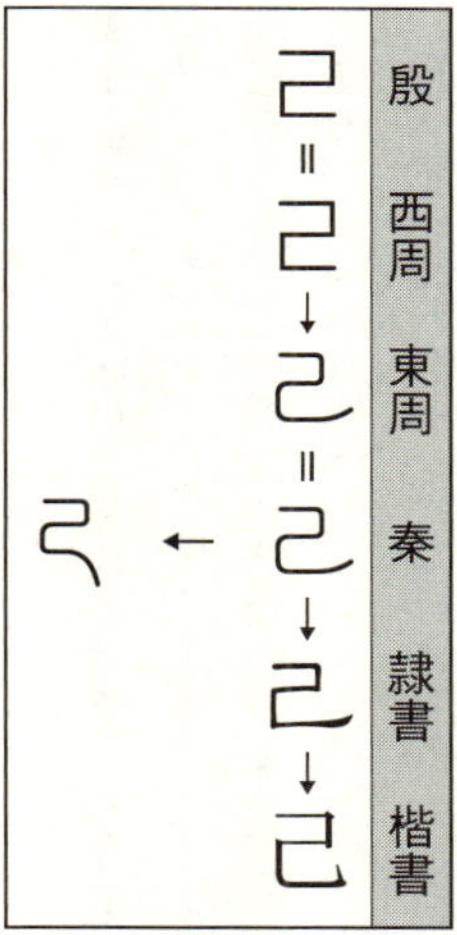

●冂（けいがまえ）「冂《けい》」の成り立ちについて、かつては「遠くにある国境を示す表現」とする説が支持されていた。しかし、甲骨文字では「[illegible]」の形であり、「枷《かせ》」として使われている。例えば、「央（[illegible]）」では人に付けた首枷として使用され、また箒《ほうき》の象形の「帚《そう》（[illegible]）」では柄《え》に付けた木の枝などを締めた様子を表している（「冂」は央では「冂」の部分、帚では「冖」の部分にあたる）。
その後、原義では使われなくなり、また字

形も変化したため誤解が生じた。部首としても原義で使われておらず、「冊」など類似形を編入するのみである。なお、「冂」は字形として「構え」に見えるため「けいがまえ」と通称されるが、前述のように主に文字の一部分として使用されている。

●士〔さむらい〕　「士」は、後代には成年男性や貴族を意味して用いられ、また下級官吏（日本では武士）の意味になったが、字源については諸説がある。篆書（士）を元に「牡器《ぼき》」とする説もあるが、古い形に合わない。また、西周代の「土」を元に「まさかりの刃」とする説もあるが、これも殷代の「仒」とは異なっている。

殷代の「仒」については、形状から「戈（146頁）の刃」で上が刃先とする説がある。また、字形から言えば「高（㐫）」（175頁）の上部にも近い。ただし、資料上に成り立ちを示すものが全くなく（殷代には祭祀名としてのみ使われている）、現状では字源を明らかにすることが難しい。

字形は、東周代の「士」で「土（土）」に近くなったが、秦代の篆書（士）でおそらく区別のために上の横線を長く描くようになった。部首としては成年男性に関して使用され、例えば「壮《そう》（壯）」は、士を意符、爿《しょう》を声符とする形声文字である。

●斉［齊］〔せい〕「斉［齊］」は、後に「斉一」の意味に使われたことから、「穀物の穂が生えそろっている様子」とする説が有力視されているが、殷代の「」は穀物の穂の意味では使われていない。また、「参［參］（）」に使われていることから「髪に簪《かんざし》が並んでいる様子」とする説もあるが、「参［參］（）」は「斉［齊］（）」ではなく「妻（）」の系統の字形である。

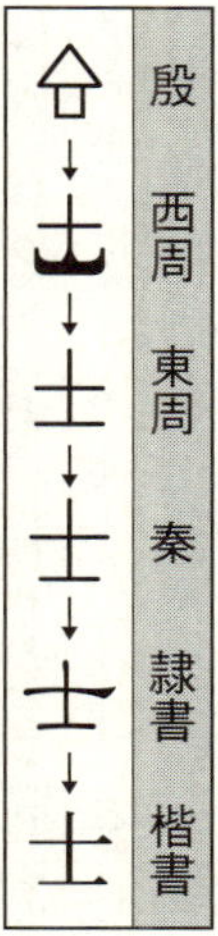

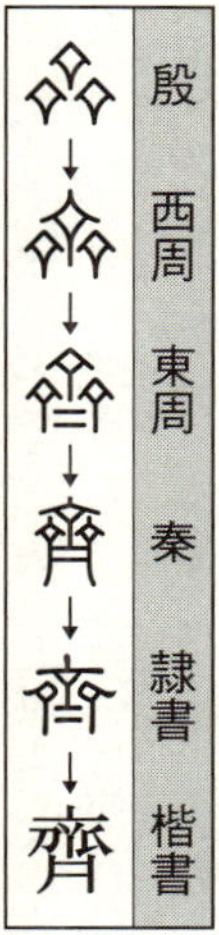

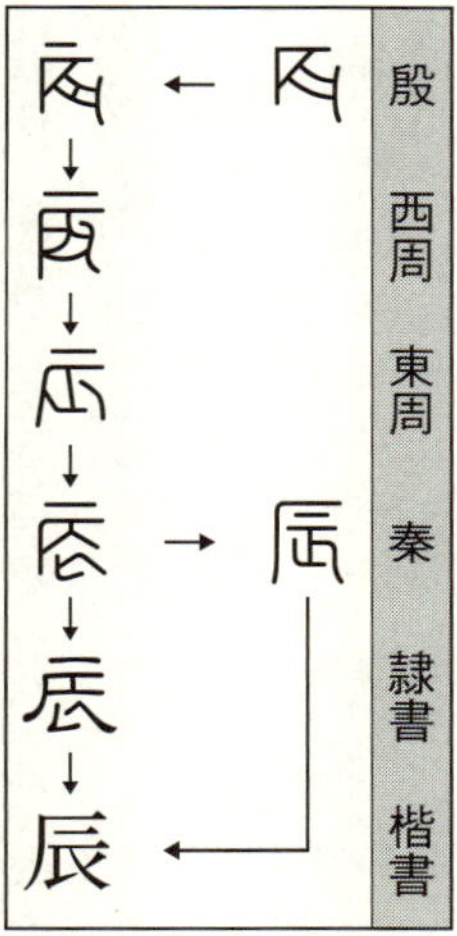

　そもそも、殷代には「斉［齊］」は地名（現在の山東《さんとう》省）として使われていて、「斉一」は後に出現した字義である。そのため、現状では字源を分析することは難しいが、甲骨文字では「栗」の初文（）の異体字（）に類似形が使われており、あるいは栗の実が起源かもしれない。

　字形は、東周代に下部に「二」を加えた「」となり、さらに各部分が変形して楷書の旧字体の「齊」になった（新字体の「斉」

は略体)。部首としては、意符の用例がなく、「齊」を声符とするもの(「斎〔齋〕」など)をいくらか編入するのみである。

●**辰**〔たつ〕「辰《しん》」は十二支として使われ、部首名として「たつ」と呼称されるが、「竜〔龍〕」(85頁)とは成り立ちが全く異なる。「蜃《しん》(大きなハマグリ)」に使われることから、かつては「貝が殻から足(身の一部)を出している様子」とする説が有力視されていた。

しかし、殷代の「〓」などに使われているのは「石」の初文の「厂(〓)」(234頁)である。しかも、部首として「農」に使われており、殷代には木(〓)を掘り起こす様子の「〓」の形であった。したがって、「辰(〓)」は石製の農具と考えるのが妥当である。そのほか折衷して「貝製の農具」とする説もあるが、「〓」を「貝殻」として使う例はなく、牽《けん》強付会《きょうふかい》にほかならない。「蜃」に使われているのは単なる声符としての用法である。

「辰」は、部首としては農業に関係して使われるが、用例はごく少ない。字形について、殷代の異体字には、上部に掘り起こすものを抽象的に横線で表示した「〓」があり、これが後代に継承された。さらに、西周代の「〓」では曲線が多用されており、この段階で「貝の象形」と誤解されていた可能性がある。その後も字形の変化があり、楷書の「辰」は隷書の「〓」と秦代の篆書の「〓」の折衷形になっている。

●爻〔こう〕「爻《こう》」は、後代には「まじわることを表す記号」とされ、部首としてもその用例が僅《わず》かだが見られるため、それを字源と見なすことが有力視されている。しかし、殷代の甲骨文字では「学［學］」の初文の「𦥯《かく》（）」や「教［敎］（斆）」に使われているので、学校で教えられる文字か数字の表現と考えるのが妥当である。入れ墨を表す「文（）」に「乂」が使用されているので、それを重ねた「㸚」は文字の一般形ではないかと筆者は考えている。

そのほか、神社などに使われている「千《ち》木《ぎ》」の象形とする説もあるが、古代中国に千木の使用は確認されていない。字形については、ほぼ変化がなく楷書の「爻」になっている。

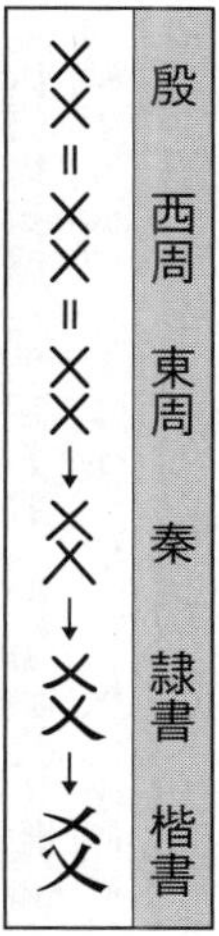

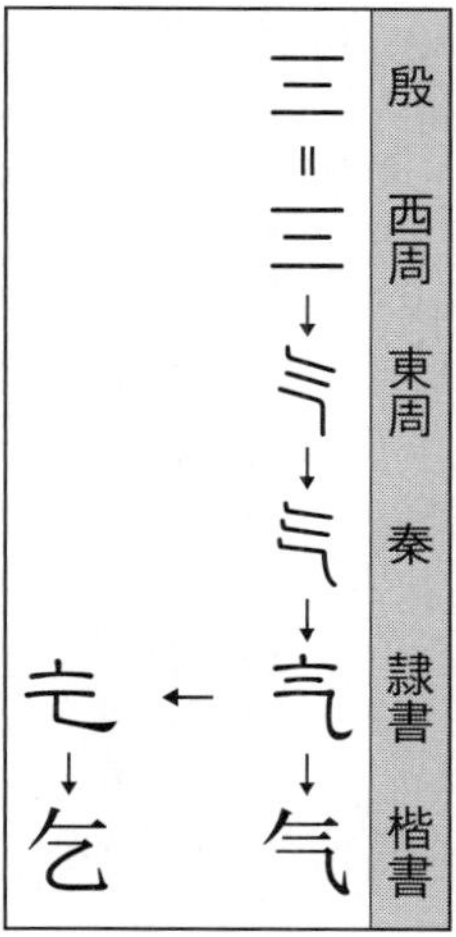

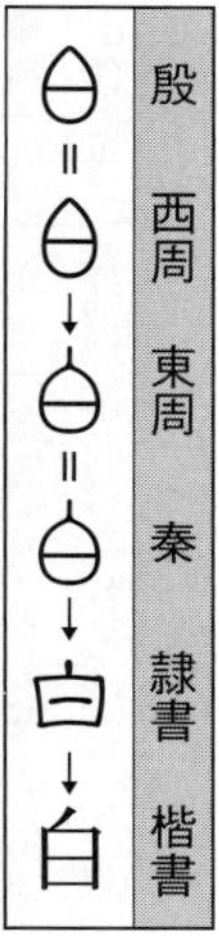

●气〔きがまえ〕「气《き》」は同源字として「乞《き》」があり、いずれが起源かで見解が分かれている。殷代には「貢納物が届けられる」という意味で使われており、この場合には「迄《きつ》（いたる）」の初文としての「乞」にあたる。一方、後の時代には「気体の表現」と見なされ、またその意味で「气」が部首として使用されたため、こちらを字源とする研究者もいる。「气」と「乞（迄）」には意味上の関連がないため、どちらかが原義であり、どちらかが転用されたものである。現状では確定が困難であるが、より古い用法である「乞（迄）」が起源ではないかと筆者は考えている。殷代の「三」は貢納物を積んだ様子を抽象的に表したものであろう。

字形として両者が分かれたのは隷書のことであり、それまでは同一字形が「气」と「乞」の両方の意味に使用された。部首としては、「气」は気体や大気に関係して使われるが、用例は少ない。なお「気《き》〔氣〕」は、米を意符、气《き》を声符とする形声文字であり、「食物を贈る」が原義であるが、仮借の用法で「气」の意味に転用された。

●白〔しろ〕「白」は成り立ちに諸説あり、「どんぐりの実の形」「親指の象形」「白骨化した頭蓋骨《ずがいこつ》」「白い米粒の象形」など、様々な考え方が提示されている。しかし、字形が単純化されているとともに、資料上では原義で使われていないという特徴のため、いまだに字源が特定できていない。

なお、「百」は「白」を仮借したうえに数字の「一（一）」を加えることで「一百」を表しているが、殷代には「」よりも「」の用例が多い。従来は「」の形を元にした字源説が提示されていたが、実際には「」がより字源に近い形で、これを元に分析すべきであろうと筆者は考えている。

字形については、殷代の「」から形をあまり変えずに楷書の「白」になっている。部首としては、白いことや光ることに関係して用いられるが、用例は少ない。

□コラム　字源のない部首

漢字の部首には、『説文解字』によって便宜的に部首とされたものがある。その多くは分類のために文字の一部を取り出したもので、本来は独立した文字・部首ではなかったのだが、『説文解字』以後に独立した文字・部首と見なされるようになった。ここでは、そうした具体的な字源を持たない部首を取り上げる。配列は基本的に画数順とする。

●丨〔たてぼう〕「丨《こん》」は、分類の便宜上、文字に含まれる長い縦画を取り出したもので、「中」などが編入されている。ただし、「中」は元は吹き流しなどが多い特殊な旗を表した単一の象形（）であり、旗竿の「丨」だけを分離できる構造ではなかった。なお、発音として「コン」が当てられているが、これも『説文解字』以後に定められたものである（以下の部首も同様）。一説には「丨」が「棍棒《こんぼう》」に見えることから「棍」の発音で呼ばれたという。

●亅〔はねぼう〕「亅《けつ》」も、文字の一部を取り出したものであるが、『説文解字』は篆書から

「ʃ」の形を取り出した。その後、楷書では「亅」の形になったため、『康熙字典』ではまた別の成り立ちである「予」や「事」などを便宜的に編入している。

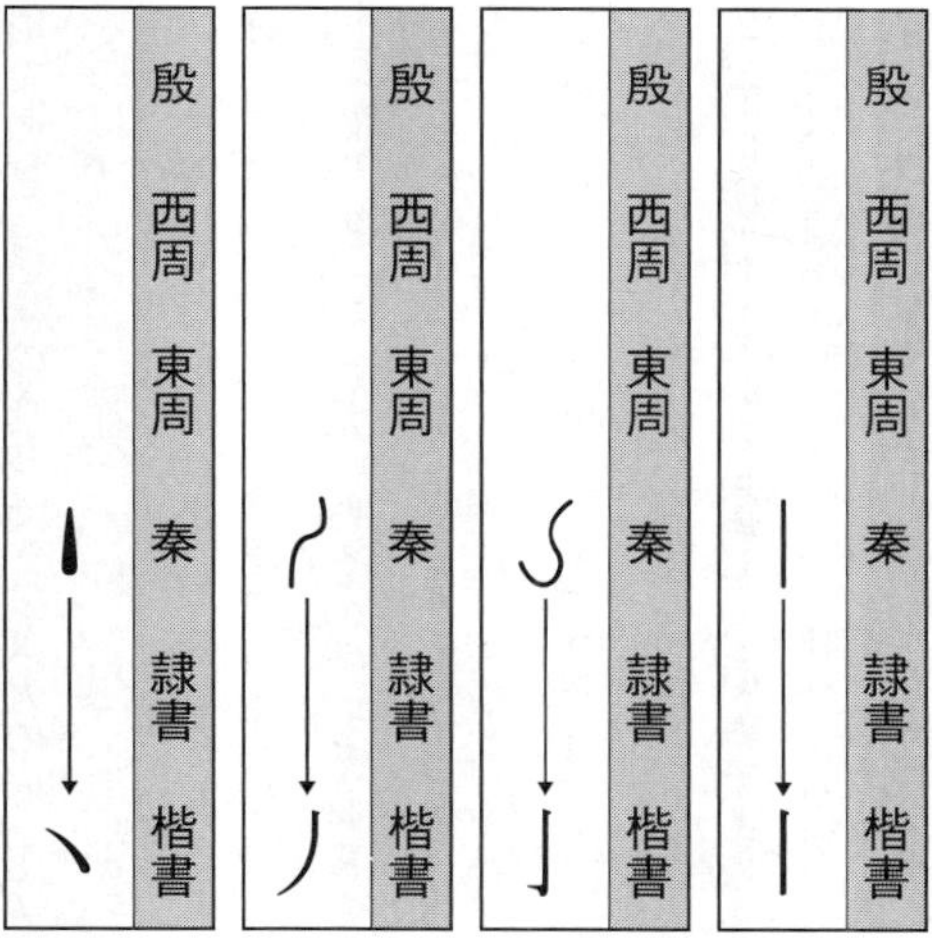

●丿〔へつ〕「丿《へつ》（ʃ）」は、篆書の「乂《がい》（乂）」の一部などを構成していた形である。ただし、殷代には「乂」は絵画を抽象的に表した「ꝏ」の形であり、全体で単一の構造であった。なお、殷代には「丿」の類似形として「丿」が使われていたが、これは「八（八）」の片方を表しており（意味は「左右一対の肩甲骨のうち片方」）、後代の「丿」とは直接の継承関係がない。

●丶〔てん〕「丶《ちゅ》」は、直接には「主」（篆書は「主」）の略体にあたる。ただし「主」は、殷代には松明《たいまつ》を表した「𣎳」などの形であり、楷書のうち「丶」は火の形（〓）の略体に由来していて独立した象形ではない。そのほか、『康熙字典』では「丹」など別の成り立ちの文字も便宜的に編入している。

●冖（わかんむり）「冖《べき》」も、便宜的に取り出された形である。殷代には建物の形の「冂」や囲いの形の「〓」だったもので、それらの一部が篆書で「冂」になった。そのほか、楷書の「冖」には、「宀」や「勹」が変形して同化したものも含まれている。

●厶（む）「厶《し》」（篆書では「〓」）は、直接的には「私」（篆書では「〓」）の略体にあたる。ただし、「私」は元は「禾《か》（〓）」と囲い込みを表す四角形から成る「〓」の形であり、「私的に所有している穀物」が原義である。なお、カタカナの「ム」に近いことから、日本では部首名として「む」と呼ばれるが、カタカナの「ム」は「牟《む》」の一部を取り出したものであり、「私・厶」とは別の成り立ちである。

●彑（ヨ）（けいがしら）「彑《けい》」は、野生の豚を表す「彘《てい》」（殷代には「〓」）や錐《きり》の象形の「彔《ろく》」（殷代には「〓」）などの一部が同形になったものを便宜的に取り出したもので、本来は独立した文字ではない。「彑」は「ケイ」の読みが当てられていることから「けいがしら」

と呼ばれる。なお、『康熙字典』は部首の見出しに略体の「彐」を使うが、本文の正字は全て「彑」を使っており、不一致の状態である。

●**禸〔禸〕**〔ぐうのあし〕「禸《じゅう》」は、「禽《きん》〔禽〕」などの一部を取り出したものである。新字体では「禸」の形になっている。楷書では「禺〔禺〕」のように「禸」に変形していることもある（同じく新字体で「禸」）。元は動物を表現した文字などの一部であった。日本では、

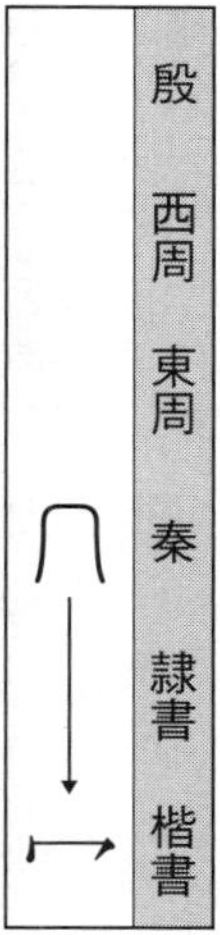

「禺《ぐう》［禺］」の一部であることから、部首名として「ぐうのあし」と呼称される。なお画数は、旧字体（內）が5画、新字体（内）が4画とされる。

●舛（まいあし）「舛《せん》（舛）」は、「舞［舞］（舞）」（208頁）などに使われている人の両足の部分を取り出したものであり、本来は独立した文字ではない。なお、「舛」は「升《しょう》（ます）」に似ることから、日本でその代替字として使われるため、部首名として「ます」と呼ばれることもある。

●亠（なべぶた）「亠《とう》」は、最も新しい部首であり、『説文解字』にも見られない。楷書において、「京」や「交」などを編入するために便宜的に設けられた。字形として鍋《なべ》の蓋《ふた》に見えることから、日本では「なべぶた」と通称される。なお、『説文解字』の段階では「京」や「交」は独立した部首とされており、字源はそれぞれ建物の一種の象形（殷代には「京」）と人の正面形の脛《すね》を交差させた形（殷代には「交」）である。

おわりに——漢字の世界の広がり

漢字は古代中国で作られたものであり、当時の世界を反映している。そして、部首はその世界の縮図であり、動植物や人体、あるいは人工物など、様々な要素を含んでいる。そうした漢字の世界の広がりを、本書を振り返りながら、もう一度見てみたい。

本書は、序章と第一章で概要を述べたのち、第二章で動植物を元にした部首を取り上げた。種類としては野生動物が多いが、使用例としては食糧生産に関係する「牛」や「羊」、あるいは穀物の象形の「禾《か》」を使った文字が多かった。文字が人々の生活に関わって作られたことを反映している。

第三章では、人体やその一部を元にした部首を題材とした。人の様子や人がおこなう行為を表した文字に使われることが多く、「人（亻）」や「手（扌）」など、部首として頻用されるものもある。人間が文字を扱う主体であるため、人体に関係する部首も必然的に重要になったのである。

第四章では、人工物を元にした部首を解説した。人々の生活に関わって、衣服を表す「衣

(ネ)」や、器物を表す「皿」などが使われた。王朝の支配体制に関係する部首も多く、軍事に関する「車」や、祭祀《さいし》に関わる「示(ネ)」などが見られる。
第五章では、自然や建築・土木に関係する部首を扱った。自然に関係する部首として太陽の象形の「日」や山脈の象形の「山」が使われた。また建築や土木工事に関係して、家屋の象形の「宀《べん》」や道路の四つ辻《つじ》の象形の「行」などがある。そのほか、記号表現に基づく部首もあり、漢字の世界の多様さを表している。

第六章では、複合字《ふくごうじ》が元になった部首を取り上げた。文明や社会の発達により表示すべき概念が増加すると、既存の部首の転用だけでは不足し、会意文字などを意符に使う例が増加した。そこで、「人」と寝台の形の「爿《しょう》」を合わせた「疒《だく》」を病気に関係して使用したり、座った人の「卩《せつ》」の頭部を強調表示した「頁《けつ》」を頭部に関係して使用したりしたのである。

第七章では、同化したり分化したりした部首について述べた。部首は必ずしも固定的ではなく、時代によって複雑に変化した。「月の形」が「月」と「夕」に分かれたり、「軍旗の形」の一部が「方」と同じ形になったりしたのである。

第八章では、かつて起源に異説があった部首や、いまだに議論が続いている部首について見た。用例が少ない部首の場合、字形によって起源が特定できないと様々な学説が出現する。

こうした漢字の部首を知ることは、個々の漢字の成り立ちを知ることにつながり、書いたり覚えたりすることが容易になる。小学校で習う教育漢字（約千字）ぐらいであれば、個別に覚えてもさほど効率に違いはないが、常用漢字全体（2千字あまり）ともなれば、部首の役割を知っておいた方がはるかに効率的になる。さらに、文系の高等教育ともなれば、4千字程度は必要になる。学校教育では、部首の役割を理解することが重要であろう。

また、部首を知ることは、古代の社会や生活を知ることになり、人間社会の成り立ちを知ることにもつながる。現代でも人間社会には様々な要素があるが、社会の成り立ちを知ることで、将来においても普遍的に重要な要素が何かを理解できるようになるはずである。

謝辞：本書はJSPS科研費22K00542（基盤C）の助成を受けており、分担者の佐藤信弥《さとうしんや》氏から多大なご助言をいただきました。また、アジア・アフリカ言語文化研究所の共同利用・共同研究課題「アジア文字研究基盤の構築(3)—文字研究術語集の構築」の支援を受けています。この場を借りてお礼申し上げます。

二〇二四年九月

落合　淳思

主要参考文献一覧

＊著者の姓の五十音順。表記はすべて新字体。

上田信『貨幣の条件』筑摩書房、二〇一六年
梅原清山編『唐楷書字典』二玄社、一九九四年
江村治樹『戦国秦漢時代の都市と国家』白帝社、二〇〇五年
円満字二郎『部首ときあかし辞典』研究社、二〇一三年
王輝主編『秦文字編』中華書局、二〇一五年
王平主編『中国異体字大系・楷書編』上海書画出版社、二〇〇八年
岡崎敬『古代中国の考古学』第一書房、二〇〇二年
岡村秀典『中国文明　農業と礼制の考古学』京都大学学術出版会、二〇〇八年
小川環樹・西田太一郎・赤塚忠編『角川　新字源』角川書店、一九六八年（改訂版、一九九四年）（阿辻哲次・釜谷武志・木津祐子編『角川　新字源　改訂新版』ＫＡＤＯＫＡＷＡ、二〇一七年）
小澤正人・谷豊信・西江清高『中国の考古学』同成社、一九九九年
落合淳思『殷代史研究』朋友書店、二〇一二年
落合淳思『甲骨文字辞典』朋友書店、二〇一六年（第二版、二〇一八年）
落合淳思『漢字の字形』中央公論新社、二〇一九年
落合淳思『漢字の構造』中央公論新社、二〇二〇年

落合淳思『漢字の音』東方書店、二〇二二年
落合淳思『漢字字形史字典【教育漢字対応版】』東方書店、二〇二二年
加藤常賢『漢字の起原』角川書店、一九七〇年
鎌田正・米山寅太郎『新漢語林』大修館書店、二〇〇四年（第二版、二〇一一年）
季旭昇『説文新証』芸文印書館、二〇〇二年（新版、二〇一四年）
許慎（後漢）『説文解字』同治十二年刊本（附検字、中華書局、一九六三年）
呉振武主編『吉林大学蔵甲骨集』上海古籍出版社、二〇二一年
黄徳寛主編『戦国文字字形表』上海古籍出版社、二〇一七年
高明・涂白奎編『古文字類編（縮印増訂本）』上海古籍出版社、二〇一四年
故宮博物院ほか『武丁与婦好』双瑩文創股份有限公司、二〇一二年
谷衍奎編『漢字源流字典』語文出版社、二〇〇八年
湖南省文物考古研究所編『里耶秦簡〔壹〕』文物出版社、二〇一二年
島邦男編『殷墟卜辞綜類』大安、一九六七年（『増訂　殷墟卜辞綜類』汲古書院、一九七一年）
下中邦彦編『書道全集』一、平凡社、一九五四年
徐無聞主編『甲金篆隷大字典』四川辞書出版社、一九九一年（新版、二〇一〇年）
白川静『字統』平凡社、一九八四年（新訂版、二〇〇四年）
沈道栄編『隷書辨異字典』文物出版社、二〇〇八年
臧克和・郭瑞主編『中国異体字大系・隷書編』上海書画出版社、二〇一〇年
中華書局編輯部編『康熙字典（検索本）』中華書局、二〇一〇年（原著は康熙五十五年）
中国社会科学院考古研究所編『考古精華』科学出版社、一九九三年

中国社会科学院考古研究所編『殷墟的発現与研究』科学出版社、一九九四年
中国社会科学院考古研究所編『安陽殷墟郭家荘商代墓葬』中国大百科全書出版社、一九九八年
中国社会科学院考古研究所編『安陽殷墟花園荘東地商代墓葬』科学出版社、二〇〇七年
張俊成編『西周金文字編』上海古籍出版社、二〇一八年
滕壬生『楚系簡帛文字編』湖北教育出版社、二〇〇八年
董蓮池編『新金文編』作家出版社、二〇一一年
湯餘惠主編『戦国文字編（修訂本）』福建人民出版社、二〇一五年
藤堂明保編『学研 漢和大字典』学習研究社、一九七八年
永田英正編『漢代石刻集成』同朋舎出版、一九九四年
西林昭一・小谷喜一郎・村上幸造『中国法書選6』二玄社、一九八九年
馬承源主編『上海博物館蔵戦国楚竹書』一、上海古籍出版社、二〇〇一年
林巳奈夫『中国古代の生活史』吉川弘文館、一九九二年（新版、二〇〇九年）
樋口隆康監修『故宮博物院⑫ 青銅器』日本放送出版協会、一九九八年
松丸道雄・高嶋謙一編『甲骨文字字釈綜覧』東京大学出版会、一九九四年
山口県立萩美術館・浦上記念館編『神秘の王国【鄀国王墓】展』山口県立萩美術館・浦上記念館、一九九八年
姚孝遂主編『殷墟甲骨刻辞類纂』中華書局、一九八九年
雷黎明『戦国楚簡字義通釈』上海古籍出版社、二〇二〇年
李学勤主編『字源』天津古籍出版社、二〇一二年
李済／国分直一訳『安陽発掘』新日本教育図書、一九八二年

挿図出典一覧

図１　『吉林大学蔵甲骨集』45
図２　『武丁与婦好』95 頁
図３　『故宮博物院⑫　青銅器』38 頁
図４　『戦国文字字形表』などを元に筆者作成
図５　『上海博物館蔵戦国楚竹書』一、14 頁
図６　『書道全集』一、137 頁
図７　『里耶秦簡』141
図８　『中国法書選６』58 頁
図９　筆者作成
図 10　文化十四年官版書籍刊『干禄字書』
図 11　『説文解字』（附検字・大徐本）
図 12　『説文解字』（附検字・大徐本）
図 13　『康熙字典（検索本）』
図 14　『殷墟卜辞綜類』
図 15　『甲骨文字辞典』
図 16　筆者作成
図 17　『神秘の王国【鄀国王墓】展』45 頁
図 18　『安陽殷墟郭家荘商代墓葬』彩版 16
図 19　『安陽殷墟花園荘東地商代墓葬』彩版 52
図 20　戈・矛……『安陽殷墟花園荘東地商代墓葬』
彩版 22・24
鼎・鬲……『考古精華』164・174 頁
図 21　『中国の考古学』巻頭図
図 22　『安陽発掘』図版７

索　引

＊配列・部首形は『康熙字典』による。新字体・派生形等は各画数の末尾に挙げカッコ内に正規の部首形を記した。

図表作成　本島一宏
本書は書き下ろしです。

落合淳思（おちあい・あつし）
1974年、愛知県生まれ。立命館大学大学院文学研究科史学専攻修了。博士（文学）。現在、立命館大学白川静記念東洋文字文化研究所客員研究員。専門は甲骨文字と殷代史。主な著書に、『甲骨文字辞典』（朋友書店）、『漢字字形史字典【教育漢字対応版】』（東方書店）、『殷―中国史最古の王朝』『漢字の字形―甲骨文字から篆書、楷書へ』（以上、中公新書）、『甲骨文字の読み方』（講談社現代新書）、『古代中国 説話と真相』（筑摩選書）がある。

部首《ぶしゅ》の誕生《たんじょう》
漢字《かんじ》がうつす古代中国《こだいちゅうごく》

落合淳思《おちあいあつし》

2024年10月10日　初版発行

◇◇◇

発行者　山下直久
発　行　株式会社KADOKAWA
〒102-8177　東京都千代田区富士見2-13-3
電話　0570-002-301（ナビダイヤル）
装丁者　緒方修一（ラーフイン・ワークショップ）
ロゴデザイン　good design company
オビデザイン　Zapp!　白金正之
印刷所　株式会社暁印刷
製本所　本間製本株式会社

角川新書

ISBN978-4-04-082512-0 C0222

KADOKAWAの新書 好評既刊

無支配の哲学
権力の脱構築

栗原 康

〝自由で民主的な社会〟であるはずなのに、なぜまったく自由を感じられないのか？ この不快な状況を打破する鍵がアナキズムだ。これは「支配されない状態」を目指す考えである。現代社会の数々の「前提」をアナキズム研究者が打ち砕く。

二〇三高地
旅順攻囲戦と乃木希典の決断

長南政義

日露戦争最大の激戦「旅順攻囲戦」。日本軍は、なぜ失敗を繰り返しながらも、二〇三高地を奪取し、勝利できたのか。そのカギは、戦術の刷新にあった。未公開史料を含む、日記や電報、回顧録などから、気鋭の戦史学者が徹底検証する。

太陽の脅威と人類の未来

柴田一成

静かに見える宇宙が、実は驚くほど動的であることがわかってきた。たとえば太陽フレアでは、水素爆弾10万個超のエネルギーが放出され、1・5億km離れた地球にも甚大な影響を及ぼす。太陽研究の第一人者が最新の宇宙の姿を紹介する。

海の城
海軍少年兵の手記

渡辺 清

聳え立つ連合艦隊旗艦の上には、法外な果てなき暴力の世界が広がっていた。『戦艦武蔵の最期』の前日譚として、海戦史の余白に埋もれた、銃火なきもう一つの地獄を描きだす無二の戦記文学。鶴見俊輔氏の論考も再掲。 解説・福間良明

頼るスキル 頼られるスキル
受援力を発揮する「考え方」と「伝え方」

吉田穂波

困った時、あなたに相談相手はいますか？ 助けを求めることができる力（受援力）は〝精神論〟でも〝心の持ちよう〟でもありません。若手社員から親、上司世代まで、「助けて」と言えない日本人」に必須のスキルの具体的実践法を解説。

KADOKAWAの新書 好評既刊

日本国憲法の二〇〇日
半藤一利

戦争を永遠に放棄する――敗戦の日から憲法改正草案要綱で「主権在民・天皇象徴・戦争放棄」が決定するまでの激動の203日間。歴史探偵と少年の視点を行き来しながら活写する、人間の顔が見える敗戦後史の傑作！　解説・梯久美子

後期日中戦争　華北戦線
太平洋戦争下の中国戦線Ⅱ

広中一成

1941年12月の太平洋戦争開戦以降、中国戦線の実態は全くと言ってよいほど知られていない。日本軍と国共両軍の三つ巴の戦場となった華北戦線の実態を明らかにし、完全敗北へと至る軌跡と要因、そして残留日本兵の姿までを描く!!　新たな日中戦争史。

大往生の作法
在宅医だからわかった人生最終コーナーの歩き方

木村　知

老化による不都合の到来を先延ばしにするには？　つらさをやりすごすには？　多くの患者さんや家族と接してきた医師が、寿命をまっとうするコツを伝授。考えたくないことを準備することで、人生の最終コーナーを理想的に歩むことができる。

東京アンダーワールド

ロバート・ホワイティング
松井みどり（訳）

レストラン〈ニコラス〉は有名俳優から力道山、皇太子までも出入りする「梁山泊」でありながら、ヤクザの抗争の場にもなっていた……。戦後の東京でのし上がったニコラ・ザペッティ、その激動の半生を徹底取材した傑作、待望の復刊！

記紀の考古学

森　浩一

ヤマトタケルは実在したか、天皇陵古墳に本当に眠るのは誰か……客観的な考古学資料と神話を含む文献史料を総合し、日本古代史を読み直す。「仁徳天皇陵」を「大山古墳」と地名で呼ぶよう提唱した考古学界の第一人者による総決算！